ARTHUR CHUQUET

La Guerre

1870-71

PARIS

LÉON CHAILLEY, ÉDITEUR

8, RUE SAINT-JOSEPH, 8

1895

La Guerre

1870-71

OUVRAGES DU MÊME AUTEUR

Le général Chanzy (*Couronné par l'Académie française*).

Les Guerres de la Révolution (*Couronné par l'Académie française, Grand Prix Gobert, et par l'Académie des Sciences morales et politiques, Grand Prix Audiffred*).

Iʳᵉ SÉRIE.

La première invasion prussienne.
Valmy.
La retraite de Brunswick.

2ᵉ SÉRIE.

Jemappes et la conquête de la Belgique.
La trahison de Dumouriez.

3ᵉ SÉRIE.

L'expédition de Custine.
Mayence.
Wissembourg.
Hoche et la lutte pour l'Alsace.

4ᵉ SÉRIE

Valenciennes.

8004-94. — CORBEIL. Imprimerie CRÉTÉ.

Arthur CHUQUET

La Guerre

1870-71

PARIS

LÉON CHAILLEY, ÉDITEUR

8, RUE SAINT-JOSEPH, 8

1895

PRÉFACE

Nous savons mieux que personne ce qu'il y a de défectueux et d'incomplet dans cet essai. Il est impossible de retracer en trois cents pages l'histoire de la guerre de 1870-1871. Ceux qui voudront la connaître à fond, devront consulter les sources auxquelles nous avons puisé, la relation du grand État-major prussien, les rapports et récits de nos généraux, l'Enquête parlementaire, la correspondance de Gambetta, la publication encore inachevée du savant et sévère Duquet, le beau travail d'Albert Sorel sur les événements diplomatiques et une foule d'autres ouvrages spéciaux. Pourtant, nous croyons que ce volume ne sera pas inutile et nous ne regrettons pas la peine qu'il nous a coûtée.

LA GUERRE

(1870-1871)

CHAPITRE PREMIER

Wissembourg.

La France en 1866. — Ministère de Niel. — Loi du 1ᵉʳ février 1868. —
La garde mobile. — Le Bœuf. — L'incident Hohenzollern. —
La dépêche d'Ems. — Séance du 15 juillet. — Déclaration de
guerre. — Illusions de la France. — Pas d'alliances. — L'armée
française. — Désordre et confusion. — Insuffisance des préparatifs. — Pénurie des choses les plus nécessaires. — État-major
et officiers. — Infanterie, cavalerie, artillerie. — Infériorité du
nombre. — Indécision et manque d'initiative des généraux. —
Napoléon à Metz. — Proclamation du 28 juillet. — Puissance
de la Prusse. — Le patriotisme germanique. — Marche des
armées allemandes. — Affaire de Sarrebrück (2 août). — Surprise de Wissembourg (4 août). — Le Geisberg.

La guerre entre Allemands et Français était inévitable,
et dès 1866 les esprits perspicaces pressentaient qu'elle
éclaterait au moindre incident. La Prusse écrasait l'Autriche, annexait le Nassau, la Hesse électorale, le Hano-
vre, Francfort et les duchés de l'Elbe, organisait la

1

Confédération de l'Allemagne du nord, imposait des traités d'alliance offensive et défensive aux États de l'Allemagne du sud, et disait fièrement qu'elle avait pour
mission de fonder l'unité germanique. Napoléon III était
humilié, dupé. Il n'obtenait pas la rectification de fron-
tières qu'il rêvait et les compensations territoriales que
Bismarck lui faisait entrevoir, soit Mayence, le Palatinat
bavarois, la Hesse rhénane, les possessions prussiennes
de la Sarre, soit la Belgique et Genève, soit Luxembourg.
Il n'osait parler haut et ferme parce qu'il n'avait qu'une
faible armée et un matériel insuffisant. Ses ressources
étaient en 1866 épuisées par la guerre du Mexique. L'infanterie employait encore un fusil qui se chargeait par
la bouche ; dans nombre de régiments, les compagnies
comptaient à peine 40 hommes ; les places fortes manquaient de canons rayés. Ducrot fermait les portes
de la citadelle de Strasbourg sous prétexte de réparer
les ponts-levis et en réalité pour se garder contre un
coup de main ; les services de l'artillerie n'auraient pu
fournir sur-le-champ à un simple corps d'armée ses batteries montées sur roues et prêtes à partir.

Le maréchal Niel, actif, énergique, tenace, résistant
au besoin à l'empereur, prit le ministère de la guerre
au mois de janvier 1867. Il disait volontiers qu'on n'était
plus en paix et qu'entre la Prusse et la France n'existait
qu'une espèce d'armistice. Des officiers allèrent sur son
ordre étudier les routes qui mènent à Berlin; et l'un
d'eux, le capitaine Samuel, suivit en avril 1868 sous un
déguisement le général de Moltke qui parcourait la frontière des provinces rhénanes pour reconnaître les positions.

Il s'efforça d'organiser l'armée: Il donna à l'infanterie

autant de chassepots qu'on en put fabriquer. Il pourvut
de canons rayés les places principales de l'Est et fit mettre
sur roues, avec chargement de guerre, le matériel des
batteries de campagne. Il porta le nombre des batteries
de cent trente à cent soixante-quatre. Il détermina dans
tous ses détails la composition de trois armées, l'armée
d'Alsace, l'armée de Lorraine et l'armée de réserve qui
seraient confiées à Mac-Mahon, à Bazaine et à Canrobert.
Il élabora la loi du 1er février 1868, qui supprimait l'exo-
nération, rétablissait le remplacement direct et fixait la
durée du service à cinq ans dans l'armée permanente et à
quatre ans dans la réserve. L'armée active, formée d'en-
gagés, de réengagés et de ceux que désignait le tirage
au sort, comprendrait 400 000 et, avec la réserve,
800 000 soldats. Elle aurait comme auxiliaire la garde
nationale mobile, composée de tous les hommes rempla-
cés ou exemptés, c'est-à-dire de 400 000 hommes.

Le temps devait manquer à ce grand essai de réforme
militaire. La réserve ne pouvait avoir de consistance
avant cinq ou six ans. La garde mobile n'existait que
sur le papier et n'atteindrait son entier développement
qu'en neuf années. Elle ne se réunissait pour s'exercer
que quinze fois par an, et chaque fois, *un jour* au plus,
comme s'il était possible en une seule journée de se rendre au lieu de réunion, aux rappels, aux rassemblements,
aux distributions, et de regagner le logis ! Elle n'excitait
que méfiance ; les uns prétendaient qu'elle se soulèverait
contre le gouvernement et la société ; les autres, après
l'avoir vue manœuvrer gauchement au Champ de Mars,
déclaraient qu'elle ne vaudrait jamais rien.

Niel ne demandait que quinze millions pour organiser

la garde mobile. C'est qu'il n'avait foi que dans l'armée
active. Il croyait sincèrement qu'à elle seule et malgré
l'infériorité du nombre, elle soutiendrait l'effort des
Allemands ; il répétait qu'elle était encore dans ses quartiers lorsque les Autrichiens dépassaient Novare et menaçaient Turin, qu'elle les avait néanmoins refoulés et
qu'elle ferait de même reculer les Prussiens. Au Corps
législatif et au Sénat il n'hésitait pas à dire qu'elle était
parfaitement constituée et pourvue de tout.

Son successeur, Le Bœuf, brave, intelligent, portant
beau, avait sous des airs de franchise et de rondeur militaires une grande légèreté d'esprit, un ridicule amour
de la popularité et l'humeur d'un courtisan. Pour plaire
à une Chambre avide d'économies, il consentit à dimi-
nuer le budget de la guerre et à réduire de 10 000 hommes le contingent annuel. Il multiplia les congés. Déjà,
comme président du comité de l'artillerie, il avait refusé
de créer vingt-huit batteries nouvelles, dont huit à cheval, en disant qu'on avait toujours trop de canons. Ministre, il refusa de transformer vingt à trente batteries à
pied en batteries montées. Niel avait demandé pour subvenir aux dépenses de la garde mobile en 1870, un crédit de cinq millions et demi ; Le Bœuf se contenta de
deux millions. Une commission nommée par Niel avait
proposé d'excellentes mesures qui devaient assurer
l'exactitude et la rapidité du service des chemins de fer ;
Le Bœuf ne la réunit pas. Il croyait que la diplomatie
saurait conjurer la guerre, et à la veille des hostilités il
faisait emmagasiner, pour les préserver des intempéries,
les affûts des pièces de sûreté qui garnissaient les remparts des places du nord-est.

Soudain, au mois de juillet 1870, se produisait l'incident qui causait l'explosion. Un prince prussien, Léopold de Hohenzollern, acceptait, avec l'agrément du roi Guillaume, chef de sa famille, la couronne d'Espagne. Le ministère Ollivier, menacé d'un échec diplomatique et redoutant les clameurs de l'opposition, fit à Berlin des représentations énergiques. Mais déjà le député Cochery avait déposé une demande d'interpellation, et la presse, grossissant les choses, criait que la mesure était comble et que la Prusse envoyait un proconsul à la frontière des Pyrénées. Le 6 juillet, le duc de Gramont, ministre des affaires étrangères, portait au Corps législatif une imprudente et provocante déclaration : le gouvernement ne souffrirait pas qu'une puissance, plaçant un de ses princes sur le trône de Charles-Quint, rompît l'équilibre européen et mît en péril les intérêts et l'honneur de la France ; « si cette éventualité se réalisait, ajoutait le ministre, nous saurions remplir notre devoir sans hésitation et sans faiblesse ». Le prince de Hohenzollern abandonna sa candidature et le roi de Prusse approuva ce désistement. Napoléon III ne cachait pas sa satisfaction : « L'île, disait-il, qui a subitement apparu dans la mer, est de nouveau recouverte par les eaux ; il n'y a plus de motif pour faire la guerre. » Mais, cédant aux suggestions de ses entours, l'empereur exigea que le roi Guillaume promît de ne jamais consentir à la candidature des Hohenzollern, s'ils la posaient encore. Guillaume était alors à Ems. Il répondit le 13 juillet à l'ambassadeur français Benedetti qu'il refusait de s'engager sans terme et pour tous les cas. Benedetti insista. Un aide de camp vint lui dire que le roi ne pouvait faire davantage.

Bismarck saisit la balle au bond. Il avait craint un instant de compromettre son œuvre et il s'écriait naguère qu'il ne combattrait les Français que s'ils lui tiraient à bout portant des coups de fusil. Mais il savait que la Prusse était prête et certaine du succès. La cour de Berlin, l'état-major, les officiers se moquaient du gouvernement impérial, dépréciaient son armée, affirmaient à l'envi que la France serait avant peu une seconde Espagne. Dès 1869, le ministre Schleinitz avait dit que l'Alsace serait allemande dans dix-huit mois. Moltke, causant avec un notable badois, assurait que les départements du Rhin seraient bientôt réunis au pays de Bade et que l'Allemagne aurait ainsi entre Vosges et Forêt-Noire une province superbe traversée par un grand fleuve dans toute sa longueur. « Rien, disait la comtesse de Pourtalès à Ducrot, rien ne peut détourner la guerre ; si vous saviez quels énormes préparatifs se font de tous côtés, avec quelle ardeur les Prussiens travaillent pour transformer et fusionner les troupes des États récemment annexés, quelle confiance règne dans tous les rangs de la société et de l'armée ! »

Lorsqu'il apprit le résultat de l'entrevue du 13 juillet, Bismarck dînait à Berlin avec Moltke et Roon. « Serons-nous vainqueurs ? », demandait-il à Moltke, et sur la réponse affirmative du général, il prenait le crayon et usant de son pouvoir de ministre des relations extérieures, rédigeait la fameuse dépêche dite dépêche d'Ems. Il la lisait à Roon et à Moltke qui l'approuvaient et jugeaient qu'elle ferait son effet ; puis il l'envoyait aux représentants de l'Allemagne du nord à l'étranger. Elle était ainsi conçue :

« L'ambassadeur français a demandé à Sa Majesté le ro

à Ems de l'autoriser à télégraphier à Paris que Sa Majesté s'engageait pour tout l'avenir à ne jamais donner son consentement dans le cas où les Hohenzollern reviendraient sur leur candidature. Sa Majesté a refusé alors de recevoir de nouveau l'ambassadeur français et lui a fait dire qu'elle n'avait plus rien à lui communiquer. »

En réalité, le roi Guillaume n'avait refusé de recevoir Benedetti que pour ne pas continuer l'entretien sur un sujet épuisé. Quelques instants plus tard, avant de quitter Ems, il accueillait l'ambassadeur dans le salon de la gare et lui disait que son gouvernement poursuivrait les négociations. Benedetti ne se plaignait nullement, ne parlait nullement d'une insulte. Mais le cabinet français tomba dans le piège que Bismarck lui tendait. Dès qu'il connut la dépêche prussienne, il l'interpréta comme un outrage et Gramont s'écriait que la Prusse avait souffleté la France. Le 15 juillet, Ollivier demandait au Corps législatif un crédit de cinquante millions et annonçait que le ministère avait rappelé les réserves pour « soutenir la guerre qu'on lui offrait ». Vainement Thiers objecta que le fond était accordé, que la Prusse avait fait droit à la principale réclamation du gouvernement, que la France obtenait le désistement du Hohenzollern et l'acquiescement du roi Guillaume à cette renonciation, que le ministère se jetait dans des querelles de mots et rompait sur une question de forme, qu'il ne fallait pas, pour des motifs de pure susceptibilité, verser des torrents de sang et causer la mort de milliers d'hommes. On lui répliqua : « Allez à Coblenz », et on le qualifia de trompette des désastres. Vainement Jules Favre, Gambetta, Buffet demandèrent avec Thiers que la Chambre prît connaissance de la dépêche prussienne, non pas de la dépêche reproduite dans les télégrammes des agents français, mais de la dépêche officielle qui notifiait la résolution du roi Guillaume. La majorité de la Chambre se prononça contre cette communication ; le rapporteur de la commission chargée d'examiner les projets du gouvernement déclara que la France ne pouvait tolérer l'offense ; Ollivier assura qu'il acceptait sans remords, d'un cœur léger et confiant, la grande responsabilité qui de ce jour commençait pour lui ; que les dépêches et protocoles de chancellerie importaient peu ; que, d'après les récits de la Prusse, le roi avait refusé d'entendre une dernière fois Benedetti, et que la France essuyait un affront. Les subsides furent votés, et le 19 juillet l'état de guerre existait entre la France et la Prusse.

Mais cette guerre fatale, cette guerre qui, selon le mot de Gambetta, devait vider la question de prépondérance entre là France et l'Allemagne, tout le monde la voulait. Depuis trois ans l'impératrice pressait le ministre, soit Niel, soit Le Bœuf, de mettre l'armée en mesure, et plus d'une fois elle avait dit que son fils ne régnerait pas si le malheur de Sadowa n'était effacé. La camarilla croyait rétablir par une guerre glorieuse le pouvoir personnel de l'empereur, affermir la dynastie, confisquer de nouveau la liberté. La France se jugeait amoindrie par les agrandissements démesurés de la Prusse et brûlait de prendre une revanche d'amour-propre, de donner une leçon à l'ambitieuse nation qui l'offusquait, d'humilier cette parvenue. Thiers lui-même, tout en trouvant l'occasion détestablement choisie, avouait qu'il désirait plus que personne la réparation des événements de 1866. La plupart des journaux affirmaient sur le ton le plus jactancieux que l'armée impériale mènerait l'ennemi tambour battant et ne ferait des Prussiens qu'une bouchée. Le public partageait l'illusion de ces gazetiers ignorants et fanfarons. La guerre débutait comme une émeute. Des bandes parcouraient les boulevards de Paris en criant : *à Berlin !* Le départ des troupes eut lieu sans calme ni dignité. On laissa la population fraterniser avec elles et leur verser à boire dans les gares. Les soldats s'enivraient, vociféraient, chantaient à tue-tête, n'écoutaient plus la voix de leurs officiers. Partout retentissaient les airs belliqueux du *Ça ira* et de la *Marseillaise* que le gouvernement proscrivait naguère et qu'il autorisait à cette heure pour échauffer le patriotisme. Mais quelques sages qui gémissaient à l'écart se rappelaient que Napoléon Ier faisait défiler son armée au son de ces hymnes révolutionnaires lorsqu'il commençait la courte campagne qui finit à Waterloo.

L'Empire qui déclarait si précipitamment la guerre, avait-il donc des appuis en Europe ? Comptait-il sur des alliances ?

L'Angleterre disait que la France avait rompu la paix sans cause sérieuse, par jalousie et par orgueil. Lord Granville estimait que le roi Guillaume avait raison de tirer l'épée plutôt que de se soumettre à l' « injustifiable » demande de l'empereur. Toute la presse britannique s'indignait lorsque d'irréfutables documents communiqués au *Times* par Bismarck révélaient que Napoléon III convoitait la Belgique.

La Russie était liée à la Prusse par des engagements
secrets. Vainement, à la fin de 1869, le général Fleury
venait comme ambassadeur à Pétersbourg. Il plaisait au
tsar qui l'emmenait en traîneau dans ses chasses à
l'ours ; mais on ne lui offrait pas la revision du traité de
Paris, et il reconnaissait bientôt que le souverain était
« dominé par les influences prussiennes ». Bismarck
approuvait à l'avance la politique moscovite en Orient
et ne cessait d'exciter le chancelier Gortschakov contre
l'Autriche qui prétendait faire de la Gallicie un Piémont
polonais. L'empereur Alexandre avait donc promis à
son oncle le roi Guillaume de rester neutre, en ajoutant
qu'il s'unirait à la Prusse, si le cabinet de Vienne se prononçait pour la France.

Cette attitude de la Russie décidait du rôle de l'Autriche,
de l'Italie et du Danemark. Napoléon se flattait d'avoir
le concours du Danemark, et le général Trochu recevait le commandement d'un corps expéditionnaire qui
devait débarquer sur les côtes de la Baltique. Mais le
23 juillet le duc de Cadore, chargé de se rendre à
Copenhague pour conclure l'alliance, était encore à
Paris. Six jours auparavant, sur les conseils du tsar et
lorsque le président des duchés de l'Elbe la menaçait
d'une invasion du Jutland, la cour danoise déclarait
qu'elle ne prendrait aucune part à la guerre.

L'Autriche hésitait. A l'entrevue de Salzbourg, Napoléon et François-Joseph se juraient de s'entr'aider, s'ils
étaient attaqués par la Prusse, et au mois de février 1870,
l'archiduc Albert, le vainqueur de Custozza, présentait
aux Tuileries un plan d'opérations communes. Ce plan
fut exposé par l'empereur le 19 mai dans une conférence

à laquelle assistaient Le Bœuf, Frossard, Lebrun et Jarras. La France aurait deux armées : l'une pousserait sur Coblentz et Mayence ; l'autre déboucherait par Kehl sur Stuttgart, pour séparer les États du Sud de ceux du Nord et tendre la main à l'armée autrichienne pendant que l'armée italienne entrerait dans le Tyrol. Mais les Prussiens qui se concentraient en vingt jours, n'auraient-ils pas le temps de se jeter dans le Wurtemberg et d'écraser l'envahisseur sous leur nombre? Les membres du conseil ne manquèrent pas de remarquer que la France agirait seule durant six semaines et qu'en cas de défaite elle serait évidemment abandonnée par ses alliés, qu'il ne fallait pas croire aveuglément à de simples promesses. L'empereur ne partageait pas la méfiance de ses généraux, et la conférence prit fin sans qu'on eût rien décidé, sinon que la France ne pouvait combattre la Prusse qu'en s'unissant à l'Autriche et à l'Italie. Quelques jours plus tard, le général Lebrun arrivait à Vienne : François-Joseph lui dit franchement qu'il adhérait au projet de l'archiduc Albert, mais qu'il était dans une situation difficile, qu'il avait à ménager des peuples de races diverses, qu'il ne saurait s'engager à déclarer la guerre en même temps que la France. Il tint un semblable langage après le 15 juillet. Son ministre Beust écrivait que l'Autriche contribuerait dans les limites du possible au succès des armes de Napoléon. Mais Beust ajoutait que le tsar la surveillait et pesait sur elle ; que les Allemands de l'empire s'agitaient et voyaient dans le duel de la France et de la Prusse le commencement d'une lutte nationale ; que les Hongrois manifestaient du mauvais vouloir. Il insinuait que la guerre si lestement provoquée n'était pas nécessaire, que Napoléon n'avait pas consulté François-Joseph, que l'Autriche ne se croyait nullement obligée d'emboîter le pas derrière la France, et finalement il lâchait, non sans regret, le mot *neutralité*.

L'Italie suivit l'exemple de l'Autriche. Elle consentit pourtant à s'unir avec elle contre le cabinet de Berlin : Napoléon avait rappelé de Rome la brigade d'occupation. Mais, si Victor-Emmanuel promettait de fondre avec 40000 hommes sur la Bavière, c'était au 15 septembre seulement et à condition que l'armée française eût pénétré dans l'Allemagne du sud. L'Italie attendait donc le résultat des premières batailles, et elle allait profiter des défaites de la France pour envahir les États pontificaux. Lorsqu'aux derniers jours d'août, le prince Napoléon vint prier le roi, son beau-père, de diriger un corps d'armée sur Belfort par le mont Cenis ou sur Munich par les Alpes, il n'obtint qu'un refus : Victor-Emmanuel et ses ministres n'avaient plus d'autre idée que de résoudre sans délai la question romaine.

Le duc de Gramont assurait d'un ton superbe qu'on aurait après une victoire plus d'alliés qu'on voudrait. Mais aurait-on la victoire ? « Nous sommes prêts, archiprêts, disait Le Bœuf ; si la guerre durait un an, nous n'aurions pas un bouton de guêtre à acheter », et il affirmait que son administration ferait face avec la plus grande promptitude aux nécessités de la situation, qu'on n'avait rien à craindre, que l'armée aurait huit jours d'avance sur les ennemis et leur porterait un coup foudroyant. Il donnait ordre sur ordre : ordre de rappeler

les militaires de la réserve et de la deuxième portion du
contingent des classes de 1865, 1866, 1867 et 1868 ; ordre
aux régiments d'infanterie de former trois bataillons
actifs à six compagnies, un quatrième bataillon à quatre
compagnies et un dépôt de deux compagnies ; ordre aux
régiments de cavalerie de former quatre escadrons de
guerre ; ordre d'habiller, d'armer, d'équiper la garde
mobile de la Seine et de la région du Nord-Est. Il autorisait l'organisation de compagnies de francs-tireurs.

Mais Le Bœuf reconnaissait que la garde mobile n'était
encore qu'en voie de formation et qu'elle ne pouvait
même surveiller le chemin de fer de Lyon à Strasbourg.
Comme Niel, il ne comptait que sur l'armée régulière.
Par malheur, un de ses premiers actes fut de briser le
plan de mobilisation. Niel avait fait grouper sur le
papier les brigades, divisions et corps des trois armées
d'Alsace, de la Lorraine et de la réserve, et rédiger à
l'avance les ordres et les lettres de service ; il suffisait
d'écrire à l'encre les noms et les numéros tracés au
crayon ; en vingt-quatre heures tout était expédié. Mais
l'empereur et Le Bœuf voulurent être, l'un, générа-
lissime, et l'autre, major général. On refit donc le
travail de répartition du personnel et du matériel ; on
créa une armée unique, l'armée du Rhin, composée de
la garde, des réserves de cavalerie et d'artillerie, et de
sept corps d'armée formés chacun de trois divisions
d'infanterie et d'une division de cavalerie. Puis, comme
Canrobert, Mac-Mahon et Bazaine n'étaient plus commandants en chef, on remania de nouveau le plan d'organisation pour donner à chacun de ces trois maréchaux
un corps d'armée de quatre divisions d'infanterie et

une division de cavalerie de trois brigades. Enfin, on passa quarante-huit heures à correspondre avec l'empereur et avec le général Frossard qui devait d'abord diriger le génie de l'armée et qui désira rester à la tête des troupes qu'il exerçait au camp de Châlons.

Il n'y avait donc qu'une seule armée, l'armée du Rhin. Le 1er corps était confié à Mac-Mahon, duc de Magenta ; le 2e, à Frossard ; le 3e, à Bazaine ; le 4e, à Ladmirault ; le 5e, à Failly ; le 6e, à Canrobert ; le 7e, à Félix Douay ; la garde, à Bourbaki. Le 1er corps se réunissait à Strasbourg ; le 2e, à Saint-Avold ; le 3e, à Metz ; le 4e, à Thionville ; le 5e, à Bitche ; le 6e, à Châlons ; le 7e, à Mulhouse ; la garde, à Nancy. Toute l'armée se disséminait ainsi sur une ligne de soixante-dix lieues en face d'un adversaire qui naguère étonnait l'Europe par la concentration rapide de ses forces et l'audace de ses mouvements. Napoléon et Le Bœuf commettaient la même erreur que François-Joseph quatre années auparavant : en 1866, l'Autriche avait une armée unique répandue sur les confins de la Moravie et de la Bohême.

L'empereur et le ministre croyaient prendre l'avance en jetant aussitôt les régiments tels quels à la frontière. Mais la mobilisation des réserves qu'ils ordonnaient dès le soir du 14 juillet se fit avec une extrême lenteur. Les dépôts étaient souvent très loin des régiments, parfois à l'autre bout de la France, et il arriva qu'un homme du département des Pyrénées-Orientales dut, avant de gagner Metz ou Strasbourg, se rendre en Bretagne pour s'habiller et s'équiper, ou qu'un Alsacien dont le régiment se trouvait en Alsace, alla à Bayonne recevoir son fourniment. Par suite de ces chassés-croisés, un grand nombre de ces réservistes ne rattrapèrent leur bataillon que tardivement, quelquefois lorsqu'il était au feu ou en pleine retraite. Beaucoup s'égarèrent et s'égrenèrent sur le chemin. Ceux-ci se faisaient héberger dans les gares. Ceux-là ne pouvaient partir à cause de l'encombrement des voies, et durant plusieurs jours les réservistes du Bas-Rhin, retenus et bloqués à Strasbourg, errèrent par bandes dans les rues en demandant l'aumône. Certains n'atteignirent jamais leur destination et furent recueillis par d'autres régiments. Le 29 juillet, des majors annonçaient à leurs corps qu'ils avaient des détachements de réservistes tout prêts, mais que l'ordre de les diriger sur les bataillons de guerre n'était pas encore donné !

La concentration s'opéra de même, parce qu'elle se confondit avec la mobilisation. Les corps d'armée n'étaient pas, comme aujourd'hui, tout formés, et à l'exception des divisions de Paris, de Lyon et de Châlons, les troupes s'éparpillaient sur la surface de la France. États-majors et services administratifs, artillerie et génie, infanterie et cavalerie, forces actives et réserve s'entassèrent dans les trains. Hommes, chevaux, matériel, approvisionnements, tout débarquait pêle-mêle et dans la plus grande confusion aux principaux points de rassemblement. Pendant quelques jours la gare de Metz fut un chaos qu'il paraissait impossible de débrouiller : on n'osait vider les wagons : on déchargeait les denrées pour les recharger et les expédier ailleurs ; tandis qu'on envoyait du foin aux magasins de la ville, ces mêmes magasins envoyaient du foin à la gare. Le général Michel écrivait de Belfort qu'il ne savait que faire, qu'il ne trouvait

ni sa brigade ni son général de division. Un autre cherchait l'état-major de son artillerie. Un intendant courait
après un corps de cavalerie qui n'existait pas.

Pourtant, grâce à l'activité de la compagnie des chemins de fer de l'Est, la concentration fut à peu près et
tant bien que mal achevée en dix jours, et deux semaines
suffirent pour répartir entre les corps d'armée toute l'artillerie, personnel, batteries, parcs. On crut un instant
que l'armée prendrait aussitôt l'offensive. Le dépôt de la
guerre envoyait des cartes de la région rhénane par
énormes paquets. Les pièces et affûts de l'équipage des-
tiné au siège de Coblenz arrivaient à Metz.

Mais tout manquait. Pas d'argent pour faire vivre les
troupes : Failly assurait qu'il n'y avait rien dans les
caisses publiques, rien dans les caisses des corps. Pas de
munitions de bouche : les intendants ne trouvaient d'approvisionnements nulle part ; Le Bœuf ne passait que
le 20 juillet un marché pour la fourniture de la viande,
et huit jours plus tard il écrivait à Paris qu'on n'avait
pas de biscuit pour se porter en avant. Pas de fours de
campagne ; pas d'ustensiles et d'effets de campément ;
pas de marmites, de bidons, de gamelles ; pas de tentes et
de couvertures ; pas d'attelages : Ladmirault, se rendant
à Boulay, laissait à Thionville son trésor et son ambulance parce qu'il n'avait pas de chevaux et de voitures ;
Frossard, marchant sur Sarrebrück, recevait l'ordre de
prendre, pour traîner son équipage de pont, ce qu'il aurait sous la main. Pas d'infirmiers et d'ouvriers d'administration ; ceux qu'on voulait tirer de la réserve avaient
été envoyés dans leurs dépôts en Algérie et lorsqu'ils
revenaient, ils tombaient au milieu de la déroute. Pas

de caissons de médicaments, pas de brancards, pas de cacolets. La défense aussi peu préparée que l'attaque. Lés places insuffisamment armées ou dépourvues de leur matériel de guerre et de leurs provisions de siège; Thionville, Neuf-Brisach, Schlestadt sans garnison; Sedan et Mézières sans biscuits ni salaisons; les forts de Metz ouverts à la gorge et nullement revêtus; pas d'ouvrages sur les hauteurs de Hausbergen qui dominent Strasbourg et que l'empereur avait inutilement visitées en 1867; pas de forts autour de Toul sur le mont Saint-Michel et les côtes environnantes; pas de forts autour de Verdun, sur les côtes Saint-Barthélemy et Saint-Michel; les travaux des Perches et de Bellevue à l'est et au sud de Belfort à peine ébauchés; le génie surpris partout, comme disait Frossard, en flagrant délit de fortification; mais lorsque le comité proposait de consacrer cent dix millions à la construction des camps retranchés, le gouvernement n'osait en demander que cinquante, et la Chambre n'en accordait que trente-deux!

Il y avait sans doute des voitures de transport à Vernon et à Châteauroux; mais il fallait trois mois pour les faire sortir. Il y avait à Paris et à Versailles de beaux docks de campement; mais les effets qu'ils renfermaient ne pouvaient arriver en temps utile à cause de l'obstruction des voies ferrées. On n'avait même pas pratiqué de Metz à Paris une communication directe, et la ligne du chemin de fer s'interrompait à Verdun! Malgré les demandes réitérées des intendants, on n'avait formé ni à Thionville, ni à Metz, ni à Strasbourg, ni à Belfort, aux grands points de concentration, des magasins de vivres et de munitions, d'habillement et d'armement. On ne trouvait dans l'arsenal de Strasbourg ni aiguilles, ni rondelles, ni têtes mobiles de rechange pour les fusils. A Frœschwiller, des batteries durent quitter le champ de bataille pour chercher des munitions au parc de réserve et, faute de poudre, les sapeurs ne purent faire sauter le pont de Bruchmühl. « Débrouillez-vous », disait-on à ceux qui se plaignaient, et cette formule, venue d'Afrique, descendait du général aux colonels, aux officiers et aux soldats.

Bref, en 1870, comme en 1854 et en 1859, l'armée était dénuée des choses les plus nécessaires. Déjà, à Gallipoli, Saint-Arnaud se lamentait parce qu'il n'avait ni ambulances, ni train, ni transports, ni approvisionnements, ni effets de campement, et il accusait le ministère d'incurie. Déjà, en Italie, les troupes vivaient au jour le jour, et l'empereur s'écriait que les bureaux étaient bien coupables, que les Français n'étaient jamais prêts à cause des vices du système général d'administration et qu'ils avaient l'air d'enfants qui n'ont pas fait la guerre. « Vous autres Français, disait un officier prussien, vous voyez dans un combat une partie de plaisir et vous entrez en campagne comme si vous alliez à la chasse aux mésanges. » Ç'a toujours été le défaut de la nation, de ne pas se soucier des moyens, de ne rien tenir pour impossible et de croire obstinément au succès, même quand elle n'avait que les plus faibles ressources.

Tout fut donc improvisé, livré au hasard et au désordre. De son chef, sans informer la direction de l'artillerie, Le Bœuf prescrivait de distribuer aux soldats quatre-vingt-dix cartouches. Il oubliait qu'ils avaient déjà leurs cartouches de sûreté, et les hommes, surchargés,

portant cent à cent trente cartouches, jetèrent ou donnèrent celles qui les gênaient ; à la fin, ils n'en avaient
plus ; on dut faire une nouvelle distribution et plusieurs
millions de cartouches furent gaspillés.

Pas d'idées arrêtées, mais une indécision inouïe. On
voulait et on ne voulait pas. On ne savait discerner le
bon du mauvais. On adoptait successivement toutes les
opinions, et la dernière l'emportait parce qu'elle était la
dernière. Pour alléger les soldats qui souffraient de la
chaleur, on les débarrassa de leurs couvertures qu'ils
regrettèrent ensuite. On leur ôta les shakos pour leur
donner les képis, et la garde fit la campagne en bonnet
de police ; mais on hésita tellement à prendre cette
mesure qu'en l'espace de quelques heures elle fut ordonnée, contremandée, puis derechef ordonnée, et elle eût
été contremandée pour la seconde fois, si l'on n'avait
su qu'elle recevait un commencement d'exécution.
Le 4 août, à la nouvelle que des troupes prussiennes passaient à Trèves, on envoyait coup sur coup quatre ordres
contradictoires à la garde impériale : d'abord de quitter
Metz, puis de rester à Metz, puis de marcher sur Volmerange, enfin de se rendre non à Volmerange, mais
à Courcelles-Chaussy.

Nul secret, nulle discrétion. A Metz, durant toute la
guerre, les ordres à peine donnés furent connus dans la
ville et le camp. Au début des hostilités, le quartier
général siégeait à *l'Hôtel de l'Europe*, en un caravan-
sérail ouvert à tous venants, et l'état-major travaillait
dans une petite salle où les étrangers pénétraient aussi
bien que les chefs. L'hôtel regorgeait de monde ; des
journalistes y logeaient ; des officiers y amenaient leurs

femmes ; un général y installait sa famille. Une foule de gens curieux et bavards remplissaient la cour, les escaliers, les couloirs, et le correspondant d'une gazette anglaise, le *Standard*, publiait la composition exacte et l'emplacement des corps.

Les troupes allaient comme à la débandade et leurs marches se faisaient dans une indicible confusion. A chaque instant se produisaient des à-coups. Il eût fallu supprimer les deux tiers des bagages et obliger les officiers à porter le nécessaire dans un petit sac. Mais d'interminables lignes de voitures ralentissaient, alourdissaient les mouvements de cette armée qui ressemblait, disait-on, à celle de Darius. Les convois n'arrivaient pas et les distributions n'étaient pas régulières. On couchait à la belle étoile, sous l'averse, et le 6 août, des témoins dignes de foi déclarent que le pain manque encore et que le soldat n'a jamais été nourri.

Les officiers de l'état-major auraient dû veiller au bon ordre et s'assurer que les instructions du généralissime s'exécutaient. Mais ils n'étaient pas, comme en Allemagne, l'élite de l'armée, et ils ne montrèrent ni le zèle assidu, ni l'intelligence de la guerre, ni la science que prouvèrent en 1870, sans nulle exception, tous les membres de l'état-major prussien. Choisis dans les premiers de Saint-Cyr, parce qu'ils avaient passé à vingt ans un heureux examen, beaucoup d'entre eux, médiocres, paresseux, confinés dans le stérile labeur des bureaux, ou bornés aux fonctions d'aide de camp, ne savaient ni lire sur une carte, ni établir un campement, ni diriger les manœuvres des différentes armes, ni faire plusieurs lieues au galop, ni parler la langue allemande.

Il en était de même du reste des officiers. Ils avaient
le sentiment de l'honneur ; ils s'acquittaient diligemment
du service quotidien ; ils connaissaient théorie et règlements. Mais ils vivaient sur le fonds d'instruction qu'ils
avaient acquis autrefois, sans le développer ni l'étendre.
Quelques-uns, confondant la Meuse et la Moselle, pla-
çaient Sedan et Metz sur la même rivière. D'autres
croyaient que Wissembourg était en Bavière et que le
Rhin coulait à Mulhouse. Un colonel annonçait gravement que les Allemands avaient franchi le fleuve à Forbach. Des généraux ignoraient que Sedan fût fortifié et
ne savaient comment écrire le nom de Mouzon. A quoi
bon étudier? Le mérite ne donnait pas l'avancement.
Si l'on conseillait à des officiers de se livrer au travail
personnel, ils citaient les camarades puissamment
recommandés qui leur passaient sur le corps. « En
Prusse, durant deux mois, disait un attaché militaire,
j'ai rencontré plus de lecteurs des *Mémoires* de Napoléon qu'en France durant vingt-cinq ans. »

L'infanterie était solide et brave. Elle avait une arme
excellente, le chassepot. Mais les soldats portaient une
trop lourde charge, et leur sac les écrasait. Ils n'avaient
pas l'habitude de la marche à travers champs ; en 1859,
entre la bataille de Magenta et celle de Solférino, ils ne
firent pas plus de deux lieues par jour. La guerre
d'Afrique les avait accoutumés à l'insouciance ; convain-
cus qu'ils se tireraient toujours d'affaire à force de vaillance, ils ne se gardaient pas à grande distance et ne
prenaient aucune des précautions indispensables pour
s'éclairer. Enfin, ils ne formaient pas, comme en Prusse,
la nation armée et ne présentaient pas l'image réduite

de la France entière. C'étaient les plus ignorants et les plus besoigneux, les déshérités de la fortune, qui se battaient, tandis que les plus riches et les plus instruits, moyennant une somme d'argent, échappaient au service militaire. « Pauvres gens, écrit un capitaine au lendemain de Frœschwiller, s'ils avaient de quoi manger, ils chanteraient volontiers malgré notre défaite ; ils ne sentent pas comme nous tout ce qu'elle peut avoir de désastreux pour la France, et le mot *patrie* ne fait vibrer aucune corde en eux ! » Aussi, dès les premiers jours, la discipline s'affaiblit rapidement. Même dans la belle et glorieuse armée de Metz, il y eut beaucoup de pillards et de traînards. Durant l'action, dix-huit à vingt hommes par compagnie restaient au camp pour faire la soupe. Sitôt les fusils mis en faisceaux, chacun s'éloignait pour marauder ou courir le pays. Le soir de Rezonville, une multitude de soldats quittèrent leur régiment pour aller dormir sans péril dans les rues et les champs de Gravelotte ; ils rejoignirent leurs corps au matin, mais, s'écriait un général, avait-on jamais rien vu de pareil dans une armée ?

La cavalerie, élégante, superbe, intrépide aux jours de bataille, ne se signala que par des charges aussi funestes qu'admirables. Elle frappait de la pointe mieux que la cavalerie prussienne, mais elle maniait le cheval avec moins d'adresse. Elle ignorait absolument le service d'exploration et les moyens de couvrir la marche de l'armée ; elle ne sut faire ni patrouilles, ni reconnaissances ; lorsque des paysans lui annonçaient la présence de l'ennemi, elle leur répondait qu'ils avaient la berlue, qu'ils avaient « du Prussien dans l'œil ».

L'artillerie était suffisamment exercée, et les Allemands louèrent son habileté, son énergie, son extraordinaire courage. Elle fut héroïque dans toutes les occasions, notamment à Frœschwiller et à Sedan où elle soutint longtemps avec le dévouement le plus méritoire une lutte inégale. Mais elle ne disposait que de 154 batteries : les Français avaient *deux* canons par mille hommes et leurs adversaires *trois* à *quatre*. Les pièces, presque toutes du calibre de 4, se chargeaient par la bouche, et leur portée était moindre que celle des pièces allemandes, qui se chargeaient par la culasse. Les projectiles n'avaient pas de fusées percutantes et le 1ᵉʳ septembre, sur le plateau d'Illy, la plupart s'arrêtèrent ou éclatèrent avant d'atteindre le but. Quant aux mitrailleuses, elles ne firent pas les merveilles qu'en attendait Napoléon III; cet engin mystérieux et formidable, capable, au dire d'un journal, de tuer la guerre à la première bataille, ne tirait efficacement qu'à 1800 mètres. Le système français était donc incontestablement inférieur au système prussien, et le général Liégeard assurait après Sedan qu'on devait le refaire entièrement. C'est que l'artillerie, étant l'arme qui coûte le plus, avait été l'objet principal des réductions et des économies; c'est que l'empereur avait confiance dans le matériel de Solférino et surtout dans les mitrailleuses qui se fabriquaient secrètement aux ateliers de Meudon.

Enfin, l'armée du Rhin comprenait à peine 268 000 hommes dans les premiers jours du mois d'août. On proposa d'incorporer la garde mobile dans l'infanterie régulière, et l'empereur demandait si l'on ne pourrait augmenter de cent *moblots* chaque bataillon de ligne. Nul doute que ces jeunes gens, encadrés ainsi, façonnés à la discipline, entraînés par l'exemple, n'eussent bientôt égalé les vieux soldats. Il était trop tard, et on objecta la loi.

Et pourtant, malgré l'infériorité du nombre, l'armée impériale eût peut-être défendu la frontière avec succès, et après tout, la supériorité de son chassepot sur le fusil Dreyss compensait la faiblesse de son artillerie. Mais elle n'eut à sa tête que des chefs inhabiles, indécis, dépourvus de l'esprit d'initiative. Aucun d'eux n'avait médité les écrits des grands capitaines; ils ne connaissaient de leur métier que la partie que Napoléon Ier appelle la partie terrestre, et on les vit subordonner passivement leurs opérations à celles de l'ennemi, subir des batailles et n'y rien comprendre, se blottir sous des forteresses au lieu de tenir la campagne, reculer devant de simples démonstrations, négliger des positions avantageuses, manquer de belles occasions, et par incurie et inertie donner dans les plus graves périls.

Le 28 juillet, après avoir confié la régence à l'impératrice, Napoléon III arrivait à Metz. Son plan était de passer le Rhin entre Maxau et Germersheim, de déboucher dans le pays de Bade et, conformément au projet de l'archiduc Albert, de séparer l'Allemagne du nord de celle du sud, d'imposer à la Bavière et au Wurtemberg la neutralité, de rétablir ainsi par un coup d'audace l'équilibre des forces, d'entraîner après une éclatante victoire l'Autriche et l'Italie. Mais il comprit aussitôt que l'armée, manquant des choses les plus indispensables, ne pouvait, suivant le mot de Bazaine, avoir encore toute sa mobilité. Dès le 29 juillet, il mandait à Mac-Mahon de ne faire aucun mouvement avant huit jours.

Il n'avait déclaré la guerre que sous la pression de la cour. Au milieu de l'enthousiasme des populations, lui seul restait grave, triste, presque abattu. Incapable de se tenir à cheval, rongé par une cruelle maladie, il semblait avoir perdu toute volonté ferme. Il ne croyait plus à son étoile et se laissait aller au fond de l'abîme, comme vingt années auparavant il se laissait porter aux cimes de la grandeur humaine, avec le même air froid et somnolent, le même fatalisme rêveur. La proclamation qu'il fit paraître le 28 juillet trahissait son angoisse. Il annonçait que la guerre serait longue et pénible, qu'il faudrait combattre une des meilleures armées de l'Europe dans une région hérissée d'obstacles et de forteresses. Tandis que ses entours ne parlaient que d'Iéna, il songeait à Sadowa.

L'empereur n'ignorait pas la puissance de son adversaire, et il savait fort bien que la Prusse avait, à elle seule, en 1866, mis 350 000 hommes sur pied. Le colonel Stoffel, attaché à l'ambassade de Berlin, les officiers que Niel envoyait en mission secrète ou qui suivaient les manœuvres prussiennes chaque année au mois de septembre, les agents diplomatiques, Benedetti, Rothan, avaient écrit à Paris que l'Allemagne entière marcherait contre la France; que l'armée du roi Guillaume, formée de toutes les classes de la nation, animée d'un ardent patriotisme et d'un profond sentiment du devoir, instruite, exercée, excitant par la précision et l'ensemble de ses évolutions l'admiration des gens du métier, rompue aux habitudes de la grande guerre, menée par des hommes qui

avaient fait les campagnes du Danemark et de Bohême,
commandée par un état-major qui se recrutait parmi les
plus capables et les plus studieux, deux fois plus nombreuse que l'armée française, munie d'un excellent matériel et d'une artillerie supérieure à la nôtre par la portée
et la justesse du tir, pouvait en vingt jours se concentrer sur la frontière; que toutes les mesures de la mobilisation étaient prévues jusque dans leurs derniers
détails et qu'elle s'exécutait avec une absolue régularité; que, dès la déclaration des hostilités, l'autorité
militaire prenait possession de toutes les voies de fer, de
toutes les gares et de tous les quais d'embarquement et
de débarquement aménagés exprès pour le transport des
troupes; que le gouvernement défendait aux journaux
de divulguer la moindre nouvelle, même la plus insigni-
fiante, sur les mouvements.

Tout se vérifia comme l'avaient annoncé les correspon-
dants de nos ministères. « Les moins passionnés des
Allemands, écrivait Stoffel, éprouvent à notre endroit
les sentiments qui animent un homme contre un autre
homme qui l'incommode incessamment », et Benedetti
avait prédit que les plus obstinés des particularistes
s'effaceraient et se tairaient au début d'une guerre contre
la France, que le peuple allemand tout entier seconderait la Prusse avec une sorte d'exaltation, que les masses
regarderaient la lutte comme nationale. Vainement
l'Empire n'en voulait qu'à la Prusse et, pour ménager le
patriotisme germanique, profitait d'une affaire qui n'avait
rien d'allemand, la candidature d'un Hohenzollern au
trône d'Espagne. Les journaux d'outre-Rhin répétaient
que l'ambassadeur de Napoléon III avait insulté le roi

Guillaume et que la France avait, dès les préliminaires de l'incident, l'irrévocable intention de prendre les armes. Malgré leurs rancunes et la haine que leur inspirait l'arrogance prussienne, la Bavière et le Wurtemberg, dont Gramont espérait la neutralité, exécutèrent fidèlement les traités d'alliance. A Munich, en dépit d'une forte minorité, le ministre de la guerre obtint de la Chambre un crédit extraordinaire en disant qu'il s'agissait, non de la question espagnole, mais de la question allemande, et le roi Louis ajoutait qu'il marcherait avec son puissant allié pour l'honneur de l'Allemagne et par suite pour l'honneur de la Bavière. Le roi Charles de Wurtemberg lançait, le 17 juillet, l'ordre de mobilisation et son ministre affirmait que l'intégrité de la patrie commune était menacée, qu'il fallait se joindre à la Prusse. L'Allemagne, réconciliée et unie, selon l'expression du roi Guillaume, comme jamais elle ne l'avait été, se leva contre son vieil et traditionnel adversaire. Elle avait depuis le xvi° siècle, deux ennemis héréditaires, le Turc ou le loup, le Français ou le renard. Elle courut sus au renard. « Hurrah! Germania, s'écriait Freiligrath, tu rentrais la moisson en dansant, mais une autre danse commence, et hardie, penchée vers le Rhin dans l'ardeur de juillet, tu tires ton épée et t'avances pour protéger ton foyer! Le peuple allemand est un; Souabe et Prusse marchent la main dans la main; nord et sud ne font qu'une armée. Un esprit, un bras, un seul corps, une seule volonté, voilà ce que nous sommes aujourd'hui. Malheur à toi, Gallia! » et le poète montrait le Haff et le Belt, l'Oder et l'Elbe, le Necker et le Weser, même le Main bruissant de tous leurs flots et s'épandant vers la frontière. Un chant peu populaire jusqu'alors, la *Wacht am Rhein*, qui célèbre le Rhin et appelle la jeunesse allemande à la garde du fleuve, vola sur toutes les bouches. Le roi de Prusse accorda une amnistie pour les crimes et délits politiques, et il rétablit l'ordre de la croix de fer fondé par son père en 1813 dans la guerre dite de la délivrance.

Trois armées se constituèrent sans hâte ni trouble, mais sans retard, avec calme, de la façon la plus prévoyante et la plus sûre, la plus méthodique et la plus réglée, d'après les tableaux de marche et de transport qui furent suivis à la lettre : la première armée, commandée par Steinmetz ; la deuxième armée guidée par le prince Frédéric-Charles, le fameux prince rouge, le vainqueur de Düppel et le vigoureux combattant de Sadowa ; la troisième armée conduite par le prince royal de Prusse et formée de tous les contingents du sud. Steinmetz et Frédéric-Charles s'acheminèrent vers la Sarre, l'un par Trèves et Sarrelouis avec 50 000 hommes, l'autre par Mayence, Mannheim, Kaiserslautern et Neunkirchen avec 180 000 hommes. Le prince royal de Prusse, dont l'armée, composée de 160 000 hommes, se concentrait à Landau, devait se jeter en Alsace et empêcher une irruption française dans l'Allemagne méridionale. Le roi Guillaume avait le commandement suprême : il n'était pas grand général ; mais, passionné pour les choses militaires, il avait assidûment inspecté les troupes et par sa sollicitude, son activité, son entrain, stimulé l'officier et le soldat. Les trois hommes qui, selon le mot de Guillaume, aiguisaient et dirigeaient l'épée, Bismarck, Roon, Moltke, accompagnaient le monarque.

Bismarck, portant l'uniforme de colonel de cuirassiers, coiffé d'une casquette blanche à turban jaune, sanglé dans une tunique blanche, organisa le service de la presse et mena les négociations. Roon, ministre de la guerre, approvisionna les armées. Moltke dicta les opérations et les mouvements, Moltke à la figure maladive et ridée, au regard fixe et perçant, aux lèvres minces, Moltke, l'habile et savant stratégiste, consciencieux, réfléchi, plein de bon sens, préparé depuis longtemps à sa tâche par les études les plus profondes, pénétré de cette grande idée que les armées devaient marcher séparées et combattre réunies, résolu de saisir l'offensive et d'attaquer les ennemis dès qu'il les aurait rencontrés, convaincu que la puissante organisation des Allemands et leur supériorité numérique décideraient la victoire.

Un instant Moltke avait cru que l'adversaire, qui courait à la frontière sans attendre ses réserves ni compléter ses régiments dans les garnisons, renonçait aux avantages d'une mobilisation régulière pour couper les voies ferrées et surprendre les armées allemandes au milieu de leur concentration. Mais les Français ne bougeaient pas; au lieu de se développer dans les plaines du Palatinat, comme avait dit Gramont, ils restaient sur leurs propres limites, résignés à la défensive et se comparant eux-mêmes à une ligne de douaniers.

Cependant, l'empereur, s'arrachant à ses hésitations, se déterminait à passer la frontière et à s'emparer de Sarrebrück. Le 30 juillet, le 2ᵉ, le 3ᵉ et le 4ᵉ corps se rendaient à Bening, à Saint-Avold et à Boulay. L'entreprise devait être dirigée par Bazaine qui la confia à Frossard.

Elle eut lieu le 2 août et réussit aisément. Il n'y avait à Sarrebrück qu'un bataillon et trois escadrons qui se replièrent après quelques salves. Napoléon manda ridiculement à Paris que le prince impérial avait ramassé une balle tombée tout près de lui et que des soldats pleuraient en le voyant si calme.

Mais le 3 août Moltke déclarait qu'il était temps de prendre partout l'offensive, et le 4, le prince royal de Prusse battait une division française à Wissembourg.

Le maréchal de Mac-Mahon, qui commandait à Strasbourg le 1er corps d'armée, disposait des quatre divisions d'infanterie Ducrot, Abel Douay, Raoult, Lartigue et de la division de cavalerie Duhesme. Le 3 août, Abel Douay se postait à Wissembourg ; Ducrot, à Lembach ; Raoult, à Reichshoffen ; Lartigue, à Haguenau. Mais la division Douay était jetée en flèche et ne pouvait recevoir de secours si les ennemis l'attaquaient brusquement. Elle avait mis un régiment au Pigeonnier, un autre régiment à Soultz, un bataillon à Seltz, et ne comptait que 5000 hommes. Les forces qui gardaient la Basse-Alsace semblaient si peu nombreuses aux Allemands qu'ils croyaient que Mac-Mahon irait bientôt rejoindre à Metz le gros de l'armée française. Aussi le prince royal de Prusse avait-il ordre de passer la Lauter le 4 août et de refouler sur Haguenau la poignée d'hommes qu'il trouverait devant lui : il saurait si Mac-Mahon avait reculé sur les Vosges, et, dans ce cas, après avoir laissé quelques troupes sous les murs de Strasbourg, il se dirigerait vers Sarreguemines.

Le 4 août, au matin, Abel Douay était surpris par les

Allemands. Il avait, à l'aube, envoyé deux escadrons de chasseurs en reconnaissance au delà de la Lauter, et les chasseurs n'avaient pas vu les masses qui s'assemblaient derrière le Bienwald. A huit heures et demie, des hauteurs de Schweigen, une batterie bavaroise, dont les épaulements étaient construits depuis huit jours, ouvrait le feu et la division Bothmer attaquait Wissembourg.

Le combat se livra sur trois points : à la gare, où le général Pellé s'était porté sur-le-champ avec une batterie et le 1er régiment de turcos qui poussait des cris de guerre et agitait en l'air ses chechias; à Wissembourg, où se trouvait un bataillon du 74e de ligne; sur le Geisberg, où s'établissait la brigade Montmarie, appuyée par une batterie de 4 et une batterie de mitrailleuses.

Jusqu'à midi, les turcos du général Pellé, s'abritant derrière les arbres de la route, les tas de pierres, et les plis du terrain, supportèrent l'effort de l'assaillant. Mais l'avant-garde du Ve corps prussien et deux divisions du XIe corps vinrent au secours des Bavarois. Pellé, craignant d'être enveloppé, abandonna la gare et gagna le Geisberg.

Wissembourg, déclassé trois années auparavant, avait encore sa muraille et son fossé. Aussi, jusqu'à midi et demi, le bataillon du 74e défie toutes les attaques. Mais un feu terrible d'artillerie l'oblige à quitter la porte de Landau. Les Bavarois baissent le pont-levis et se jettent dans la ville. Acculé à la porte de Bitche, entouré par une masse d'ennemis, le bataillon du 74e met bas les armes, et ces valeureux soldats, au nombre de cinq cents, harassés et mornes, ne sont plus qu'un troupeau de prisonniers que le vainqueur enferme dans l'église.

Restait le Geisberg. La batterie de mitrailleuses postée sur la colline des Trois Peupliers, causait un grand mal aux Allemands. Mais une bombe fit sauter son caisson de munitions et Abel Douay fut mortellement blessé par un éclat d'obus. Pellé prit le commandement. Il tint quelque temps sur la crête du Geisberg ; puis, grâce à la résistance du château, se replia sur Lembach. 200 soldats occupaient ce château formé de bâtiments aux murs épais, élevés, infranchissables. Ils repoussèrent tous les assauts. Sous les décharges qui partaient des fenêtres et des ouvertures de l'édifice, le régiment des grenadiers du roi perdit la plupart de ses officiers et son drapeau passa de main en main. Vainement des Prussiens pénètrent dans la cour intérieure et tentent d'incendier la maison en allumant des bottes de paille au pied des murs. Il faut attendre l'artillerie qui gravit péniblement la colline. Enfin, cernés de toutes parts, accablés par une pluie de projectiles, les défenseurs du château consentent à capituler.

Les Allemands avaient 1500 hommes, dont 91 officiers, hors de combat, et ils croyaient s'être battus contre plus de deux divisions. Mais cette journée du 4 août commençait la série des surprises et des revers. Wissembourg annonçait Frœschwiller et Sedan. L'armée impériale, trop peu nombreuse, fractionnée, mal éclairée, mollement conduite, irrémissiblement vouée à la défaite, allait être écrasée par l'armée allemande dont les longues colonnes noires s'étendaient déjà sur les routes de la Basse-Alsace à perte de vue. Le surlendemain, à travers les rues de Wœrth, passait durant des heures entières une file ininterrompue et indéfiniment déroulée de bataillons et de régiments criant « hourrah », les Bavarois au casque à chenille, les Prussiens au casque pointu, des cuirassiers, des hussards noirs et rouges, et il semblait aux habitants épouvantés que toutes les armées du monde s'étaient rencontrées chez eux. « Pauvre France, s'écriaient-ils, tu es perdue sans ressource ! »

CHAPITRE II

Frœschwiller et Forbach.

Positions de Mac-Mahon. — Bataille de Frœschwiller (6 août). —
Avantage des Français dans la matinée. — Échec de la division
Lartigue. — Charge des cuirassiers sur Morsbronn. — Efforts
obstinés de Mac-Mahon. — Prise d'Elsasshausen. — Dévouement
de l'artillerie de réserve. — Charge des cuirassiers de Bonnemains. — Attaque des turcos. — Retraite de Mac-Mahon sur
Reichshoffen et les Vosges. — Bataille de Forbach (6 août). —
Coup de tête de Kameke. — Reculade de Frossard. — Inaction
de Bazaine et marches inutiles de ses lieutenants. — Hardiesse
des Allemands.

Mac-Mahon voulut réparer aussitôt l'échec de Wissembourg. Il aurait dû gagner les défilés des Vosges, et
avec le 5ᵉ corps de Failly et le 7ᵉ de Félix Douay que
l'empereur avait mis sous son commandement, arrêter
l'adversaire dans des positions presque inexpugnables.
C'était abandonner Strasbourg et la vallée du Rhin. Il
aima mieux arracher sur-le-champ la Basse-Alsace aux
envahisseurs.

Mais il fixait au 7 août la bataille qui serait la revanche de Wissembourg. Elle se livra le 6 août à l'improviste, et il fut écrasé. Il n'avait avec lui que le 1ᵉʳ corps
et une seule division du 7ᵉ corps, la division Conseil-
Dumesnil, venue en toute hâte de Mulhouse. Il pouvait

appeler de Bitche Failly et le 5ᵉ corps. Failly eut ordre
de ne faire sa jonction que le 7 août; il ne reçut pendant l'action aucun message du maréchal, et sa troisième division, la division Guyot de Lespart, qui prenait
les devants, qui entendait le canon, qui n'avait que cinq
lieues à parcourir, ne s'avança qu'avec une extrême lenteur, en s'attardant à tous les carrefours pour envoyer
et attendre ses reconnaissances ; aussi ne devait-elle
arriver qu'après la déroute.

Le duc de Magenta avait établi son armée sur les
hauteurs de Frœschwiller et d'Elsasshausen. Il fallait,
pour aborder la ligne française, passer la Sauer grossie
par les pluies et traverser des prairies sur un espace de
mille pas. Les pentes qui dominent de soixante mètres
la rivière sont roides, rapides, couvertes de vignes, de
jardins et de houblonnières. Le plateau où se trouvent le
village de Frœschwiller et, en contre-bas, le hameau
d'Elsasshausen, est également coupé de vergers, de
haies et de chemins creux, très favorable par conséquent
à l'emploi des grandes bandes de tirailleurs et fait exprès pour dissimuler la cavalerie et les réserves. Mais
la droite de Mac-Mahon était en l'air ; il avait trop peu
de monde pour l'appuyer à la forêt de Haguenau, comme
il appuyait sa gauche aux bois de Neehwiller, et il ne
put garnir Morsbronn, au sud-est de la position. Chose
plus grave, en face de lui, sur l'autre bord de la Sauer,
s'étendait le plateau de Dieffenbach et de Gunstett, plateau vaste et nu où les ennemis se déployèrent hors de
portée des pièces françaises et mirent en batterie plus
de 250 canons. C'est pourquoi il n'avait pas occupé sur la
rive droite de la Sauer, au pied de Frœschwiller, le gros

bourg de Wœrth que commandent les feux de la rive gauche, et Wœrth devait fournir aux Allemands une tête de pont, un point de refuge et d'appui qui couvrit à la fois leurs retraites et leurs attaques.

Le 6 août, au matin, les divisions françaises avaient pris leur ordre de bataille. A gauche, Ducrot, en avant de Frœschwiller, entre Neehwiller et le Grosswald. Au centre, Raoult qui défend avec Conseil-Dumesnil et Pellé la route de Reichshoffen à Wœrth ainsi que les croupes de Frœschwiller et d'Elsasshausen. A droite, Lartigue qui tient l'épais et grand bois de Niederwald et qui fait front vers Gunstett comme Raoult vers Dieffenbach et Ducrot vers Gœrsdorf. Derrière Lartigue, la brigade de cavalerie Michel. Plus au nord, en arrière d'Elsasshausen, la division de cavalerie Bonnemains.

Certain que Mac-Mahon ne marchait pas vers les Vosges, le prince royal de Prusse avait résolu de pousser vers l'ouest et d'infliger aux Français derrière la Sauer une seconde et plus rude défaite. Toutefois, de même que le duc de Magenta, il ne voulait livrer bataille que le 7 août. Aussi la journée du 6 ne commença que par une reconnaissance offensive que le général prussien Walther dirigeait sur Wœrth. Mais peu à peu la lutte s'enflamme, l'escarmouche se transforme en combat, et l'on se fusille et se canonne, non plus pour tâter le terrain, mais pour le conquérir violemment.

Jusqu'à onze heures et demie les Français eurent l'avantage : si les Allemands avaient, dès le début, réduit notre artillerie au silence ; s'ils attaquaient par unités de compagnies et en ordre dispersé, leur infanterie ne faisait que des efforts particls, successifs, et ne savait sur aucun point se donner la supériorité du nombre.

A gauche, sous la protection des bois de Neehwiller, les postes avancés de Ducrot refoulèrent les Bavarois de Hartmann, tantôt par des charges à la baïonnette, tantôt par le feu de leurs chassepots et de ces mitrailleuses que le général de Tann nommait les maudits moulins à café.

Au centre, le commandant du V⁰ corps prussien, Kirchbach, descendait vers la rivière et occupait Wœrth. Ses bataillons franchissaient la Sauer en divers endroits, à gué ou sur des ponts de madriers et de perches à houblons. Mais, lorsqu'ils voulurent gravir les pentes de Frœschwiller et d'Elsasshausen, ils furent promptement ramenés. Durant toute la matinée, ils ne purent dépasser Wœrth et prendre pied sur la côte ; chaque fois ils reculèrent, et à plusieurs reprises les zouaves les poursuivirent dans les rues du village.

Même succès à la droite des Français. Lorsque l'infanterie du XIᵉ corps prussien eut traversé la Sauer et pénétré dans le Niederwald, elle aussi fut impétueusement assaillie par les tirailleurs de Lartigue et rejetée au delà de la rivière. Ses compagnies avaient presque toutes perdu leur capitaine, et le combat, avoue la relation allemande, était sans direction.

A midi, Mac-Mahon demeurait donc maître de ses positions, et il pouvait faire en bon ordre sa retraite. Il combattit encore. Le maréchal voyait pourtant que son artillerie, incapable de riposter, gagnait les sommets du plateau pour ne plus se montrer qu'à de rares intervalles. Du pied d'un noyer qu'on a depuis nommé l'arbre de Mac-Mahon, il voyait les batteries prussiennes qui, des hauteurs de Dieffenbach et de Gunstett, fouillaient de leurs obus tout le terrain d'Elsasshausen et du Niederwald. Mais il se croyait victorieux et il comptait se maintenir.

Kirchbach avait, sur ces entrefaites, reçu du prince royal l'ordre de suspendre l'action. Il jugea qu'il donnerait aux Français le temps de se renforcer et le droit de se dire vainqueurs. Malgré ses instructions, il revint à la charge avec son V⁰ corps en priant Hartmann à sa droite et Bose à sa gauche de le seconder, l'un avec le II⁰ corps bavarois, l'autre avec le XI⁰ corps. Lorsqu'à une heure de l'après-midi, le prince royal arriva sur le champ de bataille, il ne put qu'approuver son lieutenant. Cette fois, c'étaient non plus les avant-gardes, mais les corps d'armée qui s'engageaient, et ils s'engageaient à fond : Hartmann contre Ducrot, Kirchbach contre Raoult, Bose contre Lartigue, 100 000 Allemands contre 45 000 Français.

A notre gauche, l'attaque des Bavarois qui ne perdirent que 700 hommes dans cette journée, fut très molle, si molle que Ducrot envoya des renforts à ses voisins et dégarnit sa seconde ligne.

Au centre, Kirchbach ne réussit qu'à prendre le mamelon du Calvaire, et sur le reste du plateau ses assauts échouèrent contre la fusillade des Français et leurs retours brusques et furieux.

A droite, la division Lartigue fléchit et céda. De midi à une heure, sur la lisière du Niederwald, dans les fourrés du bois, autour de la ferme d'Albrechtshausen, elle fait face et résiste aux 12 000 Prussiens que Bose a poussés contre elle en deux colonnes. Mais, à la faveur de 72 pièces d'artillerie établies à Gunstett, les Allemands finissent par s'emparer de l'Albrechtshäuserhof et par entrer sous le Niederwald. Une troisième colonne de 5000 hommes se saisit de Morsbronn et débouchant de ce village pour remonter le plateau, menace de fondre sur les derrières de la division française.

Lartigue, sur le point d'être enveloppé, appelle à son aide la brigade Michel, composée du 6e lanciers et des 8e et 9e cuirassiers. En vain, le général Duhesme, les larmes aux yeux, assure que « ses pauvres cuirassiers » se feront inutilement hacher. Lartigue n'a plus d'autre ressource. « Allez, dit-il à l'un des colonels, allez et faites comme à Waterloo. » La brigade se range en bataille, se précipite à bride abattue sur les pentes au cri de « Vive la France » et roule vers Morsbronn. Mais dés fossés, des arbres, des souches et les talus élevés des chemins l'arrêtent à tout moment. Bientôt, de ces beaux cavaliers bardés de fer, les uns sont jetés à terre par leurs chevaux qui trébuchent, les autres tombent sous les balles des compagnies prussiennes qui les attendent de pied ferme ; le reste s'engouffre dans Morsbronn, où les Allemands tirent sur eux par les fenêtres des maisons à bout portant et de si près que la flamme des coups de fusil leur brûle la tunique. Ils sortent du village, ils se rallient, et pêle-mêle cherchent à rejoindre l'armée par un détour. Soudain, non loin d'Hegeney, un régiment de hussards prussiens, dispos et infact, les charge de toutes parts ; ils essaient de se faire jour ; brisés de fatigue, accablés sous le nombre, ils succombent ; la brigade Michel n'existe plus.

Pendant qu'avait lieu cette sanglante diversion, Lartigue réunissait ce qui lui restait du 3º turcos et du 1ᵉʳ chasseurs contre les brigades confuses de Bose. Le choc de ces chasseurs et de ces tirailleurs algériens fut si vigoureux qu'ils reprirent la ferme d'Albrechtshausen. Mais de nouveau tonna l'artillerie de Gunstett qui s'était tue quelque temps, masquée par ses propres troupes. Les Français ne purent aller plus avant. Quatre bataillons tout frais ressaisirent l'Albrechtshäuserhof. Malgré l'héroïsme du 3ᵉ régiment de zouaves qui défendit le bois une heure durant, le XIᵉ corps prussien occupa les futaies du Niederwald et aborda Elsasshausen.

La droite des Français rompue fuyait par Eberbach vers Schirlenhof, et Mac-Mahon aurait pu, aurait dû faire sa retraite, sauver ainsi l'artillerie et la cavalerie de réserve. Pourtant, avec une superbe obstination et dans l'espoir que la division Guyot de Lespart arriverait enfin au bruit du canon, il ne croyait pas la bataille perdue. Il résolut, avant de dégager sa droite, et tandis que le 3ᵉ zouaves tenait encore dans le Niederwald, de refouler décidément sur Wœrth les attaques que Kirchbach dirigeait contre son centre. La brigade Maire s'élance, enlève le Calvaire et descend les pentes jusqu'aux abords de Wœrth ; sous les feux redoublés de l'infanterie et de l'artillerie allemandes, elle regagne en désordre ses positions ; mais les colonnes de Kirchbach qui la poursuivent, ne parviennent qu'à reprendre le mamelon du Calvaire et à s'établir sur la crête du plateau ; elles ne peuvent déboucher ; elles masquent le canon qui les avait soutenues ; elles s'arrêtent devant la division Raoult appuyée par trois bataillons de Ducrot.

A cet instant, à deux heures et demie, Bose sort du Niederwald. Mac-Mahon fait face des deux côtés. Pendant que la brigade Lhériller se porte sur Wœrth pour attaquer Kirchbach, le 96ᵉ régiment, puis la brigade Wolff, puis la brigade Montmarie entrent en ligne contre Bose, et l'artillerie française reparaît. Mais à quoi servent ces efforts acharnés? La foule des ennemis ne cessait de grossir; ils se pressaient, se serraient sur le front et la droite des Français, et leur feu était effrayant. Déjà Bose se joignait à Kirchbach; le premier amenait dix batteries à travers le Niederwald, et il fallut lui abandonner Elsasshausen incendié; le second appelait la moitié de son artillerie qui venait par Wœrth se mettre en position à l'est et à l'ouest d'Elsasshausen. 102 pièces entourèrent Frœschwiller.

Recogné sur Frœschwiller et forcé désormais de préparer sa retraite, Mac-Mahon tente de gagner quelques minutes. Il jette en avant sa réserve d'artillerie. Il jette en avant sa réserve de cavalerie. Il jette en avant le seul régiment d'infanterie qui n'ait pas encore donné, le 1ᵉʳ des tirailleurs algériens.

Les huit batteries de réserve qui s'abritaient derrière Frœschwiller, se déploient à portée de pistolet des assaillants; mais elles ont à peine lâché deux ou trois coups que les canonniers et les chevaux tombent percés de balles; les tirailleurs allemands qui débouchent d'Elsasshausen, s'emparent de plusieurs pièces, et ce qui reste de l'artillerie française se replie sur Reichshoffen en lançant ses derniers projectiles.

La cavalerie s'engage à son tour. La division Bonnemains, composée des 1ᵉʳ, 2ᵒ, 3ᵉ et 4ᵒ cuirassiers, sort du pli de terrain qui la cachait, et fond sur les bataillons prussiens. Elle a le même destin que la brigade Michel. Elle galope sur un sol accidenté et rempli d'obstacles ; l'infanterie allemande qui se dérobe dans les houblonnières et les clôtures des vignes, l'accueille par le feu le plus meurtrier ; l'artillerie la décime par les obus et la mitraille.

Alors paraissent les turcos qui l'avant-veille, à Wissembourg, perdaient le tiers de leur monde. Ils bondissent comme des chats, agitent leurs fusils au-dessus de leurs têtes et poussent de grands cris. Rien ne semble arrêter leur impétuosité sauvage. Ils refoulent les masses allemandes qui s'enfuient à travers Elsasshausen jusque dans le Niederwald, à près de 1 200 mètres ; ils reprennent six canons ; ils se ruent follement sur l'artillerie du XI° corps. Mais à cent cinquante pas des pièces prussiennes ils reculent en désordre sous un feu épouvantable et se dispersent vers Reichshoffen.

A quatre heures de l'après-midi, quatre corps allemands assaillent Frœschwiller et l'enveloppent par le sud, par l'est, par le nord : deux d'entre eux, le XI° corps de Bose et le V° corps de Kirchbach, épuisés, tout à fait mélangés et incapables d'avancer, mais les deux autres, alertes et presque intacts, la deuxième brigade wurtembergeoise qui vient par Elsasshausen et la 1ʳᵉ division bavaroise qui part de Gœrsdorf et arrive par la Scierie et le Vieux Moulin, après avoir rejeté dans les bois les turcos du colonel Suzzoni. Mac-Mahon n'avait plus d'autre issue que celle de l'ouest par Reichshoffen. Il fit enfin sonner la retraite. Son chef d'état-major Colson était tué et Raoult mortellement blessé. Ducrot protégea la déroute avec le 3ᵉ zouaves, le 45ᵉ régiment et les batteries de sa division. Mais beaucoup de braves, notamment les chasseurs à pied du 8ᵉ et du 13ᵉ bataillon, tinrent jusqu'au dernier instant dans le bois et les vergers de Frœschwiller. Une compagnie du génie défendit longtemps une barricade qu'elle avait élevée sur la route de Wœrth et sut encore, après la prise du village, se frayer un chemin, baïonnette baissée. Des turcos se firent massacrer devant le château des Dürckheim sur un tertre qui, tout couvert de leurs uniformes bleus, avait à distance l'aspect d'un champ de lin. On vit un petit pioupiou, calme et froid, s'arrêter un moment, griffonner quelques mots sur une page de son calepin, jeter ce billet dans la boîte aux lettres en face de la mairie et, le chassepot au poing, marcher seul à l'ennemi. Vers cinq heures, au son du clairon et parmi les hourras, des milliers d'Allemands noirs de poudre envahissaient Frœschwiller en demandant à boire et en criant : « *Die Deutschen sind da*, les Allemands sont là ! »

Les vainqueurs avaient plus de 10 000 hommes hors de combat, et leur fatigue était si grande qu'ils poursuivirent à peine les vaincus. Leur cavalerie fut d'ailleurs arrêtée à Niederbronn par la division Guyot de Lespart. Mais l'armée de Mac-Mahon fuyait éparpillée. Le maréchal avait indiqué Saverne comme point de ralliement. On s'y rendit par la route, par les chemins de traverse et par les terres labourées. Le 7, au matin, une cohue de soldats, fantassins à cheval, cavaliers à pied, cuirassiers sans cuirasse, entrait à Saverne pour remonter aussitôt à Phalsbourg et descendre de là vers Sarrebourg et Lunéville : 10 000 Français gisaient sur le champ de

bataille; 6000 furent faits prisonniers; 4000 gagnèrent
Strasbourg; le reste de cette vieille et vaillante armée
d'Afrique qui n'avait reculé que lorsque ses forces étaient
à bout, devait s'engloutir à Sedan.

Le même jour où la bataille de Frœschwiller ouvrait
l'Alsace aux Allemands, la bataille de Forbach ou de
Spickeren leur ouvrait la Lorraine. A la nouvelle de
l'échec de Wissembourg, l'empereur avait remis le commandement des 2ᵉ, 3ᵉ et 4ᵉ corps et de la garde à Bazaine,
tout en se réservant la direction générale des opérations.
Sur ses ordres, la garde s'établit à Courcelles et le 2ᵉ corps
de Frossard à Forbach, pendant que le 3ᵉ corps de Bazaine et le 4ᵉ corps de Ladmirault demeuraient à Saint-
Avold et à Boulay. C'était Frossard qui, ne se jugeant
pas en sûreté à Sarrebrück, avait proposé de se replier
sur Forbach et le plateau de Spickeren. Il plaça la division Laveaucoupet au Rothberg et sur les hauteurs de
Spickeren, la division Vergé à Stiring et la division Bataille en réserve à Oettingen. Le 6 août il était subitement assailli par l'avant-garde de Steinmetz. Le général
Kameke arrivait à Sarrebrück; il n'avait avec lui que sa
division; mais il croyait que les Français battaient en
retraite et il voulait, sans perdre un instant, attaquer
leur arrière-garde. Il n'attendit même pas la brigade
Woyna, qui ne devait paraître qu'à trois heures, et engagea sur-le-champ, à midi, la brigade François. Sa témérité faillit lui être funeste. Ses bataillons reculèrent
au Rothberg et aux abords de Stiring sous un feu meurtrier. François fut tué. La situation des Allemands
devenait critique, et si Frossard eût pris l'offensive il

aurait aisément culbuté Kameke dans la Sarre. Mais de
toutes parts les ennemis, profitant de l'excessive circons-
pection du général français, accouraient les uns à marches forcées, les autres par chemin de fer. Le commandement passait de main en main; Kameke le cédait à
Stülpnagel, qui le cédait à Gœben, qui le cédait à Zastrow, qui le cédait à Steinmetz. Malgré l'opiniâtre résistance des divisions Laveaucoupet et Vergé que secondait
la division Bataille, les Allemands gagnaient peu à peu
du terrain; ils emportaient le Pfaffenwald, le Rothberg,
Baraque-Mouton, la Brême-d'Or, la Douane, la ferme de
Stiring; ils essayaient de tourner les hauteurs de Spickeren, et s'ils faisaient sottement donner un régiment
de cavalerie qui ne pouvait plus avancer au milieu des
éboulis, leur artillerie gravissait audacieusement des
pentes abruptes, et deux batteries s'établissaient sur le
Rothberg. A sept heures du soir, Laveaucoupet évacuait
le Forbacherberg et reculait lentement sur le plateau du
Pfaffenberg. Enfin, une colonne de la division Glümer
marchait par les deux rives de la Rossel sur Forbach où
il n'y avait que deux escadrons de dragons, une centaine
de soldats du génie et 200 réservistes d'un régiment
de ligne descendus de wagon pendant le combat. Frossard, débordé sur sa gauche, ordonna la retraite après
avoir perdu 4000 hommes.

Bazaine n'avait pas secouru son lieutenant qui l'appelait à son aide. Laissant, comme il disait, Frossard
livrer sa bataille et gagner à lui seul son bâton de maréchal, craignant d'être attaqué le lendemain et ne songeant qu'à couvrir son camp de Saint-Avold et à garder
ses bataillons intacts, il ne se rendit même pas sur le

lieu de l'action où le chemin de fer l'aurait conduit en
vingt minutes. Ses divisionnaires, Metman, Castagny,
Montaudon, qui pouvaient dégager Frossard et arrêter
le mouvement tournant des ennemis, ne firent que des
reconnaissances et d'inutiles manœuvres. Metman vint
se poster à Bening, puis, sur un pressant message de
Frossard, se dirigea vers Forbach et n'arriva qu'à la nuit
close, après la retraite du 2ᵉ corps. Castagny eut un moment l'idée d'aller droit à Forbach; mais il rebroussa
parce qu'il n'entendit plus la canonnade, et lorsqu'il
l'entendit de nouveau et se remit en marche, la journée
était décidée. Montaudon, le plus rapproché de Frossard,
ne fut averti qu'à trois heures par le maréchal et ne
reçut d'autre instruction que d'occuper la position de
Grossbliedersdorf. Aussi, malgré leurs efforts incohérents
et bien que l'affaire eût été aventureusement engagée et
menée au hasard et sans aucun plan, bien qu'ils n'eussent donné que par fractions et comme goutte à goutte,
bien qu'ils fussent épuisés de fatigue et incapables de
poursuivre le vaincu, les Allemands avaient eu l'avantage, et ils le devaient à leur hardiesse, à leur confiance
guerrière, à leur esprit de généreuse camaraderie; tous
marchaient résolument au canon.

CHAPITRE III

Gravelotte.

L'armée du Rhin sur la Nied. — Chute du ministère Ollivier. — Bazaine général en chef. — Ordre de reculer sur Verdun et Châlons. — Passage de la Moselle. — Bataille de Borny (14 août). — Témérité de Goltz. — La retraite des Français retardée. — Marche du 15 août. — Encombrements. — Bataille de Rezonville (16 août). — Surprise de Forton. — Attaque d'Alvensleben. — Prise de Vionville et de Flavigny. — Charges successives de la cavalerie prussienne. — Charge des hussards de Brunswick. — Charge des brigades Grüter et Rauch. — Charge de la brigade Bredow. — Charge de la brigade Barby. — Alvensleben en danger. — Arrivée de Voigts-Rhetz et du prince rouge. — Brillant succès de la division Cissey. — La grande charge de Rezonville. — Derniers efforts des Allemands. — Ils coupent la route de Verdun par Mars-la-Tour. — Reculade de Bazaine sur Rozérieulles et Amanvillers (17 août). — Batailles d'Amanvillers ou de Saint-Privat (18 août). — Les Allemands repoussés devant Amanvillers. — Leur échec au Point du Jour et à Moscou. — La garde royale écrasée à Saint-Privat. — Canrobert tourné. — Prise de Saint-Privat. — Retraite des Français à la droite et au centre. — Inertie de Bazaine. — Dispositions des Allemands. — Frédéric-Charles devant Metz. — L'armée de la Meuse ou du prince de Saxe.

Forbach avait, comme Frœschwiller, témoigné de la valeur et de la solidité de l'armée impériale. Mais cette bataille fortuite semblait le fruit de profondes combinaisons, et elle entraînait de graves conséquences. Toutes les troupes françaises se replièrent sur Metz. Le quartier général était consterné. Napoléon et Le Bœuf ne savaient que faire. Les ordres et les contre-ordres se succédaient. Enfin, l'empereur proposa de reculer sur Verdun et Châlons pour barrer aux Allemands la route de Paris. Il envoyait à Châlons ses gros bagages; Châlons lui paraissait être l'unique point de ralliement. Mais battre en retraite, c'était ébranler le moral du soldat, puisque la garde ainsi que les deux corps de Bazaine et de Ladmirault n'avaient pas encore brûlé de cartouche; c'était abandonner Metz qui, selon quelques officiers, ne tiendrait pas quinze jours; ne valait-il pas mieux demeurer dans le camp retranché, menacer le flanc des envahisseurs, laisser à la France le temps d'organiser de nouvelles forces? Ollivier ne disait-il pas que l'abandon de Metz et de la Lorraine produirait une impression défavorable sur l'esprit public?

L'empereur résolut donc d'occuper la rive gauche de la Nied, de Pange à Glattigny. Il fit construire des ouvrages de campagne. Il appela de Châlons le 6ᵉ corps de Canrobert, de Pont-à-Mousson la division de cavalerie Forton, de Nancy la réserve générale d'artillerie.

Mais les soudaines défaites avaient transporté Paris de douleur et de colère. Le ministère Ollivier tomba. Il eut beau lancer des proclamations, convoquer sénateurs et députés, affirmer que la France avait encore d'immenses ressources, proposer la levée en masse, prétendre que l'approvisionnement de la capitale était assuré. L'opposition lui répliqua qu'il avait trompé et trahi la patrie. Il disait que l'armée n'était nullement compromise; Jules

Favre lui répondit qu'elle était compromise par l'impéritie de son chef et que le pays était indignement gouverné, qu'il fallait sauver la France en confiant le pouvoir à la Chambre. Le général Cousin-Montauban, comte de Palikao, qui s'était fait connaître en 1860 dans l'expédition de Chine comme un excellent organisateur, présida le nouveau cabinet. Le Bœuf discrédité dut donner sa démission de major-général. Bazaine fut nommé commandant en chef. Vainement, dans ses lettres à la régente, l'empereur accusait la Chambre, qui se déclarait en permanence, de violer la Constitution et de revenir aux temps où les représentants du peuple conduisaient les armées. L'impératrice lui objectait qu'elle avait le couteau sur la gorge et que l'émeute était dans la rue. Elle supplia Le Bœuf de se démettre ; « nous sommes tous, écrivait-elle, obligés aux sacrifices ». Le Bœuf fut atterré lorsqu'il reçut la dépêche, et se plaignit de l'injustice des hommes. L'empereur parut impassible. Changarnier, devenu l'hôte et l'ami de Napoléon, s'emporta contre les révolutionnaires. Mais l'honnête Canrobert, prêchant d'exemple, se plaçait de lui-même sous les ordres de Bazaine, naguère son subordonné, en disant que tous devaient obéir à un chef unique. Bazaine inspirait la confiance ; on le tenait pour un grand homme de guerre et pour le seul qui fût capable de ramener la fortune ; l'opinion s'était engouée de lui, comme du plus jeune des maréchaux ; les membres de l'opposition l'appuyaient et demandaient par la voix de Jules Favre que les forces militaires fussent réunies dans sa main ; lui-même intriguait à Paris, et sa femme insinuait à Kératry qu'il allait se retirer parce qu'il ne pouvait accepter la responsabilité des opérations tant que l'empereur serait à l'armée.

Cependant l'ennemi s'avançait à grands pas sur le territoire français, après avoir réparé le désordre de ses premières victoires et, comme disait un de nos généraux, imprimé l'équilibre à ses têtes de colonnes et fait sa concentration définitive. Sa cavalerie sillonnait le pays. D'abord timide et hésitante, elle s'enhardissait et commençait à prendre l'essor, poussant de vastes reconnaissances, précédant de très loin les armées, et voilant d'un épais rideau tous leurs mouvements, fournissant aux états-majors de rapides et sûrs renseignements, saisissant des convois, détruisant les voies ferrées, râflant des vivres et des contributions, harcelant parfois l'adversaire qu'elle épiait et ralentissant sa marche, enlevant des courriers, ramassant des traînards, revenant à temps pour la bataille.

Moltke savait donc par ses patrouilles de uhlans que les Français étaient sur la Nied, qu'ils avaient perdu leur fière contenance, que leur confiance semblait ébranlée et leur discipline relâchée. Il décida de les aborder de front et de tourner leur droite : les masses allemandes se porteraient de la basse Sarre vers la Moselle ; Steinmetz, restant un peu en arrière et servant de pivot, s'acheminerait sur Boulay pendant que Frédéric-Charles se dirigerait sur Saint-Avold. Mais le 12 août Moltke apprenait que les Français abattaient leurs tentes et quittant les positions de la Nied, rétrogradaient sur Metz. Après avoir résolu de demeurer sous les murs de la place, l'empereur, changeant d'idée, s'était déterminé de rechef à passer sur la rive gauche de la Moselle et à faire sa retraite sur Verdun et Châlons. Bazaine jugeait préférable d'attendre l'ennemi dans les lignes de Metz ou d'opérer contre eux un mouvement général d'offensive. L'empereur insista, déclara qu'une attaque retarderait le passage de la Moselle et qu'il fallait sans perdre un moment prendre la route de Verdun tandis qu'elle était encore libre. Le maréchal céda et ordonna que l'armée franchirait la rivière ; seule la division Laveaucoupet resterait à Metz pour renforcer la garnison.

Le 14 août Napoléon partit de Metz précipitamment, comme s'il fuyait, au milieu du silence des habitants qui l'acclamaient naguère. L'armée le suivit et traversa la Moselle sur plusieurs ponts. A deux heures de l'après-midi le 2ᵉ corps de Frossard était en avant de Moulins, et deux divisions du 4ᵉ corps de Ladmirault avaient passé sur l'autre bord. Il ne restait sur la rive droite que le 3ᵉ corps de Decaen — qui succédait à Bazaine, — la garde impériale, et une division du 4ᵉ corps, la division Grenier.

Mais Bazaine, investi du commandement en chef le 12 août, n'avait pu donner ses ordres que le 13. Moltke sut mettre le temps à profit. Le 12, dès qu'il devinait que l'armée française se retirait par Metz au delà de la Moselle, il prescrivait une conversion générale à droite : toute la cavalerie passerait la rivière ; Steinmetz se porterait sur Pange et Courcelles ; Frédéric-Charles se saisirait des ponts de la Moselle à Pont-à-Mousson, à Dieulouard, à Marbache ; le prince royal de Prusse, marchant de Lunéville sur Nancy, viendrait se lier au prince rouge. Le lendemain, Moltke apprenait avec joie que le vaste panorama des campements français se déroulait encore sur la rive droite et que Bazaine, comme il dit, abondait dans ses propres vues. Il ne s'expliquait pas cette attitude du maréchal ; mais ou Bazaine allait attaquer Steinmetz qui lui semblait isolé, ou bien il s'attardait et finirait par passer la Moselle pour se diriger vers l'ouest. Moltke prévit ces deux cas. Il ordonna que Steinmetz resterait sur la Nied en observation et que Frédéric-Charles laisserait deux de ses corps pour soutenir Steinmetz ; mais le prince rouge enverrait ses autres corps vers la Moselle, entre Pont-à-Mousson et Marbache, et sa cavalerie s'avancerait aussi loin que possible pour inquiéter la retraite des ennemis sur la route de Verdun.

Tout à coup, dans l'après-midi du 14 août, éclatait la canonnade et, comme à Frœschwiller et à Forbach, une bataille s'engageait à l'improviste, la bataille de Borny ou de Colombey-Nouilly. Le général de Goltz qui commandait une des avant-gardes de Steinmetz, avait remarqué la manœuvre rétrograde des Français, et aussitôt, sans ordre et de son chef, dans le dessein de retarder leur marche et après avoir prié ses voisins de l'appuyer, il assaillait avec sa brigade les troupes qu'il avait devant lui. Il réussit. Les Français interrompirent sur-le-champ leur mouvement. Le 3ᵉ corps de Decaen fit volte-face et la garde lui servit de réserve. A son tour, la division Grenier s'ébranla, et pour lui porter secours, Ladmirault repassa la Moselle avec les deux autres divisions de son 4ᵉ corps, les divisions Cissey et Lorencez. Bazaine dirigeait le combat et reçut une forte contusion.

Le téméraire Goltz faillit succomber. Bien qu'il eût

pris d'un premier élan le château d'Aubigny, le village de Colombey et la ferme de la Planchette, il était accablé par le feu des Français. Mais Bazaine se contente de garder ses positions, et Manteuffel, puis Zastrow viennent à l'aide de Goltz, l'un avec le Ier corps prussien, l'autre avec le VIIe. Manteuffel emporte Nouilly et Mey. Il ne peut à la vérité franchir le ravin de Lauvallier où ses fantassins se débandent à la tombée de la nuit. Une de ses batteries, criblée de projectiles, s'abrite derrière Colombey après avoir perdu ses officiers. Son aile droite, craignant d'être débordée par les divisions Cissey et Lorencez, recule de Mey sur Nouilly. Mais il établit quatre-vingt-dix bouches à feu à Noisseville, à Servigny, à Poixe, tant pour arrêter le mouvement tournant de Ladmirault que pour mettre en échec l'artillerie postée à Villers-l'Orme, et le soir, au milieu de l'obscurité, l'infanterie prussienne, ressaisissant l'offensive, s'empare de Mey après une lutte acharnée, pousse jusqu'à Vantoux et Vallières, s'aventure sous les murs du fort Saint-Julien. Zastrow, qui débouche sur la gauche, seconde Manteuffel. Une de ses brigades, la brigade Osten-Sacken, enlève au prix de sanglants efforts une avenue de peupliers et une sapinière entre Colombey et Bellecroix. Elle est soutenue par la brigade Woyna, puis par une partie de la division Wrangel de l'armée du prince rouge, puis par la 1re division de cavalerie. Toutes ces troupes se mêlent assez tard à l'action, mais elles engagent contre Grigy et le petit bois de Borny un feu violent de mousqueterie et d'artillerie. A neuf heures cessait cette bataille incertaine.

Les Allemands avaient 5000 hommes tués ou blessés,

et malgré leur canon dont l'adversaire confessait la supériorité, leurs attaques s'étaient brisées contre les hauteurs de Bellecroix. La gaieté régnait dans l'armée française. Lorsque Bazaine alla rendre compte de l'affaire au quartier impérial de Longeville, il fut accueilli par de vives démonstrations de joie, et Napoléon le félicita d'avoir rompu le charme. Mais il avait eu tort de revenir sur ses pas et de se jeter dans la bagarre. Par cette bataille improvisée qui manifestait une fois de plus leur esprit d'offensive, leur promptitude de décision et leurs sentiments de solidarité, les Allemands retardaient sa retraite. Grâce aux cinq heures de combat que l'armée de Steinmetz avait imposées aux Français, l'armée de Frédéric-Charles aurait un jour encore pour traverser la Moselle et devancer Bazaine sur la route de Verdun.

Le 15 août les Français s'ébranlaient de nouveau. Mais, malgré l'ordre de Bazaine, le 3ᵉ et le 4ᵉ corps n'avaient pas repris aussitôt leur mouvement de retraite, et bien qu'il eût quatre chemins à sa disposition, le maréchal, craignant d'être attaqué sur la route de Briey et désirant gagner Verdun sans combat, avait prescrit que les troupes déboucheraient de Metz sur le plateau de Gravelotte, par une seule voie, celle qui traverse Longeville et Moulins; ce n'était qu'au sortir de Gravelotte qu'elles formeraient deux colonnes qui se dirigeraient sur Verdun, l'une par Étain, l'autre par Mars-la-Tour. Un encombrement effroyable se produisit. Des véhicules de toute espèce, et notamment les arabas ou voitures de réquisition, vides pour la plupart, retardèrent la marche; impatients de quitter Metz, les conducteurs profitaient

du moindre intervalle pour tromper la vigilance des va-
guemestres. Le défilé aurait duré deux jours, si Bazaine
n'avait ordonné de renvoyer impitoyablement les voitures de convois auxiliaires.

Ce retard fut désastreux. Les instructions du maréchal
ne s'exécutèrent pas. Du Barail occupait Jarny, mais
Forton demeurait à Vionville au lieu d'avancer sur Tronville ; Frossard, qui pouvait atteindre Mars-la-Tour, bi-
vaquait, ainsi que Canrobert, à Rezonville ; la garde
s'établissait à Gravelotte ; Le Bœuf qui remplaçait Decaen
blessé mortellement à Borny, n'arrivait à Vernéville
qu'avec trois divisions ; Ladmirault qui devait camper à
Doncourt, trouvant la route de Gravelotte complètement
obstruée, se rejetait en arrière sur Woippy et le Sansonnet. Aussi deux divisions, la division Metman du corps
de Le Bœuf et la division Lorencez du corps de Ladmirault, ne purent-elles prendre part à la bataille du
16 août, et elles auraient changé le sort de la journée.

Le matin du 16 août, après avoir passé la nuit dans
une maison de Gravelotte, Napoléon, plus affaissé que
jamais, gagnait Verdun par la route de Conflans et d'Étain
en recommandant à Bazaine de le suivre sans délai.
Mais le maréchal n'avait pas l'intention de se rendre à
Verdun. Une fois débarrassé de l'empereur, il poussait
un soupir de soulagement, et sur-le-champ suspendait
la retraite en annonçant qu'il la recommencerait probablement dans l'après-midi. Ne disait-il pas la veille
qu'il n'avait pas encore fixé l'itinéraire de l'armée et
que, s'il pouvait, il tomberait sur les ennemis et les re-
foulerait vers Pont-à-Mousson? La bataille qui se livrait
aussitôt, lui fournit un prétexte pour se rejeter sous Metz.

Au lendemain de Borny, Moltke avait télégraphié à Frédéric-Charles qu'il était essentiel de se porter sur la route de Verdun et de prendre contre Bazaine, qui battait en retraite, une vigoureuse offensive. Le prince rouge était à Pont-à-Mousson. Il hâta la marche de ses corps. L'état-major français avait oublié de détruire les ponts de Pont-à-Mousson et de Novéant. Dès le 14, des partis venaient par delà la Moselle jusqu'à Buxières, aux abords du grand chemin de Metz à Verdun. Le 15, une division d'infanterie du X⁰ corps de Voigts-Rhetz était déjà sur la rive gauche, à Thiaucourt; les brigades de cavalerie Redern, Bredow et Barby arrêtaient aux environs de Mars-la-Tour et de Tronville les dragons et cuirassiers de Forton, et un escadron de uhlans se heurtait près de Jarny aux chasseurs d'Afrique de Du Barail. Toutefois Frédéric-Charles croyait la retraite des Français plus avancée qu'elle n'était, et il n'imaginait pas qu'une rencontre aurait lieu le 16 août et si près de Metz. Il voulait établir son quartier-général à Thiaucourt, puis à Saint-Mihiel, et il ordonnait à toutes ses troupes de se diriger vers la Meuse; la cavalerie passerait cette rivière; le III⁰ corps irait à Étain par Mars-la-Tour et le X⁰ corps à Clermont-en-Argonne par Fresnes-en-Wœvre.

Mais Constantin d'Alvensleben, qui commandait le III⁰ corps, allait comme Walther et Kirchbach à Frœschwiller, comme Kameke à Forbach, comme Goltz à Borny, engager la bataille de son propre mouvement.

Cette bataille, appelée par les Français bataille de Rezonville et par les Allemands bataille de Gravelotte, de Vionville ou de Mars-la-Tour, doit ses différents noms aux villages que traverse la route de Verdun. Le chemin va de Gravelotte à Mars-la-Tour par Rezonville et Vionville. Dans la journée du 16 août l'armée française tenait Gravelotte et Rezonville, mais elle céda Vionville et ne put atteindre Mars-la-Tour. Les Allemands, remontant vers le nord, franchissant la Moselle sur le pont suspendu de Novéant et débouchant du vallon où le ruisseau de Gorze coule entre des coteaux boisés, vinrent lui barrer le passage.

A neuf heures du matin, par un chaud et radieux soleil, les divisions de cavalerie Forton et Valabrègue, qui n'avaient su au point du jour, à une lieue de là, découvrir l'ennemi, étaient surprises en avant de Vionville, pendant qu'elles faisaient la soupe ou menaient les chevaux à l'abreuvoir. L'artillerie des brigades Redern, Bredow et Barby les canonnait inopinément, et aux premiers obus qui tombaient sur les tentes, les conducteurs des bagages fuyaient, entraînant avec eux cuirassiers et dragons jusqu'à la maison de poste de Gravelotte. Mais, après un instant de désordre et d'émoi, le 2ᵉ corps de Frossard, composé des divisions Bataille et Vergé, se portait en avant, et le feu de ses tirailleurs qui s'approchaient à douze cents pas sous la grêle des boulets, obligeait les batteries de la cavalerie allemande à reculer en toute hâte. Frossard occupait Vionville, le hameau de Flavigny, au sud-ouest de Vionville, et les mamelons qui commandent Flavigny. A la droite de Frossard et à droite de Rezonville, entre la chaussée et une ancienne voie romaine, s'établissait Canrobert avec les deux divisions Lafont et Tixier. La brigade Lapasset, appuyée par la division Levassor, faisait face à gauche, parallèlement à la grande route, devant les bois de Saint-Arnould et des Ognons.

A dix heures apparaissait Constantin d'Alvensleben avec les deux divisions Stülpnagel et Buddenbrock, de son III⁰ corps. Il crut voir une arrière-garde française, l'assaillit, et lorsqu'il reconnut que l'armée entière lui tenait tête, il persista dans son attaque. Son audace lui aurait coûté cher si Bazaine avait eu ce coup d'œil qui domine l'ensemble d'une mêlée; mais le maréchal, qui pouvait déborder Alvensleben sur la droite, à Vionville et à Tronville, et le réduire à rien, craignait d'être tourné sur sa gauche et coupé de Metz; il amassa très inutilement des troupes considérables au sud de Rezonville et de Gravelotte, au bois des Ognons, au bois Saint-Arnould, aux débouchés des ravins qui aboutissent à Novéant et à Ars.

Alvensleben a pris aussitôt l'offensive avec la furie teutonne qui, dans cette guerre, triompha si souvent de la lenteur française. Déjà, malgré des pertes sensibles, l'artillerie allemande, moins nombreuse, mais plus habilement groupée, l'emporte sur notre artillerie. Déjà la division Stülpnagel s'empare du bois de Vionville après une lutte aussi longue que sanglante contre la division Vergé et la brigade Lapasset. Déjà la division Buddenbrock se loge dans Vionville et, gagnant du terrain pouce par pouce, livrant une série d'engagements opiniâtres, finit, grâce au puissant concours de vingt batteries qu'Alvensleben amène en première ligne, par enlever le hameau de Flavigny.

Maître de Flavigny et de Vionville, Alvensleben a désormais un solide appui. Il pousse même au delà de la grande route et, profitant de l'indécision de Canrobert, occupe le bois de Tronville, petit bois coupé de clairières, qui s'étend au nord de la chaussée, entre Vionville et la voie romaine. Toutefois ses secours étaient encore à grande distance : il n'avait reçu d'autres renforts que la brigade Lehmann du X⁰ corps, et son III⁰ corps eût été culbuté sur Gorze et de là dans la Moselle, si Bazaine avait profité de sa supériorité numérique et envoyé des troupes fraîches à la rescousse. Mais Bazaine ne dirige pas la bataille; il ne forme aucun plan d'offensive; il n'imagine pas qu'il peut accabler Alvensleben en faisant donner la garde qui est tout près de là, à Gravelotte; il dissémine son artillerie au lieu de la réunir par masses; il rectifie des emplacements de batteries et, s'il montre bravoure et sang-froid, ses lieutenants ne savent où il est : nul ne sent planer sur l'armée la pensée clairvoyante et active, l'âme partout présente d'un général en chef.

A midi et demi, les régiments de Frossard plient sous une nouvelle attaque où deux de leurs généraux, Bataille et Valazé, sont blessés, et longeant la route, refluent vers Rezonville. Bazaine dépêche, au-devant de l'infanterie qui les poursuit, le 3⁰ lanciers et les cuirassiers de la garde. Les deux escadrons de lanciers sont bientôt ramenés. Les cuirassiers pénètrent jusqu'aux batteries ennemies, sabrent des canonniers, puis, de même que les lanciers, sous le feu de l'infanterie prussienne, ils font demi-tour. Le lieutenant-colonel Caprivi ordonne d'achever leur déroute et jette à leurs trousses les hussards de Brunswick et de Westphalie. Bazaine installait à ce moment une batterie de la garde. Les hussards de

Brunswick fondirent sur les pièces, mirent les servants
en fuite et dispersèrent la suite du maréchal. Bazaine
tira l'épée et galopa durant quelques instants côte à côte
avec un officier prussien. L'escorte, soutenue par un bataillon de chasseurs, accourut, arrêta les hussards et re-
conquit les pièces. Pendant une heure le généralissime
fut séparé de son état-major qui le croyait tué ou prisonnier.

Presque en même temps s'était déployée la 6e division
de cavalerie composée des brigades Grüter et Rauch :
cuirassiers, uhlans et hussards de Brandebourg, uhlans
et hussards de Schleswig-Holstein. Elle aussi devait, sur
l'ordre d'Alvensleben, pourchasser le 2e corps de Frossard qui lâchait pied. Mais Bourbaki avait marché rapidement au secours de Frossard avec les grenadiers de
la garde. Intrépides et intacts, secondés par l'artillerie
de Rezonville, les grenadiers repoussèrent aisément la
cavalerie prussienne qui se présentait sur un terrain
étroit en colonnes d'escadron accolées botte à botte.

Les forces des Allemands s'épuisaient et leur feu devenait moins intense; ils n'avaient plus une seule réserve
ni en infanterie ni en cavalerie, et le Xe corps de Voigts-
Rhetz était loin. A deux heures, Canrobert, enhardi par
l'heureuse résistance de ses bataillons, s'avança pour
reprendre Vionville.

Alvensleben n'a plus sous la main que de la cavalerie.
Les deux régiments de la brigade Bredow, cuirassiers
de Magdebourg et uhlans de la Marche, se jettent tête
baissée, dans la direction de l'est, entre la grande route
et la voie romaine, à la rencontre des troupes de Canrobert. Ils s'abattent sur elles comme un ouragan, renver-

sent la première ligne, s'emparent des canons, traversent la seconde ligne. Mais ils sont criblés de projectiles et assaillis soudainement par la cavalerie de Forton et de Valabrègue qui désire venger sa défaite du matin. La brigade des dragons de Murat sépare leur colonne en deux tronçons. Les uns vont se heurter aux chasseurs et dragons de Valabrègue ; les autres sont pris en flanc par le 7e et le 10e cuirassiers, et à leurs coups de taille ou de pistolet répondent des coups de pointe qui les frappent aux couvre-nuques des casques et aux entournures des cuirasses. Bredow plie sous ce choc décisif; il tourne bride ; il enfonce de nouveau la ligne française ; il regagne fièrement Flavigny sans être l'objet d'une sérieuse poursuite. Si ses hommes jonchent le sol, si ceux qui survivent — 400 sur 800 — ne doivent leur salut qu'à la bonté de leurs montures, cette héroïque chevauchée a sauvé Alvensleben et le IIIe corps. Canrobert ne bouge plus de la journée : il pourrait aborder Vionville, percer la position prussienne ; après l'attaque furieuse et folle des six escadrons de Bredow, il craint d'aller plus avant, de tomber dans un piège.

Mais entre deux et trois heures Lebœuf et Ladmirault débouchent successivement sur le champ de bataille à Bruville et à Saint-Marcel, l'un avec les divisions Nayral et Aymard, l'autre avec les divisions Grenier et Cissey qui modifient leur itinéraire et prennent, pour venir plus vite, la route de Briey. Qu'ils poussent la gauche de l'adversaire, qu'ils la pressent avec vivacité, et ils rejettent dans la Moselle les Prussiens fatigués et rendus. Vainement Alvensleben fait charger la brigade de cavalerie Barby. Quatre divisions françaises, Nayral et Aymard du 3e corps, Grenier du 4e corps, Tixier du 6e corps, menacent d'envelopper son aile gauche ; elles la recognent sur le bois et le village de Tronville; elles la chassent presque entièrement du bois ; elles forcent une partie de son artillerie à se retirer ; elles refoulent la brigade Barby écrasée à la fois par les feux de salve et par les mitrailleuses; elles vont dépasser la grande route, dépasser Mars-la-Tour, prendre en flanc et de revers la ligne ennemie.

La situation d'Alvensleben était plus que jamais périlleuse. Mais le commandant du Xe corps, Voigts-Rhetz, entendait le canon. Il envoyait d'abord son chef d'état-major Caprivi sur le lieu de l'action ; puis il se portait de sa personne à Tronville et dès qu'il avait vu de ses propres yeux le danger d'Alvensleben, il interrompait son mouvement vers l'ouest et secourait son camarade. Toutes ses troupes rebroussaient de Thiaucourt sur Mars-la-Tour. A quatre heures, après une marche de quarante-cinq kilomètres, la division Kraatz arrivait avec quatre batteries. Et incontinent Le Bœuf abandonne le bois de Tronville et se replie sur ses premières positions ! Reculait-il devant cet adversaire bien inférieur en nombre? Non ; mais Bazaine ne pense qu'à sa gauche; après avoir établi les voltigeurs et les chasseurs de la garde au bois des Ognons et placé Frossard au sud de Gravelotte, il ôte à Le Bœuf la division Montaudon pour la poster au même endroit et lui enjoint de laisser à Saint-Marcel la division Nayral qui doit appuyer Canrobert.

Les Allemands recommencent donc leur attaque. Ils ont à leur tête le prince Frédéric-Charles, accouru de Pont-à-Mousson à franc étrier. Le prince rouge n'avait

su que dans l'après-midi la détresse d'Alvensleben, mais
il s'était mis aussitôt en selle et après deux heures d'un
galop effréné, il atteignait le bois de Vionville. Il examine
le champ de bataille et ordonne l'offensive à son aile
gauche où le X° corps entre en ligne et la défensive à
son aile droite : Voigts-Rhetz se jettera sur Ladmirault,
Le Bœuf et Canrobert, tandis qu'Alvensleben contiendra
Frossard et la garde.

La gauche prussienne s'ébranle. La brigade Wedell du
X° corps se dirige au sud de la ferme de Grisières, contre
la division Grenier. Mais la division Cissey vient à
grandes enjambées en prenant les devants sur un long
convoi qui la précède; elle marche droit à la brigade
Wedell, la foudroie, lui tue ou blesse en une heure la
moitié de ses hommes, lui fait plus de 300 prisonniers, lui
enlève le drapeau du 16e régiment d'infanterie. Pour
arrêter Cissey, Voigts-Rhetz recourt à deux régiments
de cavalerie, dragons et cuirassiers : les cuirassiers cèdent
au feu des mitrailleuses et des chassepots; les dragons
rompent sur plusieurs points et foulent sous les pieds de
leurs chevaux le 13° de ligne qui se groupe autour de
son aigle, mais dissipés par la fusillade du 73°, ils perdent
les deux tiers de leur monde et presque tous leurs chefs.
Que Ladmirault, sans hésitation ni retard, déborde la
gauche prussienne, qu'il s'avance au delà du grand
chemin, et, s'il est soutenu par Le Bœuf et Canrobert, il
met en déroute les deux corps d'Alvensleben et de Voigts-
Rhetz harassés et bientôt dépourvus de munitions.

Dans cet instant critique, Frédéric-Charles déchaîne la
plupart de ses escadrons, et alors se produit au nord de
Mars-la-Tour et à l'ouest de Bruville, sur le plateau de

Ville-sur-Yron, la charge célèbre dite de Rezonville, la plus importante rencontre de cavalerie que présente la campagne, et parmi les tempêtes équestres que cite l'histoire de la guerre, une des plus impétueuses et des plus grandioses. On se joint, on se choque de tous côtés, on se mêle, on se traverse, et au milieu du cliquetis des sabres, des coups de pistolet, des clameurs dans les deux langues : *en avant, chargez, allume*, et des gémissements des blessés, un nuage de poussière épaisse et aveuglante s'élève au-dessus des régiments qui tourbillonnent et s'entre-tuent. Mais les Français ne s'engagent que peu à peu, par portions et non en masse. Le 2e chasseurs d'Afrique qui veut s'emparer d'une batterie, est repoussé par des dragons et de l'infanterie. Le 2e et le 7e hussards sont renversés pour s'être élancés trop tard, et le général Montaigu qui les commande, gravement atteint, démonté, reste aux mains de l'ennemi. Le 3e dragons, que le général Legrand mène à leur secours, plie également, et Legrand tombe frappé à mort. Les lanciers du général de France culbutent les dragons d'Oldenbourg, et sont culbutés à la fois par les uhlans et par les dragons de Legrand qui les prennent pour des Prussiens à cause de leur habit bleu. Les dragons de l'Impératrice se précipitent avec les chasseurs d'Afrique ; ils tournent bride au bout de quelques minutes et entraînent dans le torrent de leur déroute la brigade de chasseurs Bruchard qui vient à leur aide. Le signal de ralliement que fait sonner le général de France, redouble la confusion. Heureusement le 2e et le 4e dragons, conduits par le général de Maubranches, se déploient en bon ordre, et la cavalerie prussienne ne tarde pas à se retirer, accablée par un triple feu, par une batterie de 12, par l'infanterie de Cissey qui s'est logée dans la ferme de Grisières, par le 2ᵉ chasseurs d'Afrique qui s'abrite en un bois voisin. Mais elle a sauvé la gauche de l'armée allemande. Ladmirault s'abstient de toute tentative sur Tronville et Marsla-Tour. A sept heures du soir, la division Kraatz occupe sans obstacle les taillis de Tronville et leurs alentours.

A l'aile droite des Allemands, au sud de Rezonville, la bataille tonnait encore. Là aussi Alvensleben avait reçu des troupes fraîches ; mais il se consumait en impuissants efforts. Quelques bataillons attaquaient le 1ᵉʳ et le 2ᵉ grenadiers de la garde impériale devant le bois Saint-Arnould ; une violente fusillade les obligeait à rétrograder. Une brigade du VIIIᵉ corps prussien, la brigade Rex, abordait le 3ᵉ des grenadiers de la garde à la Maison-Blanche ; ses deux régiments étaient repoussés l'un après l'autre et perdaient chacun leur colonel. Un régiment du IXᵉ corps venait lui prêter assistance ; lui aussi perdait son colonel et fléchissait. L'artillerie prussienne fait alors un feu désespéré ; ses hommes sont las, et plusieurs, après neuf à dix heures d'une lutte incessante, sourds et aveugles. Elle tire néanmoins ; elle envoie ses derniers obus — elle en consomma 20 000 dans cette journée. L'infanterie, si exténuée qu'elle soit, se ranime et rassemble ses forces. La cavalerie, dont les chevaux sellés avant l'aube n'ont pas encore bu ni mangé, ramasse ce qui lui reste de vigueur pour un suprême élan. Frédéric-Charles harcèle ainsi les Français, les inquiète, leur ôte toute idée d'offensive et comme la conscience de leur ascendant. A sept heures, la brigade Grüter, appelée de Flavigny, assaille le 93ᵉ de ligne, l'enfonce, lui prend un aigle et un canon. Mais la division de cavalerie Valabrègue fond sur la brigade Grüter, lui blesse son général, lui reprend le canon et l'aigle. La division d'infanterie Levassor, appuyée par les grenadiers et les voltigeurs, s'avance sur Vionville. Bourbaki réunit 54 pièces de la garde, et une canonnade meurtrière contraint les batteries allemandes à la retraite. Déjà le crépuscule s'étend sur la plaine, et les combattants ne se guident plus que d'après les éclairs de l'artillerie et de la mousqueterie. En vain, au milieu de l'obscurité, des bataillons prussiens, sortant du bois Saint-Arnould, essaient une nouvelle attaque. En vain la brigade hessoise Wittich du IXᵉ corps se glisse à travers les fourrés, vers la lisière du bois des Ognons, et refoule les chasseurs de la garde. En vain, entre huit et neuf heures, une brigade de hussards et de dragons, menée par le colonel de Schmidt, franchit la grande route et se jette, devant Rezonville, sur des masses sombres qu'elle distingue à peine dans les ténèbres. Les bataillons prussiens reculent sous le feu des Français, la brigade Wittich s'arrête dans une clairière, et la cavalerie de Schmidt, accueillie par une fusillade très nourrie, se replie en arrière de la chaussée. La nuit est tombée sur les sillons jonchés de cadavres et le silence se fait sur ce plateau rempli durant tout un jour des bruits épouvantables de la guerre. On n'entend plus que quelques sonneries. « Sonne, s'écrie Freiligrath, célébrant la charge de Bredow, sonne, trompette ! Mais la trompette refusa sa voix ; de sa bouche de métal ne s'échappait qu'un sourd gémissement, un cri plein de douleur ; une balle avait transpercé son cuivre, et la blessée plaignait les morts, plaignait de ses sons balbutiants et brisés qui nous pénétraient dans la moelle des os, les braves et les fidèles tombés en cette bataille. Les feux de bivouac s'allumèrent, et nous pensions aux morts, aux morts ! »

Les deux armées avaient chacune 16 000 hommes hors de combat, et la victoire demeurait indécise. Mais les Allemands obtenaient la gloire et le profit de la journée. Ils avaient été 65 000 contre 120 000 ou un contre deux ; ils possédaient Tronville et Vionville ; ils menaçaient le flanc gauche de Bazaine ; ils lui coupaient la route qui mène à Verdun par Mars-la-Tour ou, comme ils disaient plaisamment, par *Marsch retour* (marche en arrière), et le surlendemain ils allaient lui couper la route qui lui restait, celle de Verdun par Briey.

Le soir même de Rezonville, Bazaine ordonnait à l'armée de gagner en arrière le plateau de Rozérieulles et d'Amanvillers. La pénurie de vivres et de munitions, écrivait-il, l'obligeait à se ravitailler et à se rapprocher de Metz ; sous deux jours, il se remettrait en marche par la route de Briey, à moins que de nouveaux combats ne vinssent déjouer ses combinaisons. A vrai dire, ni les munitions, ni les vivres ne manquaient, et si Bazaine avait gardé ses positions, s'il avait le lendemain, à la pointe du jour, attaqué les Allemands avec toutes ses forces, s'il avait fait achever par les divisions intactes de Lorencez et de Metman le mouvement que Cissey commençait la veille, il eût gagné cette seconde bataille. Son armée était gaie et confiante. Les Allemands recrus de fatigue et inférieurs en nombre ne devaient recevoir

de renforts que dans l'après-midi. Eux-mêmes s'étonnaient que Bazaine ne les assaillît pas, et ils se gar-
dèrent bien de l'inquiéter. Durant la journée du 17, ils
manœuvrèrent et jetèrent des ponts sur la Moselle. Le 18,
la garde royale, sept corps, trois divisions de cavalerie
devaient occuper le plateau de Gravelotte. Après n'avoir
combattu que l'aile droite des Allemands, Bazaine avait
en face de lui presque toute leur armée, et ses 120 000 hommes allaient lutter contre 180 000.

La garde et la réserve d'artillerie sur les pentes du
fort Saint-Quentin, Lapasset à Sainte-Ruffine, Frossard à
Rozérieulles, Le Bœuf au bois des Génivaux, aux fermes
de Moscou, de Leipzick et de la Folie, Ladmirault à
Amanvillers, Canrobert à Saint-Privat, telles étaient,
le 18 août, du sud au nord, les positions françaises.
Mais si la gauche avait pour appui la Moselle, le fort
Saint-Quentin et le ravin de la Mance, la droite était en
l'air, et Canrobert, tardivement arrivé de Châlons, dépourvu de ses réserves de l'artillerie et du génie que
l'ennemi avait coupées de Metz, insuffisamment secouru
par le quartier général, ne put se fortifier, comme Frossard et Le Bœuf, par des tranchées-abris, ni mettre en
ligne assez de canons pour résister.

Le 18 au matin, Moltke et Frédéric-Charles, après
avoir cru que le maréchal se retirait sur Briey, ne dou-
taient plus qu'il tînt les hauteurs d'Amanvillers. Ordre
était aussitôt donné de l'aborder. Le bataille commence au
centre. Vers midi, le commandant du IXe corps prussien,
Manstein, remarquant la quiétude du corps de Ladmiraut
qu'il avait devant lui, et voulant le surprendre, établit témérairement huit batteries à l'est de Vernéville. Mais les

pièces de Ladmirault suppléent à l'exactitude du tir par la quantité des projectiles. Ses mitrailleuses postées en avant d'Amanvillers ouvrent un feu si terrible qu'une des batteries allemandes est entièrement démontée et que les autres n'agissent plus qu'avec peine et à de rares intervalles. La division hessoise essaie de soulager l'artillerie de Manstein en se portant à sa gauche au bois de la Cusse; elle oppose cinq batteries à la division Cissey; elle incendie la ferme Champenois; mais elle aussi est vigoureusement canonnée. A sa droite, la brigade Blumenthal s'empare des fermes de l'Envie et de Chantrenne; mais par deux fois elle échoue contre la ferme de la Folie. Déjà Manstein, craignant un assaut, faisait créneler le cimetière et les maisons de Vernéville. Mais les Français n'assaillent l'ennemi que par saccades. Leurs généraux n'osent aller de l'avant, et ne savent masser leurs troupes qui ne combattent que par groupes isolés, au hasard et sans but. Et cependant Frédéric-Charles ne gagne pas le dessus. Il appelle l'artillerie d'Alvensleben à l'aide de Manstein; il engage de l'infanterie, et vers cinq heures une brigade de la garde royale, menée par le colonel Knappe et composée de deux régiments de grenadiers et d'un bataillon de tirailleurs, marche sur Amanvillers. Un feu roulant la décime; Knappe est blessé; le bataillon de tirailleurs perd tous ses officiers, et son commandement passe aux mains d'un enseigne. Les Hessois s'efforcent de secourir la brigade Knappe et enlèvent une maison de garde-barrière sur la voie ferrée; écrasés de même par le feu des Français, ils reculent vers le bois de la Cusse. Une troisième fois, à sept heures, le prince rouge ordonne d'attaquer Amanvil-

lers ; l'infanterie d'Alvensleben, si rudement éprouvée
l'avant-veille, doit seconder celle de Manstein ; elle ne
bouge pas, de peur d'être prise en flanc vers le bois des
Génivaux par les tirailleurs de Le Bœuf.

A gauche de la position française, Steinmetz, avec la
première armée formée des deux corps de Gœben et de
Zastrow, assaillait Le Bœuf et Frossard. L'infanterie de
Zastrow sort du bois de Vaux, menace Rozérieulles et
Sainte-Ruffine, mais ramenée vers la lisière du bois par le
feu des chassepots et des mitrailleuses, elle reste jusqu'au
soir sur la défensive. Gœben était plus hardi ; sous la
protection d'une formidable artillerie qui canonnait la
ferme de Moscou, la brigade Strubberg se logeait dans
le bois des Génivaux, et plusieurs compagnies de la brigade Wedell se dissimulaient dans les carrières aux abords
des fermes de Saint-Hubert et du Point-du-Jour. A trois
heures, après un combat acharné, Saint-Hubert était
emporté, et si les deux brigades, refoulées devant Moscou
et le Point-du-Jour, perdaient la moitié de leurs officiers,
elles en imposaient par leur bravoure aux généraux français, à Le Bœuf et à Frossard, qui ne pensaient pas à
profiter de la supériorité momentanée du nombre : une
seule division tenait en échec deux corps d'armée ! Aussi,
à quatre heures, c'est Steinmetz qui prend l'offensive. Il
expie son audace. Deux de ses batteries font merveille ;
mais deux autres, bientôt dépourvues de leurs servants,
désemparées, se laissent couler dans un ravin. Un régiment de uhlans, criblé de projectiles, tourne bride.
L'infanterie branle et mollit. Cinq fois sa ligne de tirailleurs, qui s'étend sur un kilomètre de front, s'élance vers
le Point-du-Jour ; cinq fois elle recule précipitamment.

Des détachements occupent encore Saint-Hubert et les
carrières ; d'autres, craignant d'être coupés, s'empres-
sent de regagner les bois. Les balles pleuvent autour de
Steinmetz ; les officiers de son état-major sont frappés à
ses côtés ; le prince Adalbert de Prusse a son cheval
tué sous lui. A cet instant, vers quatre heures et demie,
le roi et Moltke, après avoir observé l'action de la hauteur de Flavigny, se rendaient à Gravelotte. Derrière
eux ne tardait pas à paraître le II° corps prussien, commandé par Fransecky et accouru de Pont-à-Mousson.
Moltke et le roi résolurent de tenter un dernier effort
contre Moscou et le Point-du-Jour. A sept heures, commençait une nouvelle attaque. Mais les Français qu'on
croyait fatigués de la lutte et découragés, avaient usé
du relâche que leur donnaient les Allemands pour organiser solidement la défense. L'assaillant est reçu au
Point-du-Jour par des salves de mousqueterie et d'artillerie. Les essaims de nos tirailleurs se jettent vers Saint-
Hubert et le bois de Vaux, chassant devant eux et culbutant dans le ravin de la Mance tout ce qu'ils rencon-
trent. La panique saisit les Prussiens. Les fuyards
entraînent avec eux des pièces de la batterie qui tient
encore derrière les jardins de Saint-Hubert. Vainement,
pour rétablir l'affaire, Barnekow enlève au pas de charge
la brigade Rex. Vainement Osten-Sacken stimule et
pousse sa brigade. Vainement Fransecky déploie ses
bataillons qui s'avancent pleins d'ardeur, tambour battant,
fanfares en tête, sous les yeux de Moltke et du grand
quartier-général. Les balles tombent dru et menu comme
grêle jusqu'auprès de Gravelotte, et au milieu de
l'obscurité qui s'épaissit de plus en plus, les troupes

prussiennes ne débouchent qu'avec une extrême difficulté sur le plateau de Saint-Hubert, rompues sans cesse
par le flot des fugitifs, n'osant tirer de peur de s'entr'-
égorger, ne cherchant plus qu'à se grouper, et néanmoins
se mêlant, se confondant, renonçant enfin à toute agression. Même insuccès devant Moscou. Malgré la nuit, un
régiment poméranien se dirige vers les tranchées-abris
dont il distingue les contours illuminés par les éclairs de
la fusillade ; son colonel et plusieurs de ses officiers sont
blessés ; il plie et se disperse.

A la gauche et au centre, l'armée française restait donc
maîtresse de ses principales positions, et à sept heures
du soir Bazaine et ses officiers se félicitaient de la
journée. Mais, à neuf heures, on apprenait qu'un convoi
de vivres, envoyé à Canrobert, était mis en désordre par
des cavaliers qui fuyaient en criant sauve-qui-peut, et
bientôt arrivaient les aides de camp de Canrobert et de
Ladmirault, consternés : la droite tournée et battue
rétrogradait vers Metz, et le centre avec elle !

Canrobert occupait Saint-Privat et avait placé des
détachements à Sainte-Marie-aux-Chênes sur son front,
à Jérusalem sur sa gauche et à Roncourt sur sa droite.
A trois heures, deux divisions, l'une de Saxons, l'autre
de la garde royale, marchaient contre Sainte-Marie.
Appuyées par 86 pièces, elles chassèrent aisément le 94e de
ligne qui n'avait fait ni épaulements ni barricades, et s'emparèrent du village. Puis, à cinq heures trois quarts, la
1re division de la garde royale, conduite par le général de
Pape, poussait sur Saint-Privat, pendant qu'une brigade
de la 2e division, la brigade Berger, se dirigeait vers le
hameau de Jérusalem situé au bord de la grande route.

Mais la brigade Berger qui traverse un vallon dénudé, sans autre abri que des rigoles d'irrigation, est accablée de projectiles, et sur le sol durci par la chaleur, les balles françaises qui touchent terre, ricochent et portent coup. Le régiment de l'empereur François ne gagne que par bonds successifs les fossés et les tas de pierres du chemin ; ses officiers tombent pour la plupart, et ses compagnies s'émiettent. Le régiment de la Reine subit les mêmes pertes ; son colonel est blessé et le major prince de Salm, l'ancien aide de camp de Maximilien, mortellement atteint.

Quant à la division Pape, elle essuie un échec terrible. Elle doit gravir une pente découverte, forcer des jardins entourés de murs, rompre des échelons de tirailleurs, et parvenue au sommet de ce glacis, enlever de solides maisons de pierre où des soldats se postent à toutes les fenêtres et sur les toits. Malgré Pape qui voudrait préparer l'attaque par un combat d'artillerie, le prince Auguste de Wurtemberg, commandant de la garde royale, donne, avec l'assentiment de Frédéric-Charles, l'ordre d'assaillir Saint-Privat. Bravement, superbement, la garde royale s'avance d'abord à 800, puis à 600, enfin à 300 pas du village. Ses régiments se font écraser l'un après l'autre. Leurs chefs sont presque tous frappés : les lieutenants-colonels de Holleben, de Finckenstein, de Stülpnagel, de Puttkamer, les colonels de Linsingen, de Kanitz, de Neumann, le général-major de Medem. Des drapeaux changent de mains jusqu'à cinq fois. Le feu des Français couche par terre 160 officiers et 4000 soldats. Il faut reculer et recourir au canon. A sept heures, 10 batteries bombardent Saint-Privat.

Canrobert avait 78 pièces et pas une mitrailleuse ; il ménageait ses munitions qui se faisaient rares ; il ne luttait plus qu'à coups de chassepot. Les Saxons, tournant son aile droite, refoulant ses tirailleurs, venaient, par un long circuit, d'Auboué à Montois, et de Montois à Roncourt, s'unir à la garde royale. 14 batteries saxonnes s'ajoutèrent aux 10 batteries prussiennes pour foudroyer Saint-Privat, et aux derniers rayons du soleil, lorsque les murs s'écroulèrent sous les obus, lorsque s'élevèrent mêlées à la flamme des colonnes de fumée noire, Saxons et garde royale, tambours battant, clairons sonnant, enseignes flottantes, s'élancèrent au pas de course sur cette forteresse que Canrobert avait improvisée et si obstinément défendue. On combattit dans les rues, dans les maisons, au cimetière ; on se prenait corps à corps ; on se fusillait à bout portant ; on se servait de la baïonnette et de la crosse. Enfin, Saint-Privat fut conquis. Jérusalem embrasé tombait en même temps. Les troupes de Canrobert se retirèrent sur Saulny, pêle-mêle, à la débandade, et toutefois sans perdre un canon ni un drapeau, sous la protection des batteries du colonel de Montluisant, de la cavalerie de Du Barail et de la brigade Péchot qui depuis le commencement de l'action contenait une partie des Saxons à l'entrée de la forêt de Jaumont. Mais Ladmirault ne pouvait plus conserver Amanvillers et se voyait enveloppé dans la retraite de Canrobert ; lui aussi se replia vers Metz, et ce mouvement exécuté en pleine nuit, à travers bois, sur des routes encombrées de voitures, ne se fit pas sans confusion. Bourbaki le couvrit à temps avec les grenadiers et la réserve d'artillerie de la garde.

Bazaine n'avait pas paru. Malgré le bruit croissant de la canonnade et l'impatience de son entourage, il ne quittait pas son cabinet de Plappeville. Il semblait convaincu que l'attaque n'était pas sérieuse. Lorsqu'au matin Le Bœuf l'informa des manœuvres de l'ennemi, il répondit que Le Bœuf occupait une position très forte et résisterait facilement. Le chef de l'état-major général Jarras fit seller les chevaux ; Bazaine le pria de terminer le travail d'avancement. Enfin, à trois heures et demie, il se rendit sur le plateau du Saint-Quentin. Il reçut plusieurs messages : Ladmirault demandait de l'infanterie ; Canrobert, de l'infanterie, du canon, des munitions ; Bourbaki, des instructions. Bazaine n'envoya rien ou presque rien. Il rentra vers sept heures en assurant que les Prussiens tâtaient l'armée et qu'ils échoueraient contre des lignes inexpugnables. Il n'engageait ni la garde, ni la cavalerie de Forton, ni la réserve générale d'artillerie ! Aux 684 canons des Allemands il n'opposait que 382 canons sur 520 qu'il avait ! Les batteries de la garde entraient en ligne, mais seulement à la nuit close, sur l'ordre de Bourbaki, pour protéger la reculade du 6ᵉ et du 4ᵉ corps que poursuivait le feu formidable des pièces allemandes. Canrobert succombait parce qu'il n'était pas secouru, et n'obtenait à force d'instances que deux batteries de la réserve qui n'arrivaient qu'après l'abandon de Saint-Privat. « Canaille ! grommelait-il pendant la retraite, ne m'envoyer ni munitions ni la garde ! Canaille ! Canaille ! »

Le général en chef de l'armée française avait résolu de rester sous Metz. Il ne voulait nullement se compromettre, nullement se lancer entre Meuse et Moselle.

Dans la matinée même, il faisait déterminer par le colonel Lewal les nouvelles positions de l'armée autour des forts de la ville, et il consolait les aides de camp de Ladmirault et de Canrobert en leur disant qu'ils opéraient quelques heures plus tôt le mouvement qu'ils auraient opéré le jour suivant : « Nous devions partir demain ; nous partirons ce soir ; voilà tout. »

Telle fut la journée d'Amanvillers ou de Saint-Privat. Les Français y perdirent plus de 12 000 hommes, et leurs adversaires plus de 20 000. La garde royale prussienne avait à elle seule 300 officiers et près de 8000 soldats tués ou blessés. C'était la seule bataille que les Allemands eussent encore livrée non pas à l'aventure, mais selon les plans de Moltke, et ils avouent qu'ils faillirent la perdre. Contenus au centre et repoussés à la droite, ils auraient été culbutés sur leur gauche si Bazaine avait placé la garde et la réserve générale d'artillerie derrière Canrobert et non à deux lieues du 6ᵉ corps, au pied du Saint-Quentin. Mais, comme écrivait le roi Guillaume, le maréchal était coupé de ses communications et rejeté sous Metz. Moltke prenait aussitôt ses mesures pour bloquer étroitement la ville et l'armée. Steinmetz, trop fougueux et entêté, fut envoyé à Posen. Ses trois corps (Manteuffel, Gœben et Zastrow), quatre corps de Frédéric-Charles (Fransecky, Alvensleben, Manstein, Voigts-Rhetz), deux divisions et demie de cavalerie, cent quatre batteries d'artillerie restèrent devant Metz, sous les ordres du prince rouge qui commandait ainsi à plus de 160 000 hommes. Une nouvelle armée dite de la Meuse, confiée au prince royal Albert de Saxe et formée de la garde prussienne, du IVe corps prussien, du XIIe corps ou corps saxon et de deux divisions de cavalerie, c'est-à-dire de 86 000 hommes, eut ordre de marcher vers Paris par Sainte-Menehould et Châlons, parallèlement au prince royal de Prusse qui se dirigeait sur la capitale par Nancy et Bar-le-Duc avec une armée de 137 000 hommes, composée des Ve, VIe, et XIe corps prussiens, des deux corps bavarois, de la division wurtembergeoise et de deux divisions de cavalerie.

CHAPITRE IV

Sedan.

Retraite de Mac-Mahon, de Failly et de Douay. — L'armée de
Châlons. — Plan de Palikao. — Irrésolutions de Mac-Mahon. —
Lenteurs et oscillations de ses mouvements. — Marche des
Allemands sur Paris. — Leur conversion vers le Nord. — Enga-
gement de Senuc (26 août). — Affaire de Buzancy (27 août). —
Retraite de Mac-Mahon sur Mézières. — Ordre de Palikao. —
Mac-Mahon se rabat vers Carignan (28 août). — Retards de
Douay et de Failly (29 août). — Surprise de Failly à Beaumont
(30 août). — Mac-Mahon se porte sur Sedan. — Les Français
acculés entre la Meuse et la frontière belge. — Bataille du
1er septembre. — Blessure de Mac-Mahon. — Ducrot et Wimpffen.
— Prise de Bazeilles, de Daigny, de Givonne. — Le XIe et le
Ve corps prussiens à Fleigneux et à Floing. — Prise du calvaire
d'Illy. — Douay écrasé par l'artillerie allemande. — Charge
inutile de Galliffet. — Douay et Ducrot rejetés sur Sedan. —
Le drapeau blanc. — Désespoir de Wimpffen. — Dernier effort
sur Balan. — Capitulation.

Mac-Mahon, échappé de Frœschwiller, n'avait pu faire
sauter le tunnel de Saverne, ni défendre les défilés des
Vosges, ni rallier les débris de son armée à Phalsbourg,
à Sarrebourg, à Lunéville. La retraite était une vraie
déroute. Déjà l'indiscipline gagnait ces soldats qui fuyaient
comme des lièvres après s'être battus comme des lions :
ils manquaient de tout et ne subsistaient que d'aumônes ;

ils se grisaient, maraudaient et pillaient ; deux zouaves demandaient à un officier la bourse ou la vie. Le 11 août, à la nouvelle que les éclaireurs prussiens approchaient de Nancy, Mac-Mahon se dirigeait sur Bayon. Le 15, il atteignait Neufchâteau. Le 17, les restes du 1er corps arrivaient à Châlons par le chemin de fer ; il fallut un jour et deux nuits pour faire quarante lieues en wagon ; on avait cru sur un faux avis que la voie était coupée à Saint-Dizier.

Le 5e corps de Failly gagna pareillement Châlons le 20 août, non sans détours ni délais, à cause des ordres contradictoires qu'il reçut de l'empereur ; il passa par Lunéville, Charmes, Mirecourt et Chaumont.

Le 7e corps, commandé par Félix Douay, avait le 7 août, au lendemain de Frœschwiller, quitté Mulhouse et reculé sur Belfort au milieu de la tristesse des habitants qui voyaient les soldats semer leurs cartouches et jeter leurs fusils sur la route. Le 16 août Palikao ordonnait à Douay de se rendre à Châlons : les troupes s'embarquèrent sur la ligne de Lyon et sur celle de l'Est ; les unes traversèrent Paris par le chemin de fer de ceinture entre Bercy et la Villette, les autres passèrent à Noisy-le-Sec de la ligne de Mulhouse sur celle de Strasbourg ; le 20, elles étaient en Champagne.

Ces trois corps, le 1er, le 5e, le 7e, ainsi que le 12e que Trochu organisait à Châlons, composaient une armée de 120 000 hommes. Le 17 août, dans un conseil de guerre auquel assistaient l'empereur, arrivé la veille de Gravelotte, le prince Napoléon, le maréchal de Mac-Mahon et les généraux Trochu, Schmitz et Berthaut, le commandement de cette armée dite de Châlons fut déféré au duc de Magenta. On décida que Mac-Mahon se porterait aussitôt sous les murs de la capitale que les Allemands allaient sûrement assiéger. L'empereur irait également à Paris : mieux valait qu'il fût aux Tuileries que de se traîner à travers les camps sans autorité, sans pouvoir, et comme s'il eût abdiqué. Trochu serait gouverneur de Paris. Napoléon hésitait à lui confier ce poste ; le prince et Mac-Mahon triomphèrent de ses scrupules en assurant que Trochu était un homme de cœur et d'honneur qui inspirait la confiance, suivait le courant de l'opinion et saurait seul arrêter le mouvement révolutionnaire.

Mais l'impératrice ne voulait pas que l'empereur revînt à Paris sous le coup des deux revers de Frœschwiller et de Forbach. Elle déclara qu'il ne rentrerait pas vivant aux Tuileries et qu'il devait rester à Châlons ; Trochu défendrait Paris sans l'empereur et ne nommerait même pas l'empereur dans sa proclamation. Palikao conseillait et encourageait la régente. Vif et ardent, bien que septuagénaire, fécond en projets, méditant de détacher un corps de 30 000 hommes qui jetterait l'épouvante dans le pays de Bade, prêchant l'offensive, activant les services de la guerre qu'il avait trouvés en désarroi, appelant sous les drapeaux tous les gardes mobiles ainsi que tous les anciens militaires au-dessous de trente-cinq ans, stimulant le zèle des généraux, leur donnant parfois d'excellents avis et leur faisant la leçon, mais téméraire et hâbleur, osant dire à la Chambre que Bazaine avait culbuté les Prussiens dans les carrières de Jaumont, ne tenant aucun compte des obstacles, ouvrant aisément son esprit aux illusions et aux chimères, croyant qu'il pourrait sauver la France et l'Empire tout ensemble, Palikao s'opposait avec force à la retraite de Mac-Mahon sur Paris, et il suppliait Napoléon de secourir Bazaine, d'envoyer l'armée de Châlons à l'aide de l'armée de Metz, d'opérer ainsi contre les Prussiens dont il affirmait l'épuisement, une grande et efficace diversion.

Son plan — le plan de Dumouriez en sens inverse — était génial. Mac-Mahon, se rendant à Metz par Verdun, traverserait rapidement l'Argonne, et écraserait le prince royal de Saxe que le prince royal de Prusse ne pouvait joindre qu'après trois jours de marches forcées; sans doute Frédéric-Charles lèverait le siège de Metz pour dégager Albert de Saxe; mais Bazaine suivrait bon gré mal gré Frédéric-Charles; les deux armées françaises se réuniraient, et puisque celle de Metz aurait désormais le nombre et celle de Châlons, l'énergie, elles battraient le prince rouge et obligeraient le prince royal de Prusse à se retirer.

L'empereur approuva le plan du ministre et se soumit à l'opinion de la régente. Il ne quitta pas l'armée de Châlons. « Où diable, s'écriait un officier, voulez-vous qu'on le mette? » Mais, bien qu'il fît pitié à voir, les soldats ne le saluaient plus, et sa suite, la boutique impériale ou le boulet d'or, comme on la qualifiait, excitait les murmures.

Quant à Mac-Mahon, il était dans de cruelles perplexités. Naturellement faible et irrésolu, il n'avait de décision que sur le champ de bataille. A Frœschwiller, au milieu des balles et des obus, cet homme à la moustache blanche et aux cheveux coupés court, à l'œil bleu et

6

calme, au visage froid, avait été un héros. Après Froesch-
willer, ses lettres marquaient un trouble extrême, et
depuis qu'il commandait l'armée de Châlons, il hésitait
et tâtonnait. La raison l'appelait à Paris où son armée
devait se compléter et s'affermir; l'ordre du ministre et
le désir de secourir son camarade le poussaient à Metz.
Il promettait de rejoindre Bazaine ; mais, disait-il,
Bazaine était bien loin, et la marche qu'il allait faire ne
découvrait-elle pas la capitale?

Mac-Mahon n'osait donc prendre un parti. Il finissait
par adopter un moyen terme. Lorsqu'il sut par un faux
rapport que la cavalerie allemande se montrait près de
Vitry, il abandonna Châlons et cette plaine que Trochu
comparait au tapis d'un billard. Le 21 août il s'établit à
Reims : il pouvait de là reculer sur Paris par la vallée de
l'Oise ou marcher par le nord à la rencontre de Bazaine.

En réalité, il rétrogradait et ne pensait qu'à se replier
sur la capitale. Le soir du 21 août, lorsque le président
du Sénat, Rouher, parut au quartier général de Courcelles
et demanda, au nom de l'impératrice et de Palikao, que
l'armée de Châlons fît sa jonction avec celle de Metz,
Mac-Mahon répondit qu'il n'irait pas s'aventurer au
milieu des masses allemandes, qu'il éprouverait un
revers, et qu'il aimait mieux se diriger sur Paris, conserver à la France une armée qui avait encore assez de
cadres pour servir à l'organisation d'une force de deux
cent cinquante à trois cent mille combattants. Rouher
s'inclina et, sur sa proposition, l'empereur nomma le duc
de Magenta généralissime : le maréchal commanderait,
outre l'armée de Châlons, toutes les troupes qui se
réunissaient à Paris et sous les murs de Paris.

A cette nouvelle, Palikao se récria, et le 22 août, dans l'après-midi, il écrivait à Napoléon que l'abandon de Bazaine aurait les plus déplorables conséquences et passerait pour un désastre, que Paris découragé ne se défendrait pas. Mais déjà Mac-Mahon avait changé de plan. Dans la matinée du 22, l'empereur recevait une dépêche de Bazaine, datée du 19 août. Bazaine comptait prendre la direction du nord et gagner Châlons, soit par Montmédy et Sainte-Menehould, soit par Sedan et Mézières. Aussitôt le duc de Magenta avait résolu de marcher sur Metz par Montmédy.

S'il avait eu connaissance d'une autre dépêche que Bazaine lui envoyait le 20 août et qui parvint également dans l'après-midi du 22 au quartier général de Courcelles, Mac-Mahon n'aurait peut-être pas tenté de débloquer Metz. Mais le colonel Stoffel, affidé de l'impératrice, reçut ce télégramme et le garda sans le communiquer au maréchal. Il était ainsi conçu, en termes ambigus et sous la forme équivoque qu'affectionnait Bazaine : « L'ennemi grossit toujours autour de moi ; je suivrai très probablement pour vous rejoindre la ligne des places du nord et vous préviendrai de ma marche, si toutefois je puis l'entreprendre sans compromettre l'armée. »

Quoi qu'il en soit, le 22, au soir, Mac-Mahon répondait à Bazaine qu'il partait pour Montmédy et serait sur l'Aisne le surlendemain pour agir suivant les circonstances.

Mieux valait dès la veille ou l'avant-veille se porter directement, comme voulait Palikao, de Châlons sur Verdun. Mais, avec un peu de diligence, Mac-Mahon avait le temps de pousser droit au prince de Saxe et de l'accabler. Qu'il brûle les étapes ; que, sans perdre une minute ni regarder en arrière, il fasse six lieues par jour, et le 27 il est au delà de la Meuse ; il a deux jours d'avance sur le prince royal de Prusse ; il bat Albert de Saxe et se joint à Bazaine.

Ce hardi dessein ne fut exécuté qu'avec mollesse, comme à contre-cœur, et peut-être l'armée de Châlons manquait-elle de la vigueur et du nerf qu'exigeait une pareille opération. Elle marcha d'abord avec joie au secours de Bazaine. L'idée seule qu'elle cessait de reculer et allait de l'avant, la consolait de ses misères passées. On se répétait les uns aux autres qu'on était 120000, qu'on serait en mesure, que les Prussiens pris en queue par Bazaine trouveraient leur tombeau dans les plaines de Champagne. Mais les quatre corps qui composaient l'armée n'étaient pas entièrement réorganisés. Le 1er corps, que commandait Ducrot, avait comblé les vides de Wissembourg et de Frœschwiller par les réserves des quatrièmes bataillons. Le 5e corps de Failly était sous l'impression de sa pénible retraite. Le 7e corps de Douay avait une division, celle de Conseil-Dumesnil, qui ne pouvait se remettre encore de l'affaire du 6 août. Le 12e corps, confié au général Lebrun, comprenait trois divisions ; deux, la division Grandchamp et surtout la division Vassoigne formée de douze bataillons d'infanterie de marine, étaient excellentes ; la troisième, la division Lacretelle, ne comptait guère que des conscrits de la classe de 1869. Bientôt des traînées d'hommes au visage empreint de souffrance s'allongèrent sur les routes. Beaucoup disaient qu'on les menait à la boucherie et quittaient les colonnes sans permission pour chercher des provisions ou du tabac, pour s'enivrer dans les auberges, pour chasser le lièvre à travers champs, pour se reposer ou dormir sur le talus des chemins. Les officiers, craignant de ne pas avoir leur monde dans la main au jour de l'action, n'osaient blâmer ni punir. Avait-on fusillé un seul des sacripants qui pillaient au soir du 23 août dans la gare de Reims les trains de vivres et de bagages? Jamais les corps ne furent au complet. Lorsqu'un combat s'engageait en forêt, les soldats, au lieu de rester sur la lisière, se dispersaient et reculaient pour chercher l'ombre ou tirailler à leur aise, et insensiblement ils se trouvaient de l'autre côté du bois, sans avoir profité de l'abri des arbres.

Les crochets que fit Mac-Mahon, les lenteurs et les perpétuelles oscillations de ses mouvements donnèrent d'ailleurs aux Allemands toujours prompts, ingambes et accoutumés aux longues marches le temps de le rattraper. On s'est plaint de l'inertie de ses escadrons; elle lui fut utile; en se bornant à couvrir l'infanterie, sans exécuter de reconnaissances et de pointes, ils ne purent rencontrer l'adversaire qui ne savait plus où étaient les Français. Mais que de retards! Le 23, l'armée de Châlons s'ébranle et au soir elle atteint la Suippe, Bétheniville, Pont-Faverger. Le 24, elle se détourne sur Rethel pour s'approvisionner et s'appuyer à la voie ferrée. Le 25, Failly et Lebrun demeurent à Rethel, pendant que Ducrot et Douay, faisant trois lieues à peine, gagnent Attigny et Vouziers. Aussi le 26, la cavalerie allemande reprenait-elle le contact qu'elle n'avait plus depuis vingt jours.

Les deux armées ennemies qui s'avançaient vers

Châlons, l'une par Verdun et l'autre par Vitry, s'étaient mises en marche le 23 août, mais elles avaient perdu la trace de Mac-Mahon. Le prince royal de Saxe tentait un coup de main sur Verdun, et sa cavalerie, traversant le défilé des Islettes, entrait à Sainte-Menehould. Le prince royal de Prusse arrivait à Bar-le-Duc, à Sermaize, à Vassy, et sa cavalerie fouillait les deux rives de la Marne, obtenait la reddition de Vitry, envoyait des flanqueurs à Mourmelon et à une lieue de Reims, à Saint-Léonard. On savait donc au quartier-général allemand que l'armée française, formée à Châlons, avait pris le chemin de Reims. Mais on croyait qu'elle n'avait d'autre but que de couvrir Paris. Le 25 août, Moltke qui se dirigeait vers l'ouest, ignorait encore les desseins et les évolutions de 120000 Français qui se portaient vers l'est à deux marches de son aile droite. Les gazettes de Paris lui révélèrent la vérité. Toutes déclaraient qu'il serait honteux d'abandonner l'armée de Metz, et un télégramme venu de Londres annonçait à l'état-major allemand, d'après le *Temps* du 22 août, que Mac-Mahon courait à l'aide de son collègue. « Notre seconde armée, lisait-on dans ce journal, est prête à Châlons, commandée par un homme qui brûle de reprendre sa revanche ; nous allons sans doute apprendre avant peu que cette armée est entrée en ligne, et puisse-t-on avoir à nous dire bientôt qu'elle a réussi, en dépit de tous les efforts de l'ennemi, à donner la main à celle du maréchal Bazaine ! »

Sans perdre un moment, Moltke arrêta l'élan des armées allemandes sur Paris. Un grand mouvement de conversion tourna vers le nord toutes les lignes de marche et tous les fronts. La cavalerie du prince royal de Saxe remonta dans l'Argonne. Dès le 26 août avait lieu entre Allemands et Français une escarmouche qui retardait Mac-Mahon. Un escadron saxon rencontra à Senuc, sur la rive gauche de l'Aire, le 4ᵉ hussards. La brigade Bordas, s'imaginant qu'elle avait devant elle des forces supérieures, recula de Grandpré sur Buzancy et abandonna la route de Vouziers qu'elle croyait coupée. Une autre brigade, conduite par le général Dumont, alla rejoindre et ramener la brigade Bordas. Douay, redoutant une attaque, prévint Mac-Mahon. Le maréchal, qui s'était porté de Rethel sur Tourteron, se dirigea le lendemain, pour soutenir son lieutenant, sur Vouziers et Buzancy ; puis, lorsqu'il sut que Douay n'était pas entamé, sur Voncq et Le Chesne. « Il n'avait plus qu'un jour d'avance, s'écria Palikao, il l'a perdu ! »

Le 27, tandis que l'infanterie d'Albert de Saxe occupait Dun et Stenay, sa cavalerie assaillait les escadrons de Failly dans les rues de Buzancy. Il était dès lors évident que l'armée française marchait vers la Meuse. Mais elle n'avait pas encore atteint la rivière. Moltke décida de l'attaquer incontinent sur la rive gauche : tous les corps se porteraient dans la direction de Vouziers, de Buzancy et de Beaumont, les uns obligeant l'adversaire à faire tête, les autres, qui ne combattaient que des jambes, le gagnant de vitesse.

A ce même instant, le 27 août, dans la soirée, Mac-Mahon qui démêlait justement la situation, renonçait à toute jonction avec Bazaine et rétrogradait sur Mézières. Il mandait au ministre que l'armée d'Albert de Saxe établie sur la rive droite de la Meuse gênait ses mouvements, que l'armée du prince royal de Prusse arrivait à Châlons et menaçait de lui couper sa ligne de retraite, qu'il n'avait aucune nouvelle de Bazaine et que s'il se dirigeait sur Metz, il serait attaqué de front par une partiè des troupes de Frédéric-Charles; il cesserait donc de marcher vers l'Est et dès le lendemain se rapprocherait de Mézières.

Cette fois encore, comme au 22 août, Palikao désapprouva le duc de Magenta. Il répondit aussitôt que l'armée de Châlons ne pouvait reculer sur Paris, que le retour de l'empereur déchaînerait la révolution dans la capitale, qu'il fallait à tout prix délivrer Metz, que si le prince royal de Prusse changeait de dirction, Mac-Mahon avait dans sa marche tournante quarante-huit heures ou du moins trente-six ou trente heures d'avance. Il sommait le maréchal, au nom du conseil des ministres et du conseil privé, de secourir Bazaine et promettait de lui envoyer un nouveau corps commandé par Vinoy.

Et cette fois encore Mac-Mahon obéit, consentit, à son corps défendant, à se rabattre sur Carignan et Mont-médy. Ses troupes cheminaient déjà vers Mézières et, animées par l'espoir de se battre sous les murs de Paris, semblaient aller d'un pas plus assuré. Elles rebroussèrent, attristées de cette volte-face, pressentant un malheur, fatiguées par des routes défoncées et par une pluie glacée, continuelle, qui les perçait jusqu'aux os. A peine firent-elles, celles-ci huit, celles-là quinze kilomètres. Le soir du 28 août, Lebrun était à Stonne; Ducrot à la Besace; Failly qui formait la droite de l'armée, à Bois-des-Dames; Douay qui devait suivre et appuyer Failly, à Boult-aux-Bois. L'ennemi ne se montrait guère. Moltke ne voulait pas provoquer l'offensive des Français avant d'avoir concentré toutes ses forces. Mais l'armée d'Albert de Saxe envoyait des avant-gardes à Voncq, à Attigny, à Nouart, et l'armée du prince royal de Prusse poussait son VIIe corps à Sainte-Menehould et une division de cavalerie à Vouziers.

Mac-Mahon avait résolu de traverser la Meuse le 30 août au plus tard à Mouzon et à Remilly. Le 29, Lebrun passait la rivière à Mouzon, et Ducrot, qui se dirigeait sur Raucourt, était certain de la passer sans encombre. Mais Failly et Douay ne fournissaient pas les traites sur lesquelles comptait le maréchal. Douay voit de loin les vedettes allemandes sur les hauteurs ; il comprend que les ennemis ne l'attaquent pas encore parce qu'ils n'ont que de la cavalerie, et toutefois ces escadrons l'environnent, l'agacent, le harcèlent, entravent sa marche par des démonstrations et de fausses alertes. Au lieu de camper à la Besace, il s'arrête à l'entrée du défilé qui mène d'Oches à Stonne. Quant à Failly, il atteint Beaumont, mais malaisément et après de longs et funestes détours. Le capitaine de Grouchy, qui vient lui donner l'ordre de remonter vers Beaumont et de là vers Mouzon, est capturé par des uhlans. Failly marche donc sur Stenay conformément à ses précédentes instructions ; l'avant-garde saxonne l'assaille au plateau de Bois-des-Dames, et lorsqu'elle cesse le combat pour regagner les coteaux de Nouart, il est quatre heures du soir. A cet instant Failly apprend par un autre officier les intentions du maréchal ; il se rejette sur Beaumont où ses têtes de colonne arrivent dans la nuit, et son arrière-garde, le lendemain à cinq heures du matin. Ses troupes sont harassées ; des soldats tombent comme des masses dans

la boue du chemin et se laisseraient écraser par les roues
des canons si leurs camarades ne les portaient sur les
côtés de la route.

Mais les dépêches enlevées au capitaine de Grouchy
indiquaient à Moltke les mouvements de Mac-Mahon. Il
prescrivit à l'armée d'Albert de Saxe d'attaquer Beaumont dans la matinée du 30 août; elle serait soutenue
par l'aile droite de l'armée du prince royal de Prusse.

Beaumont est dans un fond que des bois épais dominent de trois côtés. Au lieu de garder les hauteurs et
notamment les collines des Gloriettes, Failly avait répandu ses troupes autour de la ville. Il ne devait marcher sur Mouzon que dans l'après-midi et il montrait
une incroyable sécurité. Les officiers prenaient leurs
aises. Les soldats, en manches de chemise, flânaient,
cherchaient des vivres, allumaient des feux de cuisine,
fourbissaient les armes, menaient les chevaux à l'abreuvoir. Pas de poste, pas de sentinelle, pas la moindre
précaution d'usage, et de loin l'ennemi prit d'abord ces
hommes insouciants pour des bohémiens au gîte ou
pour des bourgeois de Beaumont qui visitaient par di-
vertissement un campement évacué.

Les Allemands firent donc à loisir leurs préparatifs
d'attaque. Silencieusement, sans être vus, ils s'appro-
chèrent de Beaumont. Le 30 août, à midi, après une marche difficile à travers les taillis et par des sentiers
détrempés, le IV° corps de Gustave d'Alvensleben
occupait les plateaux au sud de la ville. A midi et demi
les obus pleuvaient dans le camp français. Il y eut
d'abord parmi les troupes une indicible confusion. Bien-

tôt pourtant une défense vigoureuse s'organisa. De courageux régiments se portèrent en avant et criblèrent de balles les batteries d'Alvensleben et les bataillons qu'il engageait en première ligne. Mais il fallut plier sous le feu du canon prussien, il fallut céder aux charges réitérées de l'infanterie d'Alvensleben, il fallut abandonner Beaumont, les tentes, les bagages et sept pièces. L'artillerie avait eu le temps de s'établir sur la route de Mouzon; elle riposta longtemps à l'adversaire, et les bataillons, après lui avoir permis d'atteler ses chevaux en hâte et de se poster au delà de Beaumont, se réfugièrent derrière elle. Mais elle dut reculer sur la ferme de la Harnoterie et sur le plateau de Yonck, puis sur le bois de Givodeau. Alvensleben contournait Beaumont. Le XIIe corps saxon se déployait à l'est de la ville sur les hauteurs de Létanne. A l'ouest arrivait l'aile droite du prince royal de Prusse, et une partie du Ier corps bavarois, longeant la lisière des bois, tombait sur le flanc des Français. Cent cinquante pièces tonnèrent contre l'artillerie de Failly. Les Bavarois s'emparèrent de la ferme de la Thibaudine, et, avec les Prussiens, de la ferme de la Harnoterie. Alvensleben enleva les coteaux de Yonck et la fonderie Grésil. Les Saxons entrèrent dans le bois de Givodeau. Refoulés sur le mont de Brune et autour de Villemontry, les Français luttèrent avec acharnement et repoussèrent l'assaillant dans les fourrés de Givodeau par une fusillade très nourrie et par un feu intense de mitraille et d'obus. Mais, malgré la violence de la canonnade et l'énergique résistance de l'infanterie, une des brigades d'Alvensleben, la brigade Zychlinski, emporta le mont de Brune et se saisit de dix pièces. Villemontry fut conquis ainsi que la ferme Givodeau. Les troupes de Failly durent enfin se retirer sur le faubourg de Mouzon, non sans combattre encore dans les jardins et les maisons, au cimetière, aux abords du pont. Vainement Lebrun prêtait la main à Failly. Vainement, sur la rive droite de la Meuse, la division Lacretelle et la réserve d'artillerie, garnissant la pente des bois, prenaient le corps saxon en écharpe et l'empêchaient, l'une par ses chassepots, l'autre par ses mitrailleuses, de s'étendre le long de la Meuse et de tourner Villemontry. Vainement la brigade Villeneuve, puis deux autres brigades débouchaient du faubourg de Mouzon. Ces secours couvraient avec peine la retraite de Failly et fléchissaient sous les efforts de l'aile gauche d'Alvensleben appuyée par une nombreuse artillerie. Le 5ᵉ cuirassiers s'élançait contre une compagnie d'infanterie prussienne qui l'accueillait par une mousqueterie terrible à bout portant; le colonel Contenson recevait le coup mortel; 10 officiers étaient tués ou blessés; un sous-officier qui se jetait sur le capitaine prussien et l'obligeait à une sorte de duel, succombait sous les balles et les baïonnettes; les cuirassiers s'enfuyaient vers la Meuse et trouvant les ponts incendiés, gagnaient la rive droite à la nage. A huit heures l'action finissait. Failly, sauvé par Lebrun, passait la Meuse après avoir mis 3 500 Prussiens et Saxons hors de combat. Mais il perdait 1 800 hommes atteints par le feu, 3 000 prisonniers et une grande partie de son canon. Le 5ᵉ corps offrait le plus navrant spectacle. Le général de Wimpffen, vigoureux, décidé, plein de confiance en lui-même, venait à cet instant, sur l'ordre de Palikao, remplacer Failly. Il ne put que très laborieusement rallier des régiments épars. Infanterie, cavalerie, artillerie, bagages se mêlaient et se confondaient. Les soldats s'arrêtaient à tous les cabarets.

Le 7ᵉ corps de Douay était de même éprouvé, quoique moins rudement. Au matin du 30 août, Mac-Mahon en personne prescrivait au général de passer la Meuse coûte que coûte dans la soirée sous peine d'avoir 60 000 Prussiens sur les bras. Douay se dirigea sur Raucourt par le défilé de Stonne, entendant au loin la canonnade de Beaumont, devinant un désastre qu'il refusait de partager, talonné par les ennemis et ne répondant pas à leur feu, se hâtant vers la Meuse non sans émotions ni mésaventures. Une brigade de la division Conseil-Dumesnil se trompait de chemin, et les Bavarois du général de Tann qui la surprenaient à Warniforêt, la poursuivaient dans sa fuite, et attaquaient l'arrière-garde de Douay entre Raucourt et Haraucourt. De plus en plus alarmé, Douay accélérait sa marche vers le pont de Remilly ; il arrivait près de Remilly à Angecourt ; mais la cavalerie de Bonnemains encombrait la route, et les dernières colonnes de Ducrot franchissaient la Meuse. La nuit tombait. Il fallait s'arrêter et malgré leur inquiétude, les soldats s'endormaient ; durant deux heures, à une demi-lieue des avant-postes bavarois, l'artillerie restait sans soutien ! Enfin, la cavalerie de Bonnemains s'engageait sur le pont affaissé, ployant déjà sous le poids des charges qu'il avait portées. A la lueur des feux allumés sur les deux bords, les cuirassiers aux grands manteaux blancs passaient la rivière. Après eux, venaient trois batteries et deux régiments. Mais le jour

allait poindre; Douay, informé que Sedan était le centre
de ralliement, filait par la rive gauche avec la division
Liébert et l'artillerie de réserve. Le reste des troupes se
servait du pont et rejoignait sur la rive droite la division Conseil-Dumesnil qui la veille avait traversé la
Meuse à Villers. Le matin du 31 août, Douay entrait à
Sedan avec son 7e corps; les hommes étaient exténués et sommeillaient à peine assis.

Douay désorganisé, Failly complètement défait,
Lebrun englobé dans la déroute de Failly, tels étaient les
résultats de cette journée de Beaumont qui préparait et
annonçait Sedan. Seul Ducrot demeurait intact. Il partait de Raucourt, passait la Meuse à Remilly et arrivait
à Carignan. Mais à quoi servait-il de tenir Carignan et
la route de Montmédy? Pouvait-on marcher au secours
de Bazaine avec une armée battue? Le 31 août, à une
heure du matin, Mac-Mahon envoyait à Palikao cette
laconique dépêche : « Mac-Mahon fait savoir au ministre
de la guerre qu'il est forcé de se porter sur Sedan. »

Sedan, dit un officier, est un vrai pot de chambre dominé de toutes parts, et Custine écrivait en 1793 que la
place était mauvaise, qu'elle avait des maisons élevées,
des rues étroites, une population immense en un lieu
resserré et qu'en peu d'instants le feu de l'ennemi la
rendrait inhabitable. Mac-Mahon occupa donc les hauteurs
environnantes qui forment un grand cercle de Bazeilles
à Saint-Menges sur la rive droite de la Meuse et qui par
leurs ravins et leurs couverts offraient de précieux avantages à la défense. A l'aile droite le 12e corps de Lebrun
prit position à Bazeilles et à la Moncelle. Au centre,

le 1ᵉʳ corps de Ducrot s'établit à Daigny et à Givonne.
A l'aile gauche, le 7ᵉ corps de Douay tenait le plateau qui s'étend au nord du vaste bois de la Garenne,
du calvaire d'Illy au village de Floing. Les malheureuses
troupes du 5ᵉ corps que Wimpffen essayait de reconstituer, servaient de réserve et bivaquaient au
Vieux-Camp qui touche à l'enceinte de Sedan. La cavalerie était derrière Ducrot et Douay.

Ce cirque de hauteurs, compris entre la Meuse et les
ruisseaux de Floing et de Givonne, était plutôt un campement qu'un champ de bataille. Il est presque partout
commandé par un second étage de collines dont les
Allemands devaient se saisir. Mac-Mahon aurait dû, suivant le conseil de Ducrot, quitter ses emplacements,
s'adosser aux bois de la frontière et non au bois de la
Garenne, se poster à Saint-Menges et à Fleigneux en
gardant Floing et Illy. Sa droite eût été à Saint-Menges
et à Floing ; sa gauche, à Fleigneux et à Illy ; son centre,
à Sedan dont le canon balayait le plateau de la Garenne.
Il dominait ainsi le chemin de Mézières et la vallée de
la haute Givonne tout ensemble, et s'installait, comme
disait Ducrot, sur la circonférence même et non au centre
de la circonférence décrite par l'ennemi. Aussi Ducrot
voulait-il avec son 1ᵉʳ corps occuper Illy ; aussi Douay
occupait-il de son chef dans la matinée du 31 août
le mamelon de Saint-Menges qu'il devait délaisser ensuite à cause de la faiblesse de l'effectif du 7ᵉ corps.
Mais le maréchal de Mac-Mahon s'imaginait n'avoir
devant lui que 70000 Allemands et ne pensait pas
qu'il serait attaqué. Au lieu de se hâter et de gagner au plus tôt les routes du nord, il s'attardait à

Sedan pour ravitailler son armée et lui donner du repos.
Il assurait qu'il aurait le temps de manœuvrer, d'opérer
sa retraite et de se rendre à Mézières par la rive droite
de la Meuse sans être inquiété, en usant du chemin tout
récent de Saint-Menges et de Vrignes-aux-Bois : il
croyait, ainsi que Napoléon, que les ennemis ignoraient
l'existence de cette route qui n'était pas marquée sur
les cartes françaises et qui figurait sur les cartes allemandes.

Mais les Allemands faisaient diligence et profitaient de
l'inaction du maréchal pour l'enserrer de toutes parts.
Le 30 août, entre onze heures du soir et minuit, Moltke
avait ordonné de marcher en avant dès la pointe du
jour et d'acculer l'adversaire dans un espace aussi res-
treint que possible entre la Meuse et la frontière belge :
l'armée du prince royal de Saxe devait barrer à l'aile
gauche des Français la route de Montmédy ; l'armée du
prince royal de Prusse agirait contre leur front et leur
aile droite ; s'ils se réfugiaient en Belgique sans être
aussitôt désarmés, ils y seraient poursuivis.

Le 31 août, tandis que l'armée de Mac-Mahon se concentrait à Sedan, les Allemands l'environnaient déjà.
Sur la rive gauche de la Meuse, la cavalerie du prince
royal de Prusse, hussards et uhlans, entrait à Wadelincourt, à Frénois, à Villers-sur-Bar. Le XIe corps, marchant par Stonne et Cheveuges, arrivait à Donchery et
trouvait intact le pont de la Meuse : un officier du génie
était venu de Sedan pour le détruire, mais pendant qu'il
rangeait ses hommes, le train qui l'avait amené repartait
avec la poudre et les outils. Les Prussiens s'emparaient du
pont de Donchery, jetaient un second pont à côté du

premier et faisaient sauter le pont du chemin de fer. Le
V^e corps cheminait derrière le XIe et poussait son avant-
garde à Chéhéry, à dix kilomètres de Sedan. Le 1er corps
bavarois, commandé par le général de Tann, se por-
tait à Remilly et à Pont-Maugis. Ses batteries canon-
naient l'artillerie de Lebrun établie sur les pentes de la
Moncelle. Ses pontonniers jetaient deux ponts à Ailli-
court. Ses chasseurs se saisissaient du pont de Bazeilles
que les Français se préparaient à rompre. Déjà les appa-
reils étaient disposés sous les arches. Mais les chasseurs
bavarois s'élançaient, gravissaient le remblai, enlevaient
le pont au pas de charge, précipitaient les barils de
poudre dans la Meuse, s'abritaient derrière les haies de
la rive droite et, s'enhardissant, pénétraient dans
Bazeilles; assaillis par une nombreuse infanterie, ils
battaient en retraite, repassaient le fleuve, gardaient et
barricadaient le pont. Au soir du 31 août, l'armée du
prince royal de Prusse, forte de 4 corps et de 2 divisions
de cavalerie, appuyée au besoin par la division wurtembergeoise et par une troisième division de cavalerie, était
donc prête à traverser la Meuse et à tomber sur le flanc
des Français s'ils tentaient de s'échapper vers l'ouest.

Sur la rive droite, pendant qu'Alvensleben demeurait
en réserve à Mouzon, la garde prussienne et le corps
saxon entraient à Sachy et à Douzy, après avoir râflé
des approvisionnements considérables et capturé tous
les isolés et les traînards. Les pointes d'avant-garde
étaient à Francheval et à Pourru-Saint-Remy. L'armée
du prince royal de Saxe s'étendait ainsi de la Meuse à la
frontière belge et fermait aux Français les débouchés de
l'Est.

7

Que pouvait contre ce déploiement de forces l'armée de Mac-Mahon pelotonnée autour de Sedan? Les officiers prévoyaient une catastrophe. Flambés! Pris dans une souricière! Bloqués comme Bazaine! Voilà les mots qu'ils échangeaient. « Nous sommes perdus », disait le général Doutrelaine à Douay. — « C'est aussi mon opinion, répondait Douay, il ne reste qu'à faire de notre mieux avant de succomber. » Ducrot montrait à son entourage le fer à cheval que dessinaient les Allemands, ou, comme il s'exprimait encore, leur éternel mouvement de capricorne, et il allait reposer au bivouac du 1er zouaves pour avoir un bon régiment sous la main si les troupes se débandaient pendant la nuit. Wimpffen, couché sur le sol, sans tente ni couverture, ne pouvait dormir et ne cessait de penser à la situation critique de l'armée. Il voudra le lendemain percer sur Carignan, comme Ducrot, sur Mézières. Mais les issues seront bouchées. De quelque côté que se replient les Français, ils se heurteront aux Allemands et lors même qu'ils réussiraient par un effort suprême à briser le cercle qui les entoure, non sans subir d'horribles pertes, ils seraient dispersés et rejetés en Belgique.

Le 1er septembre s'engageait la bataille décisive. 140 000 Allemands s'ébranlaient contre 90 000 Français. Trois de leur corps d'armée se dirigeaient vers la Givonne. Trois autres gagnaient la route de Sedan à Mézières. Un septième faisait face à Sedan et son rôle ne fut pas le moins important. C'est le IIe corps bavarois; il garnit les hauteurs de Wadelincourt et de Frénois, et pendant que ses chasseurs traversent le fau-

bourg de Torcy et s'approchent des ouvrages de Sedan
pour abattre les servants sur leurs pièces, son artillerie
tonne soit contre les remparts de la place, soit par-dessus la ville sur les positions françaises qu'elle prend à
revers.

Dès quatre heures du matin, dans le crépuscule et le
brouillard, les Bavarois du général de Tann passent la
Meuse et se glissent vers Bazeilles dont ils comptent
s'emparer par surprise. Les officiers donnent leurs
ordres à voix basse; les soldats marchent doucement,
sans pousser un cri, sans tirer un coup de fusil. Leurs
hurrahs n'éclatent que lorsqu'ils sont dans Bazeilles.
Mais l'infanterie de marine veillait; elle occupe les maisons les plus solides et les endroits les plus propres à la
défense, le château Dorival, la villa Beurmann, le parc
de Monvillers; elle arrête les assaillants par un feu
meurtrier. La lutte s'opiniâtre et s'acharne; les deux
partis se renforcent, jettent à tout instant des troupes
fraîches dans la mêlée; des habitants de Bazeilles combattent à côté des braves marsouins; sur plusieurs
points le village est en flammes. Les Saxons secondent les
Bavarois. Ils se saisissent de la Moncelle; ils se logent
dans le bois Chevalier; ils repoussent la division Lartigue qui tente de les débusquer.

C'est alors, à six heures et demie, que Mac-Mahon
reçoit un éclat d'obus qui lui déchire la fesse gauche. Il
quitte le champ de bataille en désignant pour son successeur le général Ducrot, quoique moins ancien que
Wimpffen et que Douay, Ducrot apprend la nouvelle à huit
heures, et sa figure d'ordinaire calme et froide exprime
le découragement et la douleur. Il lève les bras au ciel et

s'écrie : « Grand Dieu, que voulait donc faire ici le maréchal ! » Mais son émotion ne dure qu'un instant, et après avoir déclaré qu'il accepte la lourde responsabilité du commandement, il dicte d'une voix ferme des ordres de retraite. On s'étonne autour de lui, on le regarde avec consternation, on ose lui dire que la retraite entraînera la déroute. Ducrot répond que la retraite est la seule chance de salut, que pour ne pas être cernée, l'armée doit se dégager, se concentrer sur le plateau d'Illy, se replier vers Mézières. Il se rend auprès de Lebrun, et inutilement Lebrun objecte que ses troupes ont l'avantage, qu'elles perdront en reculant l'énergie et la confiance, qu'elles ne traverseront qu'avec de grandes difficultés le bois de la Garenne. Ducrot lui réplique que les Allemands manœuvrent pour prendre l'armée sur ses derrières et l'envelopper complètement ; il prescrit à l'infanterie de marine de protéger la retraite, et déjà, pendant que la division Lartigue contient les Saxons sur la Givonne, la brigade Gandil et la brigade Lefebvre qui n'ont pas encore donné, remontent vers le bois de la Garenne.

Mais une seconde fois l'armée allait changer de général. A neuf heures, Wimpffen faisait savoir à Ducrot qu'une lettre de Palikao lui conférait le commandement au cas où malheur adviendrait à Mac-Mahon. Il avait attendu quelques instants avant de revendiquer le droit que lui donnaient son ancienneté et l'ordre du ministre. Mais la retraite prescrite par Ducrot lui paraissait impraticable. Comment plusieurs corps déjà fatigués feraient-ils sans trouble, au milieu du champ de bataille, par un chemin difficile, six kilomètres de marche pour le moins? Ne seraient-ils pas resserrés par l'assaillant et vivement refoulés sur les troupes nombreuses qui s'emparaient de la route de Mézières? Pourquoi ne pas lutter encore? Lebrun ne tenait-il pas ferme à Bazeilles? Ne saurait-on, comme lui, tenir partout jusqu'à la nuit et se battre sur place de même qu'à Valmy? Wimpffen enjoignit donc à Lebrun de rester à Bazeilles — : « Tu auras, lui disait-il, les honneurs de la journée » —, et à Ducrot, de garder ses positions : « Il nous faut, s'écriait-il avec exaltation, il nous faut une victoire! » — « Nous serons trop heureux, lui répondit Ducrot, si nous avons une retraite. »

La bataille continue donc plus ardente. Pour faciliter le mouvement qu'il projetait, Ducrot avait envoyé vers la Moncelle et le parc de Monvillers la division Lacretelle. Elle faisait des progrès dans la vallée de la Givonne. Ses tirailleurs qui ne portaient l'uniforme que depuis quelques jours, obligeaient par une vive fusillade les batteries saxonnes à rétrograder. Pareillement, à Bazeilles, la division Vassoigne et la brigade Carteret gagnaient du terrain, repoussaient les Bavarois sur la place du marché. Mais à onze heures les Bavarois et les Saxons, renforcés en infanterie et surtout en artillerie, appuyés par le tir efficace de leur canon, avaient refoulé l'assaillant soit sur Fond-de-Givonne, soit sur Balan et les hauteurs adjacentes. Bazeilles brûlait. Épuisés par une lutte de plusieurs heures, noircis par la poudre et la fumée, les Bavarois du général de Tann abandonnaient le village incendié pour se poster à la gare et dans les jardins du nord-ouest. Mais une brigade du II° corps bavarois, détachée de Frénois, secourait le général de Tann; elle traversait les prairies à gauche de Bazeilles, entrait dans Balan, et après une violente mousqueterie, enlevait le parc du château. A une heure, Lebrun était rejeté dans le Vieux Camp.

Comme Bazeilles et Balan, Daigny tombait aux mains des Allemands. La première brigade de la division Lartigue, la brigade Fraboulet de Kerléadec, défendait d'abord la rive de la Givonne avec vigueur; elle faisait plier l'infanterie saxonne et, sous la protection des mitrailleuses, marchait contre le bois Chevalier. Mais son artillerie fut rapidement démontée. Lartigue, Fraboulet, le chef d'état-major d'Andigné étaient blessés. Les zouaves et les chasseurs à pied, lassés et manquant de confiance, n'avaient plus la même ardeur qu'à Frœschwiller. Tournée sur ses deux ailes, chassée peu à peu des broussailles et des carrières, puis de Daigny et du parc de la Rapaille, la brigade se retirait à dix heures derrière la Givonne.

La garde prussienne, venue de Carignan par Pourruaux-Bois et Francheval, se liait à la droite des Saxons. Elle prenait Villers-Cernay, Haybes, Givonne; elle prenait La Chapelle où résistait bravement le 1ᵉʳ bataillon des francs-tireurs de Paris, dit Lafon-Mocquart. Quatorze batteries établies sur la rive gauche de la Givonne, entamaient une terrible canonnade contre la division Wolff qui tenait les positions de la rive droite. Vers midi des nuées de tirailleurs français fondaient sur Givonne; mais elles se dissipaient bientôt et disparaissaient sous un feu écrasant. Dix de nos pièces entraient hardiment dans le village pour riposter de plus près; avant même qu'elles fussent décrochées, une compagnie de fusiliers

prussiens les capturait avec toute leur escorte. Isolée et
bientôt débordée sur sa gauche, la division Wolff recula
vers Sedan.

Tandis que les Bavarois, les Saxons, la garde prussienne arrivaient par l'est et se rendaient maîtres de
tous les passages de la Givonne, l'armée du prince
royal de Prusse, division wurtembergeoise, XIe et
V^e corps prussiens, avançait par l'ouest.

La division wurtembergoise qui servait de réserve,
traversait la Meuse à Dom-le-Mesnil et barrait la route
de Mézières.

Le XIe et le Ve corps prussiens, commandés, l'un par
Gersdorff, et l'autre, par Kirchbach, passaient la rivière
à Donchery, puis tournaient à droite par le défilé de la
Falizette entre la presqu'île d'Iges et le bois du Grand
Canton. Gersdorff occupait les villages de Saint-Menges,
de Fleigneux, de Floing. L'infanterie de Douay — division Liébert — tenta de reprendre Floing ; mais après
un combat furieux où Gersdorff fut frappé à mort, elle
lâcha pied. 14 batteries du XIe corps garnirent au sud-
est de Saint-Menges, entre Floing et Fleigneux, les
crêtes des hauteurs. Un des plus jeunes et des plus
brillants généraux de l'armée française, promu de
l'avant-veille, le marquis de Galliffet, essaya d'enlever
cette artillerie qui lui semblait en l'air ; ses trois régiments de chasseurs d'Afrique, accueillis par une pluie
d'obus et par le feu nourri de l'infanterie, tournèrent
bride.

Le commandant du Ve corps prussien, Kirchbach,
venait dans le même temps se poster en avant de Fleigneux et faire sa jonction avec la garde royale. Il

réunissait ses 12 batteries aux 14 batteries du IX° corps.
A midi, 144 pièces, croisant leurs feux avec celles de la
garde, se déployaient contre Illy et le bois de la Garenne,
rectifiant leur tir au troisième coup, envoyant leurs
obus comme au polygone avec la plus remarquable précision. Les troupes de Douay ne purent résister à cette
canonnade formidable. Trois batteries françaises furent
désorganisées en dix minutes. Infanterie, cavalerie,
artillerie s'abritèrent dans le bois. A une heure, huit
compagnies prussiennes du XI° corps s'emparèrent du
calvaire d'Illy.

Ducrot, alarmé par le fracas de la bataille, avait
couru de toute la vitesse de sa monture vers Illy en se
frayant un chemin à travers le torrent des hommes et
des chevaux. Il rencontre Wimpffen au sud du bois. « Le
cercle, lui dit-il, se resserre de plus en plus ; l'ennemi
attaque le calvaire d'Illy ; hâtez-vous d'envoyer des renforts, si vous voulez conserver cette position, »
— « Eh bien, répond Wimpffen, chargez-vous de cette
tâche ; rassemblez ce que vous trouverez de troupes
de toutes armes et tenez ferme par là, tandis que je vais
voir ce que devient Lebrun. » Au nom du général en chef,
Ducrot ordonne aux brigades Gandil et Lefebvre de se
rendre à l'ouest du bois de la Garenne, au général
Forgeot d'amener en face de Fleigneux et de Floing
l'artillerie de réserve, à la division de cavalerie Margueritte qu'il conduit lui-même, de marcher vers Floing, en
longeant la crête du plateau.

Mais à la Moncelle et à Balan Wimpffen jugea la situation si grave qu'à son tour il demanda des renforts. La
gauche du 12° corps, écrivait-il, était fort engagée, et

Douay devait fournir à Lebrun tous les secours dont il pouvait disposer. Douay envoya la brigade Maussion et la division Dumont qu'il remplaça par la division Conseil-Dumesnil tenue jusqu'alors en seconde ligne. Mais les bataillons de Dumont et de Maussion se croisèrent au sud du bois de la Garenne avec la brigade Lefebvre, et les batteries de la garde prussienne crachèrent la mitraille au milieu de ces masses confuses. La brigade Lefebvre s'enfonça sous le couvert du bois et se dispersa. La brigade Maussion et la division Dumont refluèrent sur le plateau.

Sans se déconcerter, Douay réunit tous les fantassins de la division Dumont, qu'il forme en une grosse colonne, et s'élance vers le calvaire d'Illy pour le reconquérir. Mais battue de front et de flanc par une grêle de projectiles, prise de panique, cette infanterie se sauve dans une effroyable confusion. Aidé de Doutrelaine, de Renson, de Dumont et de Liégeard, Douay rallie les fuyards, les reforme en bataillons, leur donne comme soutien la brigade Maussion, les cache aux regards de l'ennemi par une haie très épaisse et les ramène sur le plateau où Doutrelaine, qui de sa haute taille dépasse la plupart des soldats, leur sert de jalonneur sous les obus. Deux batteries de la réserve arrivent au galop pour couvrir l'attaque. Mais que peuvent-elles, malgré leur abnégation et leur mépris du danger, contre le feu convergent des pièces allemandes ? A peine ont-elles tiré trois fois qu'elles sont désemparées, pulvérisées. D'autres batteries les remplacent aussitôt. Elles prennent de meilleures dispositions ; elles répondent plus énergiquement à l'ennemi ; elles détournent sur elles tout l'effort du canon prussien. Au bout d'une demi-heure leurs affûts sont brisés, leurs servants et leurs attelages, couchés par terre ; leurs caissons, broyés ; — quarante coffres sautèrent en cette journée dans le seul corps de Douay. Elles se dérobent en abandonnant leur matériel. Et l'infanterie suit l'artillerie ! A deux heures, éperdue, affolée, elle descend et roule vers Sedan !

La division Liébert tenait encore les croupes de Floing et de Cazal. Mais, comme disait Douay, elle ne se battait plus que pour l'honneur. Déjà réduite, accablée d'obus, elle se voyait pressée et débordée par des bataillons frais qui débouchaient du village de Floing. Ducrot fait appel à la cavalerie : qu'elle charge par échelons sur la gauche, balaye ce qu'elle a devant elle, se rabatte à droite et prenne en flanc toute la ligne ennemie. Chasseurs d'Afrique, chasseurs à cheval, hussards, lanciers, cuirassiers se précipitent vers l'ouest. Margueritte les conduit ; il tombe blessé par une balle qui lui traverse les joues et lui coupe la langue ; mais il jette des cris rauques « en avant ! » et de la main ordonne d'attaquer. « Vive Margueritte, répondent les chasseurs d'Afrique, vengeons-le ! » Galliffet prend le commandement. « Nous sommes désignés, dit-il à ses officiers, pour protéger l'armée, et il est probable que nous ne nous reverrons pas ; je vous fais mes adieux. » Il fond sur l'infanterie qui gravit les escarpements et atteint la crête du plateau. Plusieurs charges s'exécutent coup sur coup, et durant une demi-heure, au son des trompettes et au milieu du crépitement des balles qui frappent les sabres et les fusils ou qui pénètrent dans la chair des chevaux avec le bruit d'un fer rouge plongé dans l'eau, la cavalerie française s'élance,

se replie, se rallie, repart avec le même enthousiasme
et la même rage, et ne cesse de tourbillonner sur les
pentes de Floing. Elle assaille des artilleurs qui se dé-
fendent avec le sabre ou l'écouvillon ; elle enfonce les
lignes des tirailleurs ; elle renverse et culbute des pelo-
tons, des compagnies. « O les braves gens ! » s'écriait le roi
Guillaume qui de Frénois assistait à l'action, et un autre
témoin, un officier français, assure que le spectacle était
émouvant, sublime, inoubliable. Mais partout l'infanterie
prussienne profite des fossés, des haies et des moindres
accidents du sol pour s'embusquer. Une fusillade continuelle refoule peu à peu tous les chocs de ces beaux
régiments qui se sacrifient héroïquement à l'armée et
laissent sur le terrain plus de la moitié de leur monde.
L'infanterie prussienne s'avance en poussant ses hourrahs.
La division Liébert reculait pas à pas. Des bandes de chevaux qui galopent sans cavaliers désorganisent ses
rangs. Les vainqueurs lui arrachent les hauteurs de
Floing et le hameau de Cazal, menacent de lui couper
toute retraite, et déjà touchent au nord de Sedan. Après
avoir vainement cherché quelques positions où puisse se
prolonger la résistance, Douay ramène la division
Liébert en assez bon ordre sur le glacis de la place.

Durant les charges de Galliffet, Ducrot essayait d'entraîner la brigade Gandil. Par trois fois il tente un
retour offensif, et l'épée au poing, se met avec les
officiers de son état-major, à la tête des bataillons ou
fractions de bataillons qui restent autour de lui. Quelques
hommes le suivent ; les autres démoralisés s'enfuient
vers Sedan.

C'en était fait. Entre trois et cinq heures, par le nord,

par l'ouest, par l'est, les Allemands, garde prussienne, Saxons, XI⁰ corps, abordent le bois de la Garenne. On tiraille et se bat à la lisière, dans les massifs et sur une grande clairière près de la ferme de Quérimont. A cinq heures, tous les défenseurs du bois ont posé les armes et gagné Sedan, Sedan dont les faibles remparts semblent offrir un sûr refuge au soldat, Sedan qui depuis le premier coup de canon exerce, de même qu'un aimant, une irrésistible attraction sur des troupes lasses et découragées, Sedan où les fuyards, loin d'être à l'abri du feu, reçoivent comme s'ils étaient sur le champ de bataille des obus de tous les points de l'horizon !

Au milieu de ce désarroi Wimpffen ne désespérait pas, et tandis que Douay et Ducrot luttaient infructueusement sur les plateaux d'Illy et de Floing, il avait pris une résolution suprême. Plutôt que de capituler dans Sedan, ne valait-il pas mieux se frayer une issue vers Carignan et Montmédy? A une heure, il envoyait ses instructions; Lebrun se porterait derechef sur Bazeilles; Ducrot appuierait le mouvement de Lebrun et dirigerait ses efforts sur la Moncelle; Douay ferait l'arrière-garde; l'empereur accompagnerait l'armée. Après avoir erré tristement dans la matinée sur les hauteurs de la Moncelle, parmi les projectiles, sans trouver la mort qui eût expié ses fautes et ennobli son désastre, Napoléon avait regagné l'hôtel de la sous-préfecture. Wimpffen le pria de venir : « Que Votre Majesté vienne se mettre au milieu de ses troupes qui tiendront à honneur de lui ouvrir un passage. » Mais l'ordre que Wimpffen donnait à ses généraux, pouvait-il être exécuté ? Douay qui le reçut à deux heures objecta qu'il n'avait plus que trois brigades dépourvues d'artillerie et de munitions. Ducrot qui le reçut à trois heures, lorsqu'il descendait à Sedan, déclara que tout était perdu. Quant à l'empereur, il répondit que Wimpffen, au lieu de sacrifier plusieurs milliers d'hommes sans aucune chance de succès, devait entrer en pourparlers avec l'ennemi. Il comprenait mieux que personne que l'armée ne saurait prolonger le combat. A deux heures et demie, après avoir consulté son entourage, il fit hisser le drapeau blanc sur le donjon. Mais ce drapeau n'arrête pas les hostilités. Ducrot arrive. Napoléon lui déclare qu'il veut éviter désormais toute effusion de sang et lui dicte l'ordre de cesser le feu sur la ligne entière ; Ducrot refuse de signer l'ordre en alléguant qu'il ne commande que le 1er corps. Le chef de l'état-major général, Faure, se récuse également. Lebrun se présente : « Selon les lois de la guerre, dit-il, il faut, pour demander un armistice, non pas arborer un drapeau blanc, mais envoyer une lettre signée par le général en chef. » Il écrit la lettre et se charge de la porter à Wimpffen.

Pendant ce temps Wimpffen, après avoir inutilement attendu la réponse de ses lieutenants et de son souverain, essayait de faire sa trouée. Il échoua. A deux heures, la division Goze, la division Grandchamp, la division Vassoigne, la brigade Abbatucci, des bataillons de zouaves, le 47e de ligne abordaient les hauteurs qui dominent Haybes, Daigny, la Moncelle, Balan, et avançaient à travers les bois et les jardins. Mais le feu des pièces allemandes réunies en 21 batteries labourait le terrain en tous sens et contre-battait l'artillerie française qui tirait en avant du camp retranché par-dessus son infanterie. Écrasées par les projectiles qui les prenaient de front, d'écharpe et de revers, menacées d'être tournées sur leur gauche, paralysées par la retraite du 1er et du 7e corps qui se précipitaient comme une avalanche du bois de la Garenne, arrêtées d'ailleurs à chaque instant par les clôtures et les parcs, les troupes se rejetèrent, les unes dans le fond de Givonne, les autres autour de Balan.

A quatre heures, près de la porte de Balan, Wimpffen reçoit la lettre de Napoléon qui l'invite à négocier. « Répondez à l'empereur, dit-il avec indignation, que je refuse de parlementer et que je continue à combattre. » Il tient le même langage à Lebrun. Ce général est suivi d'un sous-officier qui porte, en guise de drapeau blanc, une serviette au bout d'une lance. « Pas de capitulation, s'écrie Wimpffen, qu'on fasse disparaître ce drapeau ! », et aux applaudissements des soldats, son aide-de-camp arrache le fanion. Lebrun explique qu'il s'agit d'armistice, et non de capitulation. Mais Wimpffen ne veut ni signer ni même lire la lettre que Lebrun lui remet au nom de l'empereur ; il n'a plus d'autre désir, d'autre pensée que de percer sur Carignan. « Eh bien, dit Lebrun, nous sacrifierons deux ou trois mille hommes sans résultat ; mais, puisque vous le voulez, marchons ! »

Wimpffen entre à Sedan et l'épée à la main, pousse jusqu'à la place Turenne, appelle à lui les troupes qui s'entassent dans la ville, les anime, les ébranle : « En avant, mes amis, en avant, à la baïonnette ! » Son aide de camp d'Ollone crie que Bazaine arrive. Le général Faure fait abattre le drapeau blanc. Les clairons donnent le signal d'un mouvement offensif. 2000 soldats de tous corps et de toutes armes, quelques gardes mobiles, de courageux Sedanais accompagnent Wimpffen. On sort de Sedan, on pénètre dans Balan, on s'empare du village, on refoule les Bavarois sur Bazeilles. Quatre généraux, Wimpffen, Lebrun, Gresley, Abbatucci entraînent l'héroïque colonne. Wimpffen, hors de lui, ne cesse de répéter « en avant! » Mais bientôt, sous le feu de 78 pièces établies sur les hauteurs au nord-ouest de Bazeilles, cette poignée de combattants recule et se disperse. A l'extrémité de Balan, Wimpffen jette un regard en arrière; personne ne le suit; il se résigne à rebrousser chemin.

A cinq heures et demie Wimpffen rentrait à Sedan où se pressaient, s'accumulaient les fuyards, criant qu'ils étaient trahis, se bousculant et s'injuriant, piétinant sur les morts et les blessés. Fantassins, cavaliers, voitures, caissons, canons, encombraient la ville et rendaient la circulation impossible. Pour aller d'une rue dans une autre, le payeur de l'armée dut se mettre à quatre pattes et passer sous le ventre des chevaux. De toutes parts retentissait la sonnerie de cessez le feu. Le drapeau blanc flottait de nouveau sur la citadelle. Du rempart, des soldats agitaient leur mouchoir. Les braves qui venaient de brûler leur dernière cartouche aux abords de la place dans les bouquets de bois et à l'abri des enclos, regagnaient Sedan et occupaient les chemins couverts. Devant les palissades, Prussiens, Bavarois, Saxons, sans distinction de rang et de grade, se serraient les mains avec émotion et chantaient le lied « Chère patrie, tu peux être tranquille. » Un parlementaire, le colonel Bronsart de Schellendorf, sommait l'armée française de capituler, et repartait accompagné du général Reille qui portait au

roi Guillaume la lettre célèbre de Napoléon : « N'ayant
pas pu mourir au milieu de mes troupes, il ne me reste
qu'à rendre mon épée entre les mains de Votre Majesté. »
Le roi répondait qu'il acceptait l'épée de Napoléon et
demandait qu'un officier général muni de pleins pouvoirs
vînt traiter avec Moltke.

Wimpffen avait donné sa démission. Mais Ducrot, Douay,
Lebrun déclarèrent qu'il exercerait jusqu'au bout le commandement qu'il avait revendiqué le matin, et l'empereur
le pria de faire son devoir. Ulcéré, sentant, comme il disait, qu'il allait pour toujours briser son épée, Wimpffen
se rendit à la sous-préfecture. Une scène violente eut
lieu devant Napoléon et les chefs de corps. Wimpffen,
outré de colère, assura que les généraux avaient refusé
de lui obéir. Ducrot, furieux, accusa Wimpffen d'avoir
causé la castatrophe par une folle présomption.

A dix heures du soir, dans une maison de Donchery,
Wimpffen conférait avec Moltke. En paroles brèves, pré-
cises, cassantes, le chef de l'état-major prussien exigea
que l'armée française fût prisonnière de guerre. L'infor-
tuné Wimpffen, arrivé de l'avant-veille et forcé presque
aussitôt d'apposer son nom au bas d'une capitulation
dont il n'était pas responsable, se récria contre de pa-
reilles conditions. « Vous n'avez plus de munitions et
de vivres, lui répliqua Moltke, et je puis brûler Sedan en
quelques heures. » Six cent quatre-vingt-dix canons entouraient la ville !

Le lendemain, après une délibération du conseil de
guerre qui reconnut la lutte impossible, Wimpffen signait
la capitulation. Les Allemands n'avaient que 6000 hommes
hors de combat. Les Français livraient, avec Sedan,

quatre cent dix-neuf pièces de campagne et cent trente-
neuf pièces de rempart ; 3 000 d'entre eux étaient tués et
14 000 blessés ; 3 000 franchirent la frontière belge ;
83 000 restèrent parqués durant dix jours au milieu des
plus grandes souffrances physiques et morales dans la
presqu'île d'Iges et ne quittèrent ce « camp de la misère »
que pour être menés en captivité. Napoléon avait demandé vainement que l'armée fût autorisée à passer sur
territoire neutre. Il n'était plus qu'un prisonnier de
guerre ; il rendait, non l'épée de la France, mais sa
propre épée, et lorsque Bismarck lui proposait de négocier, il répondait que le gouvernement de l'impératrice-
régente pouvait seul faire la paix.

CHAPITRE V

Metz et Strasbourg.

Bazaine avait la bravoure, le sang-froid, l'indifférence au péril ; mais il n'avait ni l'activité, ni l'énergie, ni aucune des qualités du général en chef, et dans le secret de son cœur il comprenait que le fardeau dépassait ses forces. Il fallait à la tête de l'armée de Metz un homme déterminé, vigoureux, résolu à battre l'ennemi coûte que coûte, persistant dans cette simple et virile pensée, ne disant aux soldats qu'un seul mot : « En avant. » Mais les gens de cette trempe n'abondent pas, et la volonté, la volonté inflexible, comparable au fer et qui finit par tout briser, est plus rare encore que le talent. Profondément égoïste et songeant à lui-même plus qu'à la patrie, cauteleux, ne faisant que de petits calculs et n'employant que de petits moyens, n'allant jamais droit au but et ne se fixant jamais un but précis, dictant à dessein des instructions qui manquaient de netteté, ne s'exprimant que d'une façon ambiguë, avec réticences et restrictions, prodiguant les *si* et les *mais*, jaloux du commandement et dépourvu d'autorité, incapable de parler ferme et d'imposer l'obéissance, invitant au lieu d'ordonner, se plaignant de ses généraux en leur absence, n'osant les réprimander ou les punir, cherchant néanmoins à rejeter sur eux une part de la responsabilité qui l'écrasait, et les associant avec adresse à ses actes, tâtonnant toujours, attendant les événements, comptant sur le hasard, s'abandonnant à la fortune qui l'avait jusqu'alors favorisé, tel était Bazaine.

Il croyait commander une armée lorsqu'éclata la guerre. Simple chef de corps, il fut mécontent et montra son humeur. Dès la première conférence avec Napoléon, il se tint sur la réserve et répondit froidement sans rien proposer. A Sarrebrück, il ne prit même pas la direction de l'affaire. A Forbach, il ne vint pas au secours de Frossard. Il reçut le commandement qu'il souhaitait, mais l'empereur le gênait. S'il accepta Jarras que Napoléon lui donnait comme chef d'état-major général, il le réduisit au rôle passif d'un secrétaire. L'empereur s'éloigne ; Bazaine ne le rejoint pas, et, maître de l'armée, la considère dorénavant comme la sienne propre. C'est pourquoi il se laisse fermer la route de Verdun ; pourquoi, à Rezonville, il craint tellement que les ennemis ne le coupent de Metz ; pourquoi, à Saint-Privat, il n'appuie pas son aile droite ; pourquoi, au 18 août, il installe derrière son aile gauche déjà protégée par les forts de Plappeville et de Queuleu, la garde impériale, la garde qu'il désire conserver intacte, la garde, masse imposante qui sera toujours à sa dévotion et entraînera le reste de l'armée où il voudra la conduire. Dès le 20 août, il imprime dans un journal de Metz qu'il tient autour de la ville afin de faire face à des nécessités autant politiques que stratégiques. Il ne bouge plus ; il ne tente pas sérieusement de rompre les lignes qui l'investissent ; il n'opère que des simulacres de sortie, pour sauver les apparences et sans l'intention de réussir. Il ne se soucie pas du danger de Mac-Mahon qui se débat sur la Meuse en venant à son aide ; il assiste paisiblement, commodément sous les murs de Metz au cours de la guerre et n'engage ni ne compromet son armée. Que Mac-Mahon soit vainqueur : Bazaine triomphe des Allemands qu'il attaque sur leurs derrières, et il passe aisément pour un héros. Que Mac-Mahon — chose bien plus probable — soit vaincu et que par suite Paris capitule ; Bazaine, couvert de gloire, chef suprême de la seule force régulière qui reste encore debout, n'a-t-il pas qualité pour négocier la paix ? N'est-il pas le seul capable de rétablir l'ordre

et de garantir l'exécution du traité ? Quoi qu'il advienne,
il est l'arbitre de la situation, il joue le premier rôle, il
est dictateur, protecteur, régent. N'avait-il pas rêvé la
couronne du Mexique ? Il ne prévoit pas la résistance de
Paris et de la France. Aveuglé par l'intérêt personnel,
il ne se doute pas qu'avant que Paris ouvre ses portes et
que la France pose les armes, il aura succombé lui-
même avec Metz et avec ces belles et admirables troupes
qui n'auront été que l'instrument de ses ambitieux
calculs.

Le lendemain de Saint-Privat, l'armée française, repliée
sur Metz, s'établissait au pied du Saint-Quentin, Frossard
à Longeville, Le Bœuf à Lessy, Ladmirault à Lorry, Canrobert au Sansonnet, Bourbaki au Ban-Saint-Martin. Mais
le souvenir de la bataille du 18 août où la droite seule
avait dû reculer, ne lui inspirait ni découragement ni
méfiance, et au bout de trois ou quatre jours, elle
était raffermie, retrempée, pleine d'ardeur, et avait conscience de sa force. Il fallait céder à son impatience et la
conduire de nouveau à l'ennemi.

Le 23 août, une dépêche de Mac-Mahon, roulée en
forme de cigarette, apprenait à Bazaine que l'armée de
Châlons se dirigeait sur Montmédy. Le maréchal rétablit
les ponts de la Moselle et ordonna que les troupes, pourvues de vivres et de munitions, passeraient dans la matinée du 26 sur la rive droite pour marcher vers Sainte-
Barbe et Thionville. Mais, tout en écrivant à Mac-Mahon
qu'il percerait quand il voudrait, il mandait au ministre
qu'il ne pouvait forcer les lignes ennemies. La sortie ne
fut donc qu'un leurre. Bazaine partait sans laisser d'ins-

tructions à Coffinières, gouverneur de Metz, et sans emmener ni l'équipage de ponts ni ses propres bagages. Les officiers de son état-major, certains de rentrer au quartier-général, ne cachaient pas leur chagrin. « Remarquez-vous, disait Bourbaki, comme tout le monde paraît triste? »

Le 26, l'armée traversait la Moselle non sans retards et encombrements : tous les corps ne furent en position qu'à midi, la garde n'arriva qu'à deux heures, et les carabiniers, debout avant l'aube, n'avaient pas encore franchi la rivière à six heures du soir. Bazaine se rendit au château de Grimont où il avait convoqué ses lieutenants, à l'exception de Bourbaki. Là, tandis que tombait une averse torrentielle accompagnée de rafales et d'éclairs, tandis que les soldats attendaient l'arme au pied le bon vouloir du généralissime, eut lieu un Conseil de guerre qui fut décisif. Bazaine annonça son intention de gagner Thionville et Montmédy ; mais il ajouta que le temps était affreux et qu'il fallait s'arrêter. Son opinion fut partagée par Soleille et Coffinières qui commandaient, l'un, l'artillerie et l'autre, le génie. Soleille déclara que l'armée de Metz était l'unique ressource de la France, qu'en sortant de la place elle s'exposait à plusieurs combats et finirait par manquer de munitions, qu'elle ferait mieux de retenir Frédéric-Charles devant elle jusqu'au jour prochain où le prince royal de Prusse, accablé par des forces supérieures, battrait en retraite, qu'elle se jetterait alors sur des troupes démoralisées et les disperserait facilement avec l'aide des populations, qu'elle exécuterait ainsi le plan de Napoléon Ier en 1814. Coffinières fut d'avis que l'armée devait rester sous les murs

de Metz : suivant lui, les forts ne pourraient résister
plus de quinze jours à une attaque régulière ; le fort de
Queuleu, encore ouvert à la gorge, serait aisément pris
par un assaillant qui viendrait de Montigny ou des Sablons ; les forts enlevés, la ville se verrait bombardée et
obligée de capituler. Canrobert, Le Bœuf, Ladmirault,
Frossard approuvèrent Soleille et Coffinières. La séance
allait finir lorsqu'entra Bourbaki. Il s'écria d'abord qu'il
voulait faire un trou, se donner de l'air, puis se joignit
à ses collègues.

Les objections de Soleille et de Coffinières avaient-
elles quelque fondement ? Était-il vrai qu'on n'avait de
munitions que pour plusieurs combats ? Non, puisqu'on
avait trouvé le 24 août dans la gare de Metz quatre millions de cartouches, puisque Soleille affirmait quatre
jours auparavant que l'armée était complètement réap-
provisionnée et prête à marcher, puisqu'on reconnut depuis qu'il y avait assez de munitions pour trois ou quatre
batailles. Était-il vrai qu'après le départ des troupes, la
place ne pouvait tenir plus de quinze jours ? Non, puisque
Coffinières a, plus tard, rétracté son dire et avoué que
les forts étaient parfaitement défendables, puisque les
commandants des forts ont unanimement assuré que
Saint-Quentin, Plappeville, Saint-Julien, Queuleu, auraient sans peine repoussé l'assaut et résisté longtemps
à toute attaque régulière.

Mais les chefs de corps crurent Bazaine et ses deux
adhérents Soleille et Coffinières. Le maréchal ne leur
souffla mot de la dépêche qu'il avait reçue le 23 août.
Ils ignorèrent que Mac-Mahon marchait à leur secours,
et s'ils avaient su que l'armée de Châlons venait leur

tendre la main, ils auraient évidemment quitté Metz sans hésiter un instant, sans calculer le chiffre des cartouches et des gargousses. Enfin, une idée hantait leur esprit : elle ne fut pas exprimée dans la conférence de Grimont, mais elle était agitée dans les conversations particulières, et elle influa puissamment sur ce Conseil de guerre du 26 août. De même que Bazaine, les généraux ne croyaient pas que l'opération projetée eût des chances de réussite. Quand l'armée aurait pu gagner Thionville, ne devait-elle pas repasser sur la rive gauche de la Moselle ? Frédéric-Charles n'aurait-il pas le temps d'aller à sa rencontre par une marche parallèle et de l'attendre au débouché de Thionville ? Et si le prince rouge était battu, le prince royal de Prusse ne pouvait-il se porter rapidement sur la Meuse ? Il est vrai que l'armée de Mac-Mahon le tenait en échec. Mais ne savait-on pas qu'elle était encore dans une situation déplorable ? L'armée de Metz, se dirigeant sur Thionville et de là sur Montmédy, ne serait-elle pas conséquemment engagée dans des luttes incessantes et vaincue par le nombre, ou refoulée en territoire neutre ?

Quoi qu'il en soit, le désir du maréchal était exaucé. « Que vont-ils me dire ? » murmurait-il en se rendant à Grimont. Les généraux lui avaient dit de rester provisoirement sous Metz — à condition, ajoutait Bourbaki, que l'armée ne fût pas « collée » à la place, et Canrobert proposait de donner partout et continuellement des « coups de griffe ». Bazaine promit d'opérer de fréquentes sorties et autorisa ses lieutenants à faire avec leurs propres forces les entreprises qu'ils jugeraient utiles. Mais il demeurait sous Metz, et les chefs de corps assumaient la responsabilité de cette décision.

La trouée du 26 août n'eut donc pas lieu. Les troupes, harassées et transpercées par la pluie, étonnées et affligées, revinrent en arrière. De nouvelles positions leur furent assignées. La garde était au Ban-Saint-Martin et la réserve d'artillerie à Chambière ; Frossard et le Bœuf s'établirent sur la rive droite, le premier derrière la levée du chemin de fer entre la Moselle et les Sablons, le second, de la Seille à Saint-Julien. Canrobert et Ladmirault s'installèrent sur la rive gauche en se liant à Lorry.

Mais le 30 août un agent du dehors annonçait que l'armée de Mac-Mahon remontait vers Stenay, et Bazaine recevait une dépêche de son collègue, datée du 22 : le duc de Magenta était à Reims, il se portait sur Montmédy et serait le 24 sur l'Aisne pour lui venir en aide. Il fallait faire quelque chose. Bazaine ordonna de gagner Thionville par Sainte-Barbe et d'exécuter le 31 août le mouvement qu'il avait prescrit cinq jours auparavant. Bourbaki, Le Bœuf, Jarras conseillaient — et ce fut jusqu'au dernier jour l'avis des plus sages — de prendre au sud de Metz la route de Château-Salins, de Lunéville, d'Épinal et de se jeter dans les Vosges : la marche, disaient-ils, ne serait pas interrompue ; on ne traverserait pas de rivière ; on ne rencontrerait que des détachements ; on n'aurait à craindre qu'une poursuite dirigée sur les flancs et les derrières par Frédéric-Charles, et à force de vitesse, en supprimant convois et bagages, on pouvait échapper. Mais Bazaine, lié par ses dépêches à Mac-Mahon, devait aller vers Thionville et Montmédy. Il ne voulait d'ailleurs que contenter l'opinion par un déploiement de troupes. Le 31, comme le 26, il n'emmena pas l'équipage de ponts. Le 31, comme le 26, il perdit à plaisir un temps précieux. Frossard et Le Bœuf, déjà postés sur la rive droite, auraient dès le matin surpris l'adversaire et enlevé sans obstacle les premiers villages qui n'étaient que faiblement garnis. Même à dix heures du matin, même à midi, si l'attaque eût été franche et résolue, les Allemands éparpillés auraient été promptement culbutés. Mais Bazaine ne partait du Ban-Saint-Martin qu'à onze heures et demie. Il convoquait à deux heures les chefs de corps pour s'entretenir inutilement avec eux. Il attendait que le reste de l'armée eût passé la Moselle et ne donnait le signal du combat qu'à quatre heures du soir! Manteuffel qui commandait sur la rive droite, put donc se renforcer et préparer sa défense; encore n'avait-il le 1er septembre à la fin de l'action que 73 000 hommes contre 120 000.

Bazaine ne se bornait pas à gaspiller les heures. Au lieu de tourner la position de Sainte-Barbe par la route de Sarrelouis, il la faisait attaquer de front et sur les flancs. Au lieu de donner immédiatement l'assaut, il entamait une longue canonnade dont l'échec était sûr. Il n'envoyait sur le champ de bataille ni la réserve d'artillerie qui eût écrasé Sainte-Barbe, ni la garde. Il entassait la cavalerie, oisive et impuissante, sur le plateau de Saint-Julien.

Et cependant il obtint d'abord l'avantage. Les Allemands avaient eu le loisir de pointer leurs pièces, et en quelques moments l'artillerie qui leur était opposée, fut démontée ou réduite à se taire. Mais l'infanterie de Le Bœuf, ardente et comme désireuse de regagner tant de

minutes perdues, s'élance en avant ; elle fait reculer
les batteries allemandes sous le feu de ses chassepots,
et, tandis qu'à sa droite Lapasset s'empare du château
d'Aubigny et du village de Coincy, elle emporte Montoy,
Nouilly, Noisseville, Flanville. Le vieux Changarnier qui
la suit en volontaire, ordonne de battre la charge ;
« montrons, dit-il, que nous avons du nerf », et les
troupes, enflammées par l'espoir du succès et plus animées, plus vigoureuses, plus pleines de ressort que jamais, se précipitent sur Servigny au son des tambours
et des clairons. Mais les ennemis ont barricadé les rues
et crénelé les maisons ; une lutte opiniâtre s'engage, et
la nuit tombe. Le 3e corps n'est pas soutenu. Après
avoir pris Chieulles et Vany, Canrobert s'arrête devant
Failly où les débris de trois compagnies prussiennes
bravent durant une demi-heure toute la division Tixier.
Bazaine rentre à neuf heures souper et coucher dans
une villa de Saint-Julien et prescrit verbalement, non de
passer outre, non de forcer le passage à la faveur des
ténèbres, mais de garder les positions. Pourtant, vers dix
heures, en pleine obscurité, sans tirer un coup de fusil,
la division Aymard enlève Servigny à la baionnette. Deux
heures plus tard, elle est à son tour inopinément assaillie et recule au delà du cimetière.

Le lendemain matin, 1er septembre, Bazaine enjoint à
ses lieutenants de continuer l'opération de la veille, selon les dipositions qu'aura faites l'adversaire, sinon de
fortifier les endroits occupés et de revenir le soir sous
Saint-Julien et Queuleu. C'était, sous sa forme équivoque
et décourageante, un ordre de retraite. Les chefs de
corps comprennent qu'ils n'iront pas loin, et chacun

lutte pour son compte, sans appuyer le voisin. L'enthou
siasme a disparu. La ligne de bataille vacille incertaine.
Les Prussiens ont le dessus. Ils sont maîtres de Flanville à neuf heures et de Coincy à dix heures. Noisseville
leur coûte de sanglants efforts; mais le village, pris
d'abord après un combat où chaque maison subit un
assaut, puis repris par une brusque attaque de Clinchant,
est définitivement conquis à onze heures.

Les Allemands avaient su mêler les retours offensifs à
la défensive, et leur 1er corps, formé des contingents de
la Prusse orientale, avait fait une très habile et vaillante
résistance. Mais l'armée française ne cachait pas sa mauvaise humeur. Les généraux disaient que cette retraite
n'avait pas le sens commun. Les officiers étaient rentrés
au bivouac, désespérés, s'étonnant de ne pas suivre leur
pointe, se répétant que la fatalité pesait sur leurs actions.
« Eh bien, s'écria Bazaine, nous nous battrons tous les
jours! » Il garda néanmoins son attitude expectante, et
loin de sortir et de harceler l'adversaire sans relâche,
il éleva des ouvrages, dressa des batteries, creusa des
tranchées-abris, termina l'armement des forts extérieurs, consolida son camp que l'ennemi n'avait pas l'idée
d'attaquer. Il eût mieux fait de pousser ses troupes plus
avant, à quelque distance des forts dont la protection
leur était inutile et d'augmenter ses ressources en occu-
pant une plus grande étendue de terrain. Il eût mieux
fait de vider les fermes et les villages d'alentour qui
regorgeaient de denrées de toute espèce, de saisir les
provisions de la ville et des environs, pour les verser
dans les magasins, de rationner aussitôt le soldat et
l'habitant. Dès les premiers jours de septembre, les subsi-

stances commencèrent à manquer. Le sel devenait rare.
Chaque régiment abattait quotidiennement 40 chevaux
et donnait à ceux qui restaient des tourteaux de colza
au lieu de grain. Des officiers prévoyaient déjà la mort
de la cavalerie et de l'artillerie. On fit de petits coups
de main, le 22 septembre sur Lauvallier, la Grange-aux-
Bois et Nouilly ; le 23, sur Chieulles et Vany ; le 27, sur
Peltre et Mercy-le-Haut, sur les Maxes et Bellevue ; on
ne ramassa que très peu de vivres et de fourrages. « Il
faudra bientôt, disait Bourbaki, percer les lignes prussiennes, nous ouvrir un passage et au besoin nous
réfugier en Belgique. »

Les événements politiques du dehors absorbaient
l'attention de Bazaine. Il savait la capitulation de Sedan,
la chute de l'Empire, la fuite de la régente en Angleterre,
la formation d'un gouvernement dit de la Défense nationale, proclamé le 4 septembre, présidé par le général
Trochu et composé des députés de Paris, Jules Favre,
Gambetta, Simon, Picard, Rochefort. Tout d'abord,
il louvoya. Les soldats ne pensaient qu'à combattre
les ennemis et à venger Sedan. Bazaine déclara qu'il
attendait les ordres du gouvernement, que les obli-
gations de l'armée envers la patrie étaient les mêmes,
qu'elle devait multiplier les actions partielles et con-
traindre les Allemands à maintenir devant Metz des forces
considérables pour donner le temps aux armées de l'intérieur de s'organiser et de se porter en avant. Il
demanda des instructions au ministre de la guerre, le
général Le Flô, — et c'est ainsi que Mac-Mahon écrivait
presque au même instant à Le Flô qu'il se mettait à sa
disposition s'il n'était pas prisonnier. Bazaine laissa même

supprimer sur les lettres de nomination les fleurons des armes impériales et les mots qui rappelaient l'Empire.

Mais bientôt il rétablit les formules, et fit reconnaître au nom de l'empereur les officiers récemment promus. Au fond, il refusait de s'associer à la résistance commune. Dans les conversations privées, il se prononçait contre le gouvernement nouveau qu'il qualifiait de révolutionnaire et d'insurrectionnel, et il assurait que la province n'obéissait qu'avec répugnance aux hommes du 4 septembre. N'avait-il pas écrit dans sa proclamation aux troupes qu'il continuerait à défendre l'ordre social contre les mauvaises passions? On l'entendait dire que l'empereur étant prisonnier et l'impératrice-régente fugitive, le Conseil de régence devait administrer la France et s'appuyer sur le Sénat, le Corps législatif et le Conseil d'État ; lui, Bazaine, ne reconnaissait que le régime approuvé par le plébiscite du mois de mai 1870, et il n'en reconnaîtrait pas d'autre tant que l'armée ne serait pas déliée de son serment. Les chefs de corps partageaient son opinion. Tous restaient fidèles à l'Empire. Canrobert disait à ses officiers que l'armée dirigée par Bazaine rendrait à la France de grands services, rétablirait le gouvernement de la régence, réprimerait les passions subversives. La plupart des généraux espéraient une restauration impériale et pensaient moins à l'invasion de la patrie qu'aux honneurs et aux appointements qu'ils désiraient garder. L'entourage de Bazaine se moquait de « maître Trochu » ou du « petit mosieu Trochu ». Son premier aide de camp, Boyer, ne parlait qu'avec mépris de « l'armée des exaltés » et nommait Trochu, Favre et Gambetta « ces gens-là ».

Déjà Bazaine cherchait à s'entendre avec Bismarck. Fort de son armée à la fois intacte et glorieuse, croyant en disposer à son gré, persuadé que Trochu capitulerait dans Paris avant que les vivres de Metz fussent consommés, il comptait prochainement signer la paix inévitable. Le 16 septembre il demandait à Frédéric-Charles des renseignements sur la situation. Le prince lui répondit aussitôt que la République proclamée à l'hôtel de ville, et non au Corps législatif, n'était reconnue ni par la France entière ni par les monarchies de l'Europe. « Votre Excellence, ajoutait Frédéric-Charles, me trouvera prêt et autorisé à lui faire toutes les communications qu'elle désirera. » Et il envoyait au quartier-général de Metz un numéro de l'*Indépendant rémois* qui renfermait un « communiqué » de Bismarck. On lisait dans cet article que l'Allemagne pouvait traiter soit avec Napoléon, soit avec la régence, soit avec Bazaine qui tenait son commandement de l'empereur.

Le maréchal attendait donc avec impatience des ouvertures, et Bismarck était trop habile pour ne pas profiter de ses dispositions. Si Paris capitulait ou si le gouvernement de la Défense nationale était emporté par une émeute populaire, Bazaine seul pouvait traiter de la paix. Si Paris résistait, l'armée de Metz, endormie et paralysée par les négociations, se serait affaiblie et ruinée.

A ce moment même, Bismarck saisissait adroitement un moyen singulier et imprévu de nouer avec Bazaine ces relations qui tourneraient, quoi qu'il advînt, à l'avantage des Allemands. Un Français, du nom de Régnier, s'offrait à lui comme intermédiaire. Ce Régnier, alors âgé de 48 ans, était un homme bizarre, excentrique, et malgré l'incohérence de ses discours et de son style, convaincu de ses talents, se jetant volontiers dans les aventures et passionnément désireux de jouer un rôle politique. Après avoir fait d'incomplètes études de droit et de médecine, pratiqué le magnétisme, exercé les fonctions de chirurgien auxiliaire en Algérie, exploité une carrière de pavés, il s'était marié à une riche Anglaise. Déjà, en 1848, il se mêlait très étrangement et avec son aplomb ordinaire aux événements. Dans les premiers jours de septembre 1870, il entrait en rapports avec Bismarck et le comte de Bernstorff, ambassadeur à Londres : il espérait, assurait-il, négocier la paix entre l'Allemagne et le gouvernement impérial, le seul gouvernement qui pût sauver la France. Bismarck se servit de cet intrigant pour entraîner Bazaine. Mais vainement Régnier écrivit plusieurs fois à l'impératrice qui résidait alors à Hastings. Elle refusa de le recevoir et lui fit dire qu'elle ne voulait rien entreprendre, que l'intérêt de la France primait l'intérêt de la dynastie. Régnier ne se rebuta pas ; il obtint par l'entremise du précepteur Filon des photographies de Hastings revêtues de la signature du prince impérial. Le 18 septembre, muni d'un passeport de l'ambassade allemande, il quittait Londres. Deux jours plus tard il était à Ferrières et conférait avec Bismarck. Dans la soirée du 23 septembre il franchissait, à la suite d'un parlementaire prussien, les lignes françaises et se présentait à Bazaine en s'annonçant comme l'envoyé de Hastings. Il montra ses photographies et un laissez-passer de Bismarck ; il exposa son plan : puisque l'empereur était un simple prisonnier, l'impératrice-régente, seule compétente pour traiter, devait rentrer en France et conclure la paix nécessaire ; Bismarck lui ferait sûrement de meilleures conditions qu'au gouvernement républicain ; dans ce cas, l'armée de Metz, l'unique armée qui restait au pays, abandonnerait son camp retranché et s'établirait dans une ville ouverte où se réuniraient avec la régente, le Sénat et le Corps législatif. Bazaine accueillit ces propositions avec empressement. Il répondit à Régnier que chaque jour qui s'écoulait diminuait la force matérielle et morale de ses troupes, qu'il était donc dans une impasse et qu'il en sortirait de bon cœur, s'il avait les honneurs de la guerre ; il traiterait, non pour Metz qui ne serait pas compris dans la convention, mais pour son armée ; qu'elle partît entièrement constituée avec armes et bagages, qu'elle fût neutralisée, qu'elle n'eût jusqu'à la paix d'autre mission que de maintenir l'ordre dans l'intérieur ; telles étaient les conditions de Bazaine, les seules, disait-il, que l'honneur militaire lui permît d'accepter. Régnier regagna le quartier-général de Frédéric-Charles après que le maréchal eût apposé sa signature à côté de celle du prince impérial sur la photographie de Hastings. Mais il revint le lendemain. Il informa Bazaine que Bismarck et Frédéric-Charles autorisaient un général à quitter Metz avec les chirurgiens de l'Internationale luxembourgeoise et à se mettre aux ordres de l'impératrice. Bazaine désigna Canrobert ou Bourbaki. Mais Canrobert était malade. Sur le désir de Bazaine, Bourbaki partit, vêtu des habits civils du maréchal, coiffé d'une casquette et portant un brassard. Il croyait à Régnier, s'imaginait que l'intervention de l'impératrice amènerait la paix, et pensait sincèrement qu'il fallait traiter sur-le-champ pendant que l'armée de Metz était encore respectable et respectée. Dès ses premiers pas, il pressentit qu'on l'avait dupé : Régnier lui proposait de faire visite à Frédéric-Charles et de serrer la main à un camarade, au chef de l'état-major Stiehle ! Le général se rendit à Chislehurst où l'impératrice avait fixé sa demeure. A peine arrivait-il qu'un officier se précipitait vers lui en donnant les marques de la plus vive surprise : « Metz a donc capitulé ! » — Non, répondit Bourbaki, mais je vois que vous ne m'attendiez pas ; j'ai été trompé ! » Il dit à l'impératrice que l'armée de Metz était perdue, qu'elle serait détruite ou forcée de se soumettre, qu'elle n'avait plus d'attelages pour porter les pièces à une demi-étape. L'impératrice fut pénétrée de douleur ; mais elle refusa de traiter avec Bismarck ; toute négociation, pensait-elle, entraverait l'œuvre du gouvernement de la Défense nationale qui pouvait encore, après tout, accomplir un miracle. Cette noble conduite réparait ses fautes. Elle écrivait au tsar, elle écrivait à l'empereur d'Autriche, suppliait les deux souverains d'user de leur influence pour que la France, préservée d'humiliantes exigences, obtînt une paix durable qui laisserait son territoire intact.

Quant à Régnier, lorsqu'il revint le 28 septembre à Ferrières et montra sur une de ses photographies la signature de Bazaine, Bismarck lui demanda des pouvoirs plus étendus. Une dépêche fut adressée au maréchal: accepterait-il les conditions que stipulerait Régnier ? Bazaine savait le résultat des démarches de Bourbaki; il répondit le 29 septembre qu'il ne connaissait pas Régnier et qu'il ne capitulerait que si la convention exceptait la place de Metz et accordait aux troupes les honneurs de la guerre. Bismarck garda le silence et congédia Régnier qu'il traita de farceur. Mais l'aventurier avait révélé que l'armée française n'avait de vivres que jusqu'au 18 octobre, et Frédéric-Charles attendit patiemment qu'elle fût vaincue par la faim.

Les chefs de corps qui refusaient de reconnaître le gouvernement de la Défense nationale, apprirent avec tristesse que la mission de Bourbaki avait avorté. Coffinières abandonna la cause de l'Empire et envoya par un ballon à la délégation de Tours une longue missive où il se plaignait de Bazaine. Des généraux exprimèrent l'opinion qu'il fallait se rallier au nouveau pouvoir qui résistait avec énergie et mettait à la tête de ses levées des chefs honorables. L'armée s'agitait et commençait à dire que Bazaine n'était pas franc du collier. Elle ne s'expliquait pas la disparition de Bourbaki que Desvaux avait remplacé dans le commandement de la garde ; les uns prétendaient qu'il était en prison à l'arsenal ; d'autres qu'il avait été fusillé et enterré dans un jardin. Metz s'indignait. Le Conseil municipal déclarait que la ville seconderait l'effort des hommes qui prenaient en main à Paris et en province les intérêts de la nation. Les habitants reprochaient aux officiers l'inaction de l'armée. Des lettres anonymes sommaient Bazaine de faire les grandes choses dont ses troupes étaient capables. Une adresse couverte de huit cents signatures priait le maire de se rendre auprès du maréchal et de lui représenter qu'il était temps d'agir et de renoncer à d'irréparables lenteurs, que l'insuccès même valait mieux que l'inertie, que le sort de Metz se décidait à Metz et non à Paris, que la cité se résignerait à tous les sacrifices pour ne pas être la rançon de la paix, qu'il n'appartenait à personne ni à un parti ni à un homme de régler les destinées de la France et de mêler la question politique à la question militaire, que le commandement devait considérer la gravité de la situation et avoir cette autorité, cette décision qui s'impose et qui produit la victoire. Le maire porta le 30 septembre cette adresse à Bazaine. Le maréchal lui répondit qu'il ne savait trop quelle direction prendre pour aider efficacement à la défense du pays, qu'il manquerait de chevaux pour traîner les vivres et le matériel, qu'il ne pourrait percer sans sacrifier beaucoup de monde et que les hôpitaux de Metz seraient encombrés de blessés.

Néanmoins, pour calmer les esprits, il proposa le 4 octobre à ses lieutenants de partir par la route de Thionville : Canrobert et Desvaux suivraient la rive gauche de la Moselle et sur ce même bord Ladmirault tiendrait les hauteurs; Le Bœuf marcherait par la rive droite ; Frossard formerait l'arrière-garde ; sur les objections de Le Bœuf, Bazaine abandonna son projet. Il se contenta d'exécuter le 7 octobre un grand fourrage au milieu d'une plaine que les canons allemands dominaient de tous côtés. L'élan des Français fut merveilleux. La division Deligny s'empara des deux fermes des Grandes et des Petites Tapes. Les chasseurs de la garde emportèrent Bellevue et firent main basse sur six pièces d'artillerie qu'ils n'emmenèrent pas faute d'attelages. Mais Bazaine défendait d'aller plus loin, et pour mieux montrer aux troupes qu'elles ne devaient pas pousser sur Thionville, il leur avait enjoint de laisser leurs sacs au bivouac. On ne put, à cause des obus qui sillonnaient le terrain dans tous les sens, enlever le fourrage, et à cinq heures et demie on se retirait en très bon ordre. A la nuit, les Allemands tentaient de surprendre le château de Ladonchamps; ils étaient refoulés.

Le combat de Bellevue ou de Ladonchamps fut le dernier acte de l'armée et son dernier rayon de soleil. Du 8 au 31 octobre la pluie ne cessa de tomber à torrents. Les soldats qu'on aurait pu loger dans les fermes et les villes de la banlieue ou établir dans des baraquements, vivaient accroupis dans d'épaisses flaques de boue. Les rafales du vent renversaient leurs petites tentes de toile. En quelques jours le typhus fit plus de victimes qu'une bataille. Les approvisionnements s'épuisaient. Les chevaux dépérissaient ou disparaissaient. Les lignes des assiégeants devenaient presque inexpugnables. Les villages où les trois quarts d'entre eux cantonnaient à l'abri de l'averse, étaient fortifiés et reliés par des tranchées. Leurs batteries, établies sur les points culminants tout à l'entour de la place, balayaient les routes et les vallées. Ils plongeaient pour ainsi dire dans le camp français, et leurs avant-postes étaient si près de l'armée qu'ils entendaient, suivant l'expression d'un journaliste, les palpitations de son cœur.

Le 5 octobre, Bazaine avait emprunté à la bibliothèque de l'École d'application des ouvrages sur les capitulations de Gênes, de Baylen et de Danzig: il comprenait trop tard que son dernier pain serait mangé avant que Paris fût rendu et la guerre terminée. Le 7, le jour du combat de Bellevue, il informait ses lieutenants qu'il était nécessaire de traiter à d'honorables conditions. Les chefs de corps durent donner par écrit leur opinion personnelle. Le Bœuf répondit qu'il fallait tenter encore la fortune, engager une lutte décisive en se proposant un objectif défini et rompre en un même point les lignes allemandes; Ladmirault, que son 4e corps exécuterait avec le plus énergique dévouement les résolutions suprêmes du généralissime ; Coffinières, que le départ de l'armée serait funeste, mais qu'il semblait impossible à quelques hommes de cœur de ne pas faire un dernier effort avant de conclure un arrangement; Canrobert, qu'il aimait mieux vendre chèrement sa vie que de souscrire à une honteuse reddition, mais qu'il demanderait auparavant l'autorisation de sortir avec armes et bagages à charge de ne pas servir contre l'ennemi durant un an ; Desvaux, qu'on devait traiter, si les Allemands accordaient des conditions honorables, sinon mourir l'épée à la main; Frossard, qu'il valait mieux parlementer sans retard pour conserver une armée qui protégerait l'ordre social.

Au lieu de prendre à lui seul une décision, Bazaine réunit le 10 octobre son Conseil de guerre. Mais il ne lui parla ni des ouvertures de Régnier ni de la mission de Bourbaki, et s'il eût dit que ses essais de négociations personnelles avaient échoué, ses généraux se seraient déterminés à combattre sur-le-champ. Il garda pareillement le silence sur les approvisionnements considérables que le gouvernement de la Défense nationale avait amassés à Thionville, et s'il eût dit que des émissaires lui avaient appris depuis quelques jours l'existence de ce grand dépôt de vivres, le Conseil eût sûrement arrêté de faire aussitôt une tentative sur cette place. Après une longue discussion, le Conseil résolut à l'unanimité de tenir sous les murs de Metz jusqu'à l'entier épuisement des ressources alimentaires, de ne plus opérer de four-

rages autour de la ville puisque ces expéditions ne produisaient rien et que leur insuccès décourageait les
troupes, d'entrer en pourparlers avec l'adversaire dans
les quarante-huit heures, de se frayer un chemin par
la force si les clauses de la convention portaient atteinte
à l'honneur des armes et du drapeau.

Le général Boyer fut envoyé à Versailles, au quartier-
général allemand. Mais Bazaine lui donna ses instructions.
Boyer devait demander la neutralisation de l'armée de
Metz. La question militaire, disait Bazaine, était jugée,
et les combattants de Rezonville et de Saint-Privat
n'avaient plus d'autre rôle que de rétablir l'ordre et de
maîtriser l'anarchie, de sauver la France de ses propres
excès et la société des violences d'un parti, de soutenir la
régence, le seul pouvoir qu'ils reconnussent, et de garantir à l'Allemagne les gages qu'elle pourrait réclamer.

Boyer partit le 12 octobre et revint cinq jours plus
tard, après avoir été gardé à vue, comme un parlementaire, durant tout son voyage. Il annonça le 18, dans le
Conseil, que la France était dans un état lamentable, que
les départements refusaient l'obéissance au nouveau
gouvernement, que l'armée de la Loire avait essuyé une
défaite à Artenay, que Paris tenait sans être encore
attaqué, que le canon du Mont-Valérien brûlait le château
de Saint-Cloud, que l'anarchie s'étendait partout, que le
drapeau rouge flottait à Lyon et à Marseille, que les
honnêtes gens demandaient des garnisons prussiennes
qui protégeraient les personnes et les propriétés, que la
garde nationale de Versailles faisait le service conjoin-
tement avec les troupes étrangères. Il ajouta que
Bismarck traiterait volontiers avec le gouvernement

impérial, mais qu'il exigeait des garanties. L'armée de Metz dirait qu'elle était toujours l'armée de l'Empire. L'impératrice adresserait un manifeste à la nation. Un délégué de la régence signerait les préliminaires de paix « si exorbitants qu'ils pussent paraître », — et ce délégué serait évidemment Bazaine ; malgré ses protestations en plein Conseil, il répandait parmi les officiers une note qui lui donnait à l'avance le titre de régent. Les préliminaires adoptés, l'armée quitterait Metz pour se rendre sur un territoire neutralisé où les pouvoirs publics, tels qu'ils étaient constitués avant Sedan, détermineraient la forme du gouvernement.

Les chefs de corps, désirant avant tout sauver l'armée et lui épargner l'ignominie d'une capitulation, inclinaient à faire une démarche auprès de l'impératrice. Ils ne se dissimulaient pas que des vaincus n'imposent jamais une dynastie à leur pays, que les anciennes Chambres de nouveau convoquées n'auraient aucune influence, qu'une grande partie des troupes se rallierait au gouvernement de la Défense nationale, qu'une guerre civile éclaterait entre impérialistes et républicains, que l'Empire ne tiendrait pas ses engagements envers le vainqueur. Mais ils n'avaient plus d'autre idée que de préserver l'armée de la captivité, et l'impératrice était leur seule ressource, l'unique médecin, comme disait Canrobert, qui pût guérir le mal. Ils convinrent de consulter le soir même leurs généraux sur les dispositions du soldat, et de prendre le lendemain une résolution.

Une séance du Conseil eut donc lieu le 19 octobre. Trois chefs de corps avaient foi dans le dévouement de leurs brigades. Les deux autres n'osaient en répondre,

et les divisionnaires de Ladmirault avaient déclaré
qu'ils ne seraient pas des prétoriens. Mais Bazaine
remarqua que le gouvernement de la Défense nationale
ne lui avait pas notifié son installation ni envoyé
aucune nouvelle, que l'Empire était le seul régime légal,
et que l'armée ne ferait que son devoir en assurant le
fonctionnement des pouvoirs réguliers. Changarnier,
présent à la conférence, s'éleva contre les hommes du
4 septembre et affirma qu'il fallait, pour sauver l'armée,
la France et la société, accepter les propositions de
Bismarck, que l'impératrice les agréerait afin de laisser
le trône à son fils, que les soldats touchés de la confiance
que mettrait en eux une femme aussi énergique que
belle, n'hésiteraient pas à la suivre où elle les mènerait.
Lui-même, s'écriait-il, irait chercher la régente si Boyer
n'avait mérité cet honneur. L'intervention de Changarnier
emporta le vote. Par six voix sur huit, les membres du
Conseil, à l'exception de Coffinières et de Le Bœuf,
décidèrent que Boyer se rendrait à Chislehurst pour
exposer à l'impératrice la situation de l'armée et les
conditions de l'Allemagne.

Le 22 octobre Boyer se présentait à l'impératrice.
Elle signa d'abord tout ce que désirait le général et donna
pleins pouvoirs à Bazaine qui serait le délégué de la
régence ; mais peu d'instants après, prise de scrupules
et de remords, elle rappela Boyer, lui demanda sa lettre
comme pour la relire, et la déchira en disant qu'elle ne
voulait pas diviser la France en face de l'ennemi. Pouvait-elle, en effet, ainsi que l'avaient prévu Coffinières
et Le Bœuf, consentir à restaurer l'Empire avec l'appui
de l'étranger et au prix d'une cession de territoire ?

Avant d'engager une négociation, elle exigea que l'armée de Metz obtînt un armistice de quinze jours avec le droit de ravitaillement. Bismarck répondit aussitôt que le ravitaillement était *militairement* impossible. L'impératrice recourut à Guillaume, invoqua son « cœur de roi », et sa « générosité de soldat », sollicita par l'entremise de Bernstorff, une paix honorable. Guillaume objecta qu'il ignorait les dispositions politiques de l'armée de Metz et de la nation et qu'il ne pouvait traiter tant qu'il ne serait pas sûr de l'acquiescement des Français. Bismarck ajouta que l'armée de Bazaine n'avait pas fait son acte d'adhésion, qu'il faudrait peut-être poursuivre contre elle l'exécution des arrangements, et que les conditions communiquées au général Boyer n'étaient pas remplies. Tout fut donc rompu. Le 24 octobre, Bismarck écrivait à Bazaine qu'il n'avait aucune des garanties qu'il regardait comme indispensables, que l'attitude de la population et de l'armée n'assurait nullement l'avenir de la cause impériale, que les propositions de là régente étaient d'ailleurs inacceptables, et que des négociations n'auraient plus de résultat.

Bazaine était joué, et, comme on dit alors, restait entre deux chaises. Il avait oublié son métier de soldat: s'éterniser à Metz, non pour guerroyer, mais pour politiquer, c'était perdre l'armée; grâce à ces parlementages, les Allemands allaient la réduire à merci, la faire passer sous les fourches caudines.

Cependant les Messins s'alarmaient de plus en plus. Le 12 octobre Coffinières enjoignait de porter aux magasins militaires les grains et les farines, et le lendemain il ordonnait que toutes les ressources seraient mises désormais en commun et que Metz fournirait chaque jour quatre cent quatre-vingts quintaux de blé à l'administration des subsistances. La population se plaignait donc de pourvoir à la nourriture d'une armée inutile et demandait que Bazaine sortît de la place qui saurait se défendre à elle seule. Elle accusait le maréchal de trahison. Pourquoi n'avait-il pas proclamé la République? Pourquoi refusait-il son concours au nouveau pouvoir? Pourquoi préparait-il la restauration de l'Empire? Pourquoi était-il en relations avec Frédéric-Charles? Peu à peu les esprits se montèrent. Le 11 octobre, à l'hôtel de ville, au milieu des acclamations, les officiers de la garde nationale jetaient par la fenêtre le buste de Napoléon III et l'aigle du drapeau de la façade. Coffinières, entraîné, déclarait hautement qu'il reconnaissait le gouvernement de Paris et qu'il attendait les décisions d'une assemblée constituante élue par le pays. Vainement Bazaine priait les Messins de se fier à sa loyauté et jurait qu'il n'avait d'autre pensée que celle de la France. Vainement il assurait aux chefs de la garde nationale qu'il ne songeait pas à servir l'Empire, qu'il ne traitait avec Frédéric-Charles que de l'échange des prisonniers, que le Conseil de guerre n'avait jamais eu l'idée d'un accommodement. Le journal l'*Indépendant* bravait la censure, et tantôt racontait le suicide de Beaurepaire, — qui s'était brûlé la cervelle plutôt que de rendre Verdun, tantôt reproduisait les règlements qui déterminent la responsabilité des commandants de place. On suggérait au maire de prononcer la destitution de Bazaine et de soulever l'armée contre le maréchal. On ornait de couronnes la statue de Fabert, de ce Fabert qui, suivant l'inscription du piédestal, aurait, pour sauver une ville assiégée, mis à la brèche et sa personne et sa famille et son bien tout entier.

Le camp frémissait. Des généraux, des colonels s'indignaient que la lutte fût suspendue, et une reddition sans nouveau combat leur semblait la pire des hontes. Montluisant proposait de tout détruire et de sombrer comme le *Vengeur*. D'Andlau regrettait le temps où les représentants du peuple sommaient les chefs des armées de vaincre ou de mourir. D'autres soutenaient qu'il fallait percer quand même et sauver du moins par une audacieuse trouée une partie des troupes. Lapasset promettait de se frayer un chemin avec sa brigade : « Si nous devons tomber, que la postérité se découvre devant nous » ! Fay affirmait qu'une masse de cent mille hommes déterminés pouvait se faire jour : *moriamur et in media arma ruamus !* Bisson offrait de mener l'avant-garde de cette armée du désespoir. La réserve d'artillerie était prête à se dévouer : elle serait accablée ; ses chevaux tomberaient d'épuisement au bout de trois lieues ; mais elle jurait de ne succomber qu'après avoir couvert le passage et tiré son dernier coup de canon. Des officiers projetaient d'écarter Bazaine. C'étaient les généraux Aymard, Courcy, Péchot, Clinchant, les colonels Lewal, d'Andlau, Davout, Boissonnet, le commandant Leperche, le capitaine d'état-major Cremer, aide de camp de Clinchant, et deux capitaines du génie que Bazaine traitait de têtes chaudes, Boyenval et Rossel. Mais on perdit du temps. Les généraux allèrent voir Bazaine qui les apaisa par de belles paroles et leur annonça qu'il ferait une sortie vers

Château-Salins : « Le salut, répétait-il, sera dans nos jambes », et il consentait à céder le commandement à un autre. On voulut le prendre au mot et nommer à sa place un homme d'un tempérament vigoureux et d'une réputation éclatante. Ceux qui furent sondés, refusèrent de diriger un mouvement qu'ils qualifiaient de sédition militaire. Ladmirault déclara devant Bazaine qu'il avait le respect de la discipline et n'écouterait jamais que son devoir. Changarnier assura qu'il ne suspectait pas la droiture du maréchal et dénonça Boyenval et Rossel. Boyenval fut enfermé au fort Saint-Quentin. Rossel essaya d'entraîner Clinchant ; il ne put le voir, et Cremer lui certifia que tout le monde renonçait à rien tenter. Des grades et des croix, distribués à profusion, achevèrent la soumission des esprits.

Le terme fatal approchait. On lisait aux officiers les nouvelles sinistres qu'apportait Boyer : la confusion régnant en France, Gambetta fuyant de Paris, les grandes villes sacrifiant la patrie à leurs intérêts commerciaux, les catholiques armés contre les protestants. On leur faisait le plus effrayant tableau des obstacles accumulés par l'assiégeant. On répandait le bruit que les officiers seuls seraient captifs et que les soldats rentreraient dans leurs foyers.

La famine menaçante brusqua le dénouement. Les chevaux qui restaient, nourris d'une herbe chétive et rare ou de quelques feuilles d'arbre, n'avaient plus que la peau et les os. Les soldats ne recevaient plus d'autre aliment que de la viande sans sel et le tiers de la ration de pain. Quelques-uns désertaient. Plusieurs franchissaient les lignes pour arracher des pommes de terre dans les champs et acceptaient la soupe que leur offraient les Prussiens apitoyés. Lorsque l'armée se constitua prisonnière, des hommes moururent de faim ; la plupart dévoraient le pain qu'on leur donnait et en redemandaient avidement ; beaucoup vendirent leurs croix et leurs médailles pour avoir à manger. Dès qu'un cheval tombait, ils l'égorgeaient, le dépeçaient, et le lendemain, on voyait attelé encore, entre les brancards de la voiture, le squelette sanglant de l'animal.

Le 24 octobre, lorsqu'il apprit que la mission de Boyer n'avait pas abouti, Bazaine assembla les chefs de corps. Que faire ? Combattre ou négocier ? Desvaux déclara que la garde saurait se sacrifier ; Le Bœuf, qu'il fallait malgré tout tenter une glorieuse folie ; Coffinières, que l'armée devait partir sans lier ses destinées à celles de Metz et que la place se défendrait longtemps. Mais Ladmirault, Frossard, Canrobert, Soleille pensaient que les troupes n'étaient pas en état de forcer le cordon d'investissement. La cavalerie n'existait plus. Les chevaux manquaient pour traîner l'artillerie. Les canons ne pourraient manœuvrer sur le sol détrempé. L'infanterie seule était capable d'agir ; mais quelle que fût sa route, arriverait-elle jusqu'aux batteries allemandes? Refoulerait-elle la deuxième, la troisième ligne des assiégeants ? Et, après un premier succès, gagnerait-elle la seconde et inévitable bataille ? Ceux qui échapperaient au désastre, n'iraient-ils pas donner à la France le triste spectacle du désordre et des plus graves excès ?

Le 25 octobre au matin, Changarnier allait au château de Corny où résidait Frédéric-Charles. Il demanda que Metz ne fût pas compris dans la convention et que l'armée se rendit avec armes et bagages sur un point du territoire pour/y « remplir une mission d'ordre » ou en Algérie, à charge de ne plus servir pendant la durée de la guerre. Le prince rouge le reçut très courtoisement, mais n'accepta pas ses propositions. Au soir, Cissey conférait à Frescaty avec Stiehle, chef d'état-major de Frédéric-Charles. Stiehle déclara que le sort des troupes et celui de la place étaient inséparables, que la ville ouvrirait ses portes, que l'armée de Metz subirait les mêmes conditions que celle de Sedan et livrerait tout son matériel.

Le 26 octobre, les chefs de corps se réunissaient de nouveau ; mais, comme la veille, ils reconnurent que l'armée ne pouvait plus rien et qu'aller à la bataille serait aller au suicide. Desvaux disait même qu'une sortie serait un crime et Canrobert, que jeter les soldats sous le canon allemand, c'était conduire des moutons au boucher. Un membre proposa de noyer les poudres et de mettre hors de service les fusils et les pièces d'artillerie ; Soleille répondit avec l'approbation de ses collègues que cet acte de destruction donnerait le signal de l'indiscipline et que l'armée loyale jusqu'au bout devait accepter toute l'étendue de son malheur.

Jarras, nommé pour signer la capitulation, obtint que les officiers conserveraient leur épée et que l'armée aurait les honneurs de la guerre, défilerait en armes devant le vainqueur. Mais Bazaine, craignant l'indignation de ses troupes et leurs insultes, refusa le défilé.

Vint la question des drapeaux. Pour les sauver, Bazaine s'avisa de dire qu'on les avait détruits, selon l'usage de France après chaque révolution. C'était appeler l'attention sur cet objet. Stiehle fut étonné ; mais il demanda combien il y avait encore de drapeaux et en quel endroit ils se trouvaient. Le maréchal, au lieu de laisser aux régiments le soin d'anéantir ces emblèmes, avait prescrit de les porter à l'arsenal et de les y brûler. L'ordre ne fut pas exécuté sur-le-champ par le général Soleille. La plupart des drapeaux étaient à l'arsenal après la signature de la convention, et Bazaine livra 56 aigles, parce qu'il se piquait de tenir ses engagements. Mais des généraux, des colonels, le major Bézard du 17e d'artillerie, le colonel Péan du 1er des grenadiers de la garde, avaient de leur propre mouvement soustrait leurs drapeaux à la honte. Laveaucoupet enjoignit de réduire en cendres les drapeaux de sa division ; ces glorieux trophées, disait-il, ne devaient pas être envoyés à l'arsenal comme de vieux chevaux à la voirie. Picard et Jeanningros autorisèrent les zouaves de la garde et le 2e et le 3e grenadiers à lacérer leurs enseignes. Le colonel de Girels, directeur de l'arsenal, eut le temps d'incinérer huit étendards de cavalerie. Avec l'assentiment des généraux Desvaux et Pé de Arros, le colonel Melchior fit, à l'aube du 28 octobre, dans l'atelier des forges de l'arsenal, jeter au feu les drapeaux des chasseurs et des voltigeurs de la garde. Le général Lapasset, désobéissant à son supérieur pour la première fois de sa vie, ordonna de rendre les derniers honneurs aux drapeaux de sa brigade et de les brûler en présence de tous les officiers.

Le 27, au soir, la capitulation fut signée par Jarras et Stiehle. L'armée l'apprit le lendemain avec un sentiment de douleur et de rage. Plusieurs régiments, entre autres le 41e, dont Saussier était colonel, protestèrent solennellement. De nombreux officiers se rassemblèrent sur l'Esplanade, et quelques-uns, haranguant leurs camarades, proposèrent de ne pas se rendre. Trois cents, et parmi eux Boissonnet, d'Andlau, Leperche, Rossel, se réunirent à l'École du génie dans le dessein d'opérer une sortie, et 4000 hommes s'inscrivaient déjà pour partir. Mais on ne s'entendit pas ; les uns voulaient occuper l'arsenal et brûler les drapeaux ; les autres, fusiller Bazaine. Clinchant, dont le concours paraissait assuré, promettait à Le Bœuf de ne rien faire contre la discipline. Cissey dénonçait les officiers qui tentaient de se dérober à la destinée commune. Bazaine commandait d'arrêter tous ceux qui chercheraient à s'évader.

La population de Metz s'abandonnait au désespoir. Les boutiques se fermaient. Des gardes nationaux parcouraient les rues, criant « Mort aux traîtres ! », maudissant Bazaine, tirant des coups de feu. Ils prenaient à la garnison les armes qu'elle portait aux magasins. Furieux, menaçants, ils entouraient l'hôtel du gouverneur, et Coffinières devait appeler un piquet d'infanterie. Plusieurs, conduits par un capitaine de carabiniers, se barricadaient dans le clocher de la cathédrale et mettaient en branle le tocsin d'incendie et la vieille cloche municipale de la Mutte qui sonnait le glas funèbre et annonçait l'agonie de la ville, après avoir si souvent célébré ses joies. Une insurrection semblait imminente. Bazaine, averti, dépêcha les voltigeurs de la garde, et les Messins, voyant cette troupe aussi attristée et consternée qu'eux-mêmes, se résignèrent comme elle, fraternisèrent avec elle, lui firent de déchirants adieux.

Dans la matinée du 29 octobre, par une pluie battante, sur un terrain boueux et tout couvert de cartouches, de cantines et de fusils brisés, pendant qu'au loin les colonnes prussiennes longeaient les coteaux et allaient planter le drapeau blanc et noir sur les forts de Metz la Pucelle, les soldats de l'armée du Rhin, calmes et dignes malgré leur faiblesse physique, se séparaient en pleurant de leurs officiers, compagnons de leurs dangers et de leurs misères.

Bazaine livrait avec Metz, 173 000 hommes — dont 20 000 malades ou convalescents — 1570 canons, 137 000 chassepots, 123 000 armes diverses. « Au revoir, dans un mois, à Paris! » disait-il à ses familiers. Il revint à Paris plus tard qu'il le croyait, et pour subir le châtiment. Le 10 décembre 1873 un Conseil de guerre le condamnait à mort pour avoir capitulé en rase campagne sans avoir épuisé ses moyens de défense, ni fait tout ce que lui prescrivaient le devoir et l'honneur. Sa peine fut commuée en une détention perpétuelle à l'île Sainte-Marguerite; il s'évada et alla végéter à Madrid. Si, au lieu d'intriguer, il avait simplement tenu bon en ramassant dès le 17 août les vivres du voisinage et en ne cessant d'inquiéter l'ennemi, il n'aurait rendu Metz qu'au mois de décembre, et la province eût peut-être dégagé Paris. Jusqu'à la capitulation du 27 octobre, l'Allemagne n'avait que deux armées, la première devant Paris, la seconde devant Metz, et il lui manquait une troisième armée pour accabler les forces qui s'organisaient dans les départements et se préparaient à secourir la capitale. Metz conquis, elle put envoyer à temps Manteuffel sur la Somme et Frédéric-Charles sur la Loire. Les

160 000 hommes du prince rouge sont les mêmes qui briseront les attaques de Faidherbe et de Chanzy.

Un mois avant Metz avait succombé Strasbourg, ce grand boulevard de la France sur le Rhin, la ville « merveilleusement belle » que l'Allemagne revendiquait depuis deux cents ans, qu'elle n'avait cessé de revendiquer dans les chants de ses poètes et qu'elle ressaisissait en annonçant qu'elle reprenait son bien pour le garder à jamais.

Ce fut le 7 août, au lendemain de Frœschwiller, que la capitale de l'Alsace eut le pressentiment de sa destinée. Ce jour-là se pressait devant elle un flot de vaincus, les uns isolés, les autres en bandes, quelques-uns blessés, tous exténués de fatigue, souillés de boue, sans armes et sans sacs, la figure sombre, les yeux baissés, et au milieu d'eux, comme à chaque invasion, comme en 1793 et en 1815, les pauvres fugitifs du plat pays poussant leurs troupeaux et traînant les longues voitures où étaient entassés leurs meubles et leurs fourrages. La ville fut aussitôt mise en état de siège. Mais que pouvait-elle contre les envahisseurs? Ducrot n'avait-il pas dit qu'il s'en rendrait maître en huit jours? Pas de forts détachés; les successeurs de Vauban s'étaient contentés d'accumuler les ouvrages extérieurs. Pas de casemates, il fallut couper les arbres des remparts, les appuyer contre le terre-plein et faire ainsi de mauvais blindages. Un matériel d'artillerie considérable, mais très médiocre. Le génie ne comptait que huit soldats, huit sous-officiers et cinq officiers, dont le directeur des fortifications. La garnison, véritable habit d'Arlequin, comprenait le 87e, un bataillon du 21e, deux détachements du 74e et du 78e, quatre dépôts, des hommes de toutes armes échappés de Frœschwiller et formant deux régiments de marche, quatre bataillons de mobiles, deux escadrons de lanciers, cinq cents pontonniers, cent vingt marins commandés par l'amiral Excelmans et le capitaine Dupetit-Thouars, environ 15 000 hommes dont 10 000 combattants réels. Le gouverneur était le général Uhrich, rappelé du cadre de réserve, âgé de soixante-huit ans, ne connaissant ni la place, ni la population, ni ses lieutenants. Mais le général de Barral, déguisé en paysan, traversa les lignes allemandes et vint prêter à Uhrich une aide efficace.

Uhrich eut à peine le temps de palissader les glacis, d'abattre les arbres des routes, de détruire le couvent du Bon-Pasteur en face de la Robertsau, les brasseries et malteries de Schiltigheim, les sapins et les saules du cimetière Sainte-Hélène, toutes les riantes maisons dont la place était depuis longtemps entourée. Le 11 août paraissait la division badoise, bientôt renforcée par la garnison de Rastatt, par la division de landwehr de la garde et par la 1re division de réserve. Le 16, les Français tentaient une sortie : une grande reconnaissance, conduite par le colonel Fiévet, se dirigea sur Illkirch ; les troupes, prises de panique, s'enfuirent en abandonnant trois pièces ; Fiévet fut mortellement blessé.

Le général de Werder commandait le corps de siège. Sur l'ordre de Moltke qui désirait s'emparer de Strasbourg au plus vite, il bombarda la ville pour brusquer la capitulation par la terreur. Le 23 août, de neuf heures

du soir au lendemain à huit heures du matin le canon
allemand ne cessa de tonner et de jeter des projectiles
sur presque tous les points. Mais la nuit du 24 fut la
nuit terrible, la nuit vraiment destructrice dont les
Strasbourgeois ne se souviennent qu'avec frémissement.
Sans répit ni trêve, durant plusieurs heures, une pluie
de fer s'abattit sur les maisons et sur les édifices publics.
Toute la nuit retentit le cri lugubre des guetteurs postés
sur la plate-forme de la cathédrale : « Au feu ! » Au feu,
Temple neuf ! Au feu, rue du Dôme ! Au feu, Broglie !
Au feu, rue de la Mésange ! Au feu, place Kléber ! Au
feu, quai Finckmatt ! Au feu, rue du Bouclier ! Toute la
nuit s'élevèrent des colonnes de flammes qui répandaient
leur lueur sur Strasbourg et les environs. Toute la nuit
on entendit le sifflement des obus, le pétillement de l'incendie, le fracas des tuiles et des cheminées qui tombaient,
les gémissements des mourants et les clameurs des gens
qui s'agitaient éperdus et appelant au secours. Le mu-
sée de peinture et la Bibliothèque avec ses livres rares
et ses manuscrits précieux n'existaient plus. Le lendemain, l'évêque Raess se rendit au quartier-général allemand pour demander la fin du bombardement ; il ne put
franchir les avant-postes, et la nuit du 25 août égala
celle du 24 en désolation et en effroi. De même que la
veille, les flammes brillaient et bruissaient partout, à la
gare, au faubourg national, à l'hôpital civil. La rue du
Fort fut consumée tout entière. La cathédrale reçut une
grêle de projectiles ; ses dentelles de pierres volèrent
en éclats ; la toiture de sa nef s'embrasa ; son énorme
masse, environnée et illuminée par le feu, offrit un spectacle à la fois grandiose et horrible. Mêmes ravages et

mêmes ruines dans la nuit du 26 août, au faubourg de
Pierres, au faubourg National, au marais Kageneck, à
la cour Marbach. Le 27, le palais de justice avec ses
archives et ses dossiers flambait à son tour. La chaleur des incendies était si intense qu'elle fit fondre dans
l'arsenal les ailettes des boulets. Pourtant, l'assiégeant
se relâcha. Mais que de désastres encore! Et que de bâtiments s'effondrèrent sous les bombes! La caserne de la
Finckmatt brûla le 6 septembre; le théâtre, le 10; la
préfecture, le 20, et dans les faubourgs le feu ne s'étei-
gnait plus. Les victimes furent nombreuses, et bien souvent passèrent par les rues les brancards qui transpor-
taient les blessés aux ambulances et la petite voiture
qui recueillait les morts pour les déposer dans l'intérieur
de la ville au Jardin Botanique transformé en cimetière.

Le 11 septembre, trois délégués de la Suisse vinrent
donner des sauf-conduits aux femmes et aux enfants de
Strasbourg. Ils virent les magasins fermés, les fenêtres
barricadées, les soupiraux des caves où vivaient les assiégés, bouchés avec des pierres et du fumier. Ils racon-
tèrent la catastrophe de Sedan et l'installation d'un nouveau gouvernement. Une commission extraordinaire avait
déjà remplacé le Conseil municipal. Le maire Humann
se démit et son successeur fut le simple, probe et savant
docteur Küss qui devait mourir quelques mois plus tard,
mourir de douleur à Bordeaux, loin des siens et de
l'Alsace. Le préfet impérial, le baron Pron, se retirait
en même temps. Le préfet de la défense nationale parut
presque aussitôt. C'était Edmond Valentin, ancien repré-
sentant à la Législative. Il osa pénétrer dans Strasbourg
à travers les lignes allemandes. Arrêté deux fois et

deux fois relâché par les ennemis grâce à son passeport américain et à sa parfaite connaissance de la langue anglaise, il parvint jusqu'au quartier-général allemand, à Mundolsheim, et resta deux jours entiers dans la maison même où Werder faisait ses repas. Des paysans le reconnurent, mais ils ne le trahirent pas ; ils passaient à côté de lui en murmurant : « Bonsoir, monsieur le préfet. » Le 19 septembre, au soir, Valentin se glisse vers Schiltigheim et, remarquant à la lueur des cigares et des pipes que les soldats se rapprochent des batteries pour recevoir leur ration de café, il franchit d'un bond la tranchée dégarnie, se laisse choir dans un champ de pommes de terre et de maïs, demeure à plat ventre quelques minutes, puis se dirige à quatre pattes vers le glacis. Les tiges qu'il remue, révèlent sa présence, et les balles, les boulets le poursuivent ; il marche néanmoins, et au bout de trois quarts d'heure, arrive tout près de l'Aar en avant de la lunette 56. Il se jette à la nage, mais s'embarrasse dans des herbes et des roseaux. Sans hésiter, il retourne au point de départ, remonte un peu plus haut, aborde en un endroit dégagé, gagne la place d'armes du chemin couvert, tombe à plusieurs reprises dans des trous de bombes et touche enfin au fossé inondé qui couvre la lunette 56. Il hèle la sentinelle. Personne ne se montre. Épuisé, grelottant de froid, il se jette derechef à la nage, traverse le fossé, s'élève péniblement jusqu'à la base du parapet, puis jusqu'au sommet, et se redresse en criant *France, France !* On lui tire des coups de fusil ; aucun ne l'atteint. Un vieux zouave le couche en joue ; un caporal du 78e abat l'arme du zouave. Valentin prisonnier est enfermé dans un pavillon du jardin Lips où il se réchauffe et dort en un bon lit de plumes au milieu des obus qui pleuvent autour de lui et ébranchent les arbres du Contades. Le lendemain, à six heures du matin, on le conduit à Uhrich. Il ôte de sa manche où il l'avait cousu, plié dans une toile cirée, le décret qui le nommait préfet du Bas-Rhin. Le soir, son hôtel était incendié. « Vous avez dans la même journée, lui disait Uhrich, subi les deux épreuves de l'eau et du feu. »

L'héroïque Valentin n'était entré dans Strasbourg que pour assister à la capitulation. Le 29 août, Werder, convaincu que la ville ne céderait pas aux obus, avait commencé l'attaque régulière contre le saillant nord-ouest de la fortification, entre les lunettes 52 et 53, du côté de la porte de Pierres. Mais, de Kehl, il ne cessait de bombarder la citadelle pour priver la garnison de son dernier refuge. La première parallèle, appuyée d'une part à Schiltigheim et d'autre part à la voie ferrée, fut tracée dans la nuit du 29 au 30 août. La deuxième était terminée le 9 septembre, et cinq jours plus tard, les Allemands disposaient sur leur front de 172 bouches à feu et de 120 fusils de rempart.

La défense était impuissante. Une sortie du 87ᵉ qui devait troubler les travaux des assiégeants, eut lieu le 2 septembre sur Kronenbourg; elle fut repoussée. Il ne restait qu'à combattre à coups de canon. Mais les Allemands visaient si juste qu'ils mettaient toutes les pièces de la place hors de service; sitôt qu'elles apparaissaient dans une embrasure, elles étaient retournées, renversées, démolies. L'artillerie française, réduite à des silences fréquents et prolongés, ne démonta durant tout le siège que trois pièces de l'adversaire. Il fallut donc, sans attendre une attaque de vive force, abandonner le 19 septembre la lunette 44, abandonner le 20 septembre la lunette 53, abandonner le 22 septembre la lunette 52. Le système des ouvrages extérieurs, comme disait Uhrich, s'égrenait de même que les perles d'un collier dont le fil est rompu. L'ennemi occupa la lunette 52 en passant le fossé sur un pont de tonneaux, chemina le long de la caponnière, couronna le glacis jusqu'en face de la lunette 54 et battit en brèche les bastions 11 et 12 dont le terre-plein fut bientôt intenable.

Le 18 septembre, la commission municipale, perdant toute espérance de secours, avait prié Uhrich de capituler, et Uhrich lui avait demandé un peu de patience : Strasbourg, disait-il, était l'Alsace même; tant que le drapeau de la France flotterait sur les murs de Strasbourg, l'Alsace serait française; Strasbourg tombé, l'Alsace serait allemande. Mais le 27 septembre les chefs du génie annonçaient au gouverneur que la brèche du corps de place était praticable et que l'assiégeant pouvait donner l'assaut le lendemain matin, le soir même ou, s'il le voulait, dans deux heures. Le Conseil de défense se réunit et reconnut que les ennemis, dirigeant sur la brèche le feu de leurs batteries, auraient dissipé, écrasé la garnison avant d'ébranler leurs colonnes et qu'ils arriveraient aux remparts sans trouver d'obstacle. Ne fallait-il pas épargner à Strasbourg les horreurs d'un sac?

Le même jour, à cinq heures du soir, le canon se tait soudainement, et sur la cathédrale ainsi qu'au sommet des bastions apparaît le drapeau blanc. Aussitôt les soldats allemands escaladent leurs parapets, poussant des hourrahs sans fin, entonnant des chants de triomphe, allumant des feux de joie. Mais quelle scène différente dans la ville! On s'assemble, on se porte à l'hôtel du Commerce où siège la commission municipale, à la préfecture, au quartier-général. On proteste avec colère contre la capitulation. Quoi! Strasbourg ne serait plus français! On parcourt les rues en chantant la Marseillaise, en criant : « Aux armes, à bas les traîtres! » On propose de remplacer Uhrich par Excelmans. On veut enlever le drapeau blanc qui flotte sur la cathédrale. On tire des coups de fusils contre la flèche. Mais Uhrich se présente sur le seuil du quartier-général, ouvre sa porte à deux battants, prie la foule de nommer des délégués ; il s'entretient avec ces députés du peuple et leur jure qu'il n'a plus la moindre chance et le moindre espoir.

Déjà deux négociateurs se rendaient au camp allemand. Le 28 septembre, à deux heures du matin, la capitulation était signée. A onze heures, les troupes, prisonnières de guerre, quittaient la ville. Les Strasbourgeois, émus et pleurant, entouraient leurs défenseurs, les regardaient une dernière fois, leur serraient les mains : « Au revoir, leur disaient-ils, vous nous reviendrez! » Uhrich, Barral, Excelmans et l'état-major précédaient à pied la colonne française. Dès que Werder aperçut Uhrich, il descendit de cheval et embrassa le général en le félicitant de sa belle résistance. Derrière Uhrich venaient les douaniers, les marins, les artilleurs, graves, résignés; puis, pêle-mêle, sans ordre ni discipline, le reste de la garnison, ivre de vin et de rage, brisant ses armes ou les jetant dans les fossés.

Ainsi tomba Strasbourg, après avoir supporté le

bombardement durant trente et un jours sans laisser un seul instant abattre son courage et sans proférer une plainte. Ses trois compagnies franches, ses batteries d'artilleurs volontaires, ses sapeurs-pompiers payèrent courageusement le tribut du sang à la patrie. « Passant, lisait-on sur un pan de mur,

> Passant, va dire au monde avec quelle constance
> Strasbourg a su souffrir pour rester à la France. »

Schlestadt et Neuf-Brisach ne tardèrent pas à subir le sort de Strasbourg. Les deux places furent investies par la 4e division de réserve que le général de Schmeling avait rassemblée dans le Brisgau. Schlestadt aux vieilles murailles sans abris ni casemates, capitula le 24 octobre après une courte et violente canonnade qui démonta les pièces des remparts et rendit les casernes inhabitables. Neuf-Brisach se défendit plus énergiquement et ne sonna la chamade que lorsque l'artillerie allemande eut converti certains de ses quartiers en véritables carrières; le 10 novembre la garnison sortait de la ville, et les habitants massés à la porte lui faisaient leurs adieux au cri de : *Vive la France !*

La plupart des forteresses de l'Est avaient déjà succombé. Toul qui commandait la grande route et la ligne du chemin de fer, repoussa deux attaques, et pendant quelque temps les Allemands durent faire de pénibles détours pour éviter son canon; mais le 23 septembre, sous le feu des batteries établies au mont Saint-Michel, Toul ouvrait ses portes. Deux places de l'Aisne, Laon et Soissons, se rendirent l'une, le 9 septembre, l'autre le 15 octobre : à Laon, le garde Hanriot, fou de douleur, fit

sauter la poudrière, et cette explosion coûta la vie à
trois cents Français ; à Soissons, la défense active, vigoureuse, ne put vaincre l'ascendant d'une artillerie
postée sur la montagne Sainte-Geneviève et sur le mont
Marion. De même que Toul, Verdun avait refoulé
d'abord une première tentative dirigée le 24 août par le
prince royal de Saxe; la garnison, renforcée par des
prisonniers évadés de Sedan, exécuta de nombreuses
sorties; ses pièces ripostèrent souvent avec bonheur à
celles de l'assiégeant; mais, le 3 novembre, lorsqu'il vit
plus de cent bouches à feu largement approvisionnées
se déployer devant la ville, le gouverneur, Guérin de
Waldersbach, consentit à traiter ; grâce à sa résistance
énergique et audacieuse, il obtint que le matériel de
guerre serait après la paix restitué à la France. Puis ce
fut le tour de Thionville (24 novembre), de Montmédy
(14 décembre), de Phalsbourg qui ne tomba que faute de
vivres (12 décembre), de Mézières (1er janvier). Rocroy
avait été bombardé le 5 janvier durant quatre heures par
des pièces de campagne, et les Allemands se retiraient
lorsque le commandant accepta la dernière sommation.
Longwy, accablé par des batteries qui s'étaient installées
sur les hauteurs voisines, à Mexy, à Romain et au mont
du Chat, céda le 25 janvier. Seules des places de l'Est,
Langres et Bitche n'arborèrent pas le drapeau blanc.
Langres dont la garnison inquiéta fréquemment les détachements et les convois de l'ennemi, allait être assiégé
quand l'armistice fut conclu. Le fort de Bitche est impre-
nable ; deux batteries se bornèrent à l'observer jusqu'à
la fin des hostilités.

Au milieu de ces sièges et des opérations des armées, l'envahisseur administrait le pays occupé. Des gouverneurs généraux, secondés par des commissaires civils et par des préfets et sous-préfets allemands, appuyés par des bataillons de campagne et de landwehr qui formaient les troupes d'étapes, assuraient les communications, protégeaient le transport des subsistances et du matériel, mettaient le territoire à contribution, s'opposaient aux levées nationales en surveillant les hommes valides, notamment dans l'Alsace et la Lorraine. D'impitoyables représailles étaient méthodiquement exercées, comme à Bazincourt, contre les paysans qui défendaient leur village. On rendait responsables les localités où des francs-tireurs tuaient ou blessaient un Allemand. Ablis fut brûlé parce qu'un corps franc y avait surpris un escadron de hussards. Etrépagny, Cherizy et, aux environs de Mantes, les communes de Mézières, de Parmain, de Dannemois, de Moigny eurent un sort pareil. Lorsque les partisans des Vosges détruisirent dans la nuit du 22 janvier le pont de Fontenoy entre Frouard et Toul, le village fut incendié et la Lorraine, frappée d'une contribution extraordinaire de dix millions. Un sous-officier reçut un coup mortel près de Vaux dans les Ardennes; on rassembla les habitants de l'endroit, au nombre de quarante, et on les enferma dans l'église en les sommant de désigner trois d'entre eux qui furent fusillés. On prenait des otages pour les envoyer en Allemagne. On faisait monter les notables du pays sur les locomotives des trains.

Il n'y eut sur mer que des événements sans importance. L'escadre de l'amiral Bouët-Willaumez, partie de Cherbourg le 24 juillet, sous les yeux de l'impératrice et aux acclamations de la foule, croisa durant les premières semaines d'août en vue du littoral de la Baltique. Dans le même temps, une autre escadre, commandée par Fourichon, jetait l'ancre à Heligoland. Mais la mer était très grosse. Au mois de septembre, la flotte française revenait à Cherbourg, sans avoir rien fait. Elle reparut en décembre dans la Baltique ainsi qu'aux bouches de l'Elbe et enleva de nombreux bâtiments de commerce. En revanche, au mois de janvier 1871, la corvette prussienne *Augusta* capturait à l'embouchure de la Gironde deux vaisseaux marchands et un vapeur chargé de vivres. Le seul combat naval qui mérite une mention, se livra le 9 novembre 1870 dans les parages de la Havane entre l'aviso français le *Bouvet* et la canonnière prussienne le *Météore*. Le *Bouvet* essaya de couler l'adversaire et lui démonta son grand mât et son mât de misaine ; mais une de ses chaudières fut perforée par un boulet, et il dut, avec le *Météore*, gagner le port neutre de la Havane.

CHAITPRE VI

Le Mans.

Une dépêche de l'empereur avait annoncé le 3 septembre le désastre de Sedan ; « l'armée, disait Napoléon, est défaite et captive ; moi-même je suis prisonnier. » Le ministère convoqua le Corps législatif à minuit ; mais, imprudemment, il fit ajourner la discussion au lendemain. Le 4 septembre, à une heure de l'après-midi, trois projets étaient soumis à la Chambre par le gouvernement, par Thiers et par Jules Favre ; tous trois proposaient la nomination d'une commission ou d'un Conseil de défense nationale. Mais le gouvernement voulait que Palikao fût lieutenant général de ce Conseil qui comprendrait cinq membres élus par le Corps législatif ; Thiers désirait la convocation d'une Constituante ; Favre exigeait avant tout la déchéance de la dynastie. La Chambre avait accepté la proposition de Thiers qui n'était qu'une déchéance déguisée, lorsque la salle fut envahie par la foule. La garde nationale qui veillait aux abords du palais, avait livré le passage. Vainement, au milieu du tumulte, Gambetta déclara que la France, et non Paris, devait décider de la forme du gouvernement. Le président Schneider leva la séance. Déjà deux émeutiers s'installaient au fauteuil. Gambetta prit les devants, et d'une voix puissante s'écria que Napoléon et sa dynastie avaient à jamais cessé de régner sur la France. Il se rendit avec Favre et Ferry à l'hôtel de ville et, pour écarter Blanqui, Pyat, Millière, Delescluze, proclama la République. Un gouvernement de Défense nationale se constitua sur-le-champ. Il comprit tous les députés de Paris, à l'exception de Thiers. C'étaient Emmanuel Arago, Crémieux, Favre, Ferry, Gambetta, Garnier-Pagès, Glais-Bizoin, Pelletan, Picard, Rochefort qu'on aimait mieux « avoir dedans que dehors », Jules Simon ainsi que le gouverneur de la capitale, le général Trochu, qui, pour amener et rallier l'armée, demanda la présidence et l'obtint sans discussion. Gambetta fut ministre de l'intérieur ; Picard, des finances ; Crémieux, de la justice ; Simon, de l'instruction ; Dorian, des travaux publics ; Magnin, du commerce ; Favre, des affaires étrangères. Le général Le Flô et l'amiral Fourichon eurent l'un, le portefeuille de la guerre, l'autre, le portefeuille de la marine. Etienne Arago était maire de Paris et avait pour adjoints Brisson et Floquet. Ferry exerçait, sous le titre de délégué, les fonctions de préfet de la Seine. L'impératrice-régente avait fui. En quelques heures, sans effusion de sang, s'était accomplie une révolution inévitable. Les députés de Paris s'emparaient du pouvoir, mais ils empêchaient les chefs de la future Commune de le ramasser. Ils l'usurpaient, mais ils l'arrachaient à l'anarchie. « Il ne faut pas, disait l'un d'eux, qu'il tombe entre les mains de ceux qui sont là, dans la chambre à côté. » Et, chose curieuse, ces hommes qui sur les bancs de l'opposition, lorsque le Corps législatif discutait le budget militaire, déclaraient que l'organisation de la guerre était une coupable folie, que l'influence d'un peuple dépendait des principes et non du nombre des soldats, que la force morale l'emportait sur la force matérielle, que le patriotisme formait la vraie frontière, que la France, au lieu de s'embastionner et de remplir de poudre et de mitraille ses magasins, devait s'acheminer vers le désarmement et pratiquer, non une politique de haine, mais une politique d'expansion et d'abandon, ces mêmes hommes avaient pour mission d'enrégimenter la nation entière et d'engager une lutte à outrance !

Ils sentaient néanmoins qu'ils n'avaient pas fait, selon le mot de Gambetta, des choses régulières, et un de leurs premiers actes fut de convoquer une Constituante. Mais les élections seraient-elles républicaines ? Pouvait-on y procéder dans les départements envahis ? N'allaient-elles pas accroître la confusion, affaiblir la résistance ? Ne fallait-il pas courir aux armes avant de courir au scrutin ? La défense nationale n'était-elle pas pour l'instant le plus sacré des devoirs civiques ? On décida que les élections ne se feraient que le 16 octobre ; puis on les ajourna indéfiniment.

Trois membres du gouvernement, Crémieux, Glais-Bizoin et Fourichon, furent envoyés à Tours, avec une délégation de chaque ministère, pour administrer la province. Le ministre des finances chargé de trouver l'argent nécessaire à la lutte, le ministre de la guerre qui n'avait aucun rôle dans une place investie et le ministre des affaires étrangères qui devait communiquer avec l'Europe, demeuraient à Paris. Gambetta protestait contre cette mesure qui brisait l'unité de direction et qui divisait, isolait l'autorité. Mais Paris, c'était la France ; c'était le boulevard et l'espoir de la défense, le point essentiel où s'accumulaient les ressources et s'entassaient les soldats. On n'osait déserter le poste du plus grand péril. On s'imaginait qu'on abrégerait la durée du siège en ne laissant à Paris qu'un gouverneur. Où serait le combat, disait-on, serait également le pouvoir. Enfin, on comptait que la paix serait prochainement conclue.

Jules Favre et bien d'autres croyaient en effet que l'Allemagne se contenterait de sa gloire. L'empereur avait déclaré la guerre, et il était tombé. Les vainqueurs iraient-ils combattre encore et humilier la nation ? Le roi de Prusse n'avait-il pas écrit dans une proclamation qu'il désirait vivre en paix avec le peuple français ? Le

18 septembre, à l'insu de ses collègues, sauf de Trochu
et de Le Flô, Favre quittait Paris, et le 19 et le 20,
d'abord à la Haute-Maison, puis à Ferrières, il conférait
avec Bismarck. Il avait dit dans une circulaire aux ca-
binets étrangers que la France ne céderait ni un pouce
de son territoire ni une pierre de ses forteresses : il
assura pareillement à Bismarck qu'elle sacrifierait l'argent, mais non le sol, qu'elle paierait une indemnité
pécuniaire, mais qu'elle refusait tout démembrement
d'elle-même. Bismarck répondit que l'Allemagne voulait
garantir sa sécurité et avoir Strasbourg qu'elle regardait comme la clef de sa maison. Favre demandait un
armistice qui permettrait la convocation d'une assemblée. Bismarck exigea la reddition de Toul, de Bitche, de
Strasbourg qui résistaient encore et du Mont-Valérien ;
la trêve, ajoutait-il, ne s'étendrait pas à Metz ; l'Alsace
et la Lorraine allemande n'enverraient pas de députés à
l'assemblée puisque leur vote était connu d'avance.
Favre et ses collègues repoussèrent ces conditions. Les
accepter sans avoir épuisé toutes les ressources et couru
toutes les chances qui restaient, c'était se déshonorer.
Le ministre français n'avait pas été habile ; il manqua de
fermeté ; il eut un instant de faiblesse et pleura devant
l'inexorable adversaire qui se moqua de sa sensibilité.
Pourtant l'entrevue de Ferrières dissipait les doutes. Le
pays savait dorénavant quelles étaient les conséquences
de la guerre et, comme en 1709, au fort des désastres,
quiconque avait une goutte de sang français, se rallia
sans réserve au gouvernement qui continuait la lutte
pour sauver l'honneur et maintenir l'intégrité de la
patrie. « Si la France est vaincue, disait un de nos géné-

raux prisonniers, elle le sera du moins avec gloire et après un effort suprême qu'elle se devait à elle-même. »

Favre avait dû, pour se rendre à Ferrières, franchir les lignes allemandes. Le 19 septembre, Paris était bloqué, et la France semblait abandonnée à ses propres forces. Elle ne possédait à cet instant d'autres troupes qu'une division incomplète qui venait d'Algérie et que La Motte-rouge reformait à Bourges, quelques bataillons que Cambriels réunissait dans l'Est et des mobiles bretons que Fiéreck assemblait dans l'Ouest. La délégation demeurait impuissante. Crémieux était fort disert, mais déjà cassé. Glais-Bizoin, excellent homme, désintéressé, patriote, mais un peu ridicule, bizarre, affairé, curieux, indiscret, se qualifiant de « père des francs-tireurs », manquait à la fois de prestige et de bon sens. L'amiral Fourichon, chargé spécialement de la guerre, plus actif, plus énergique que ses collègues, ne connaissait bien que les choses de la marine, et il gémissait inutilement sur le désordre qui régnait autour de lui. On ne voyait à Tours, comme plus tard à Bordeaux, que des employés galonnés et empanachés, des aventuriers aux uniformes étincelants de dorures, des brasseurs d'affaires, des solliciteurs de haut et de bas étage qui demandaient des grades et des missions pour eux et leurs amis, des fai-seurs de projets qui croyaient battre les Prussiens par des plans de campagne et des inventions saugrenues de toute espèce. Fourichon grondait et s'irritait. Enfin, il sortit des gonds. Crémieux et Glais-Bizoin avaient nommé des commisssaires munis de pleins pouvoirs et chargés d'organiser la défense dans plusieurs départements; ils mirent les généraux qui commandaient les divisions territoriales, sous la dépendance de ces fonctionnaires civils. Le 27 septembre, Fourichon rendit le portefeuille de la guerre et fut durant huit jours remplacé par Crémieux !

Mais un homme aussi laborieux que modeste, le général Lefort, chef de la délégation du ministère de la guerre, avait constitué dans les derniers jours de septembre et les premiers jours d'octobre avec une promptitude que les Allemands jugèrent étonnante, le 15° corps d'armée. Ce 15° corps comprenait, sous les ordres de La Motterouge, trois divisions d'infanterie, une division de cavalerie et 128 bouches à feu dont 14 mitrailleuses. On l'envoya sur la rive droite de la Loire, et jusqu'à Toury, pour protéger Orléans. Il s'était déployé trop tôt, et ses 60 000 hommes, mal armés, mal équipés, portant pour la plupart leurs cartouches dans leurs poches, ne pouvaient tenir contre les troupes que Tann et Wittich menaient à leur rencontre, et qui se composaient des réserves de l'armée de Paris, 1er corps bavarois, 22° division prussienne, 2° et 4° divisions de cavalerie. Le 10 octobre, au nord d'Artenay, l'avant-garde de La Motterouge essaya d'arrêter le général de Tann. Son artillerie répondit vigoureusement à celle des ennemis. Mais sa cavalerie, conduite par Reyau, ne fit que se montrer de loin et disparut aussitôt du champ de bataille. Les escadrons prussiens et bavarois attaquèrent l'infanterie française sur ses deux flancs et la mirent en déroute. Les prisonniers, au nombre de mille environ, saluèrent Tann avec joie ; « ces couards, disait le général, sont heureux de n'être plus dans le pétrin. » Le lendemain,

11 octobre, les Allemands entraient à Orléans. La brigade d'Ariès, qui comptait quinze mille hommes, lutta vaillamment aux Ormes, dans les vignes et les bouquets de bois qui couvrent le terrain, dans les maisons qui bordent le grand chemin, à la gare des Aubrais et à l'usine à gaz, sur le remblai du chemin de fer, au faubourg Saint-Jean, à la barrière d'octroi, et Orléans ne fut évacué qu'à sept heures du soir. La Motterouge repassa la Loire. Le gouvernement dont il avait strictement exécuté les instructions, le destitua.

Pendant que Tann et ses Bavarois restaient à Orléans, Wittich poussait sur Chartres. La petite cité de Châteaudun lui tint tête le 18 octobre durant plusieurs heures. Wittich prit sans trop de peine la gare, la tuilerie de Nermont, la ferme retranchée de Mont-Doucet ; mais il dut enlever des barricades fortement établies et des maisons dont les murs étaient crénelés ; il dut, après avoir jeté plus de 2 000 obus, ordonner l'assaut ; il dut combattre dans les rues jusqu'au milieu de la nuit les gardes nationaux et les francs-tireurs de Lipowski. Pour se venger de cette résistance imprévue, il brûla la ville.

Il était temps qu'un homme vînt animer la défense de la province et lui imprimer l'énergie. Déjà un Comité de la guerre qui se formait à Tours, complotait d'emprisonner Fourichon et Lefort, et de confier la direction des affaires militaires à de fougueux républicains, à des révolutionnaires, voire à Garibaldi. Mais le 8 octobre Gambetta quittait Paris en ballon et descendait à Epineuse, près de Montdidier. Le 9, il arrivait à Tours. On l'avait prié de venir et de réparer par sa jeunesse et son ardeur le mal qu'avait fait la mollesse sénile de la délégation. Le gouvernement lui donna voix prépondérante et Gambetta partit en promettant à ses collègues d'apaiser tous les dissentiments et de revenir avec une armée pour délivrer Paris.

Il prit aussitôt le ministère de l'intérieur et celui de la guerre. Un adjoint lui était nécessaire : Lefort, malade et mécontent, offrait sa démission. Le colonel Thoumas, directeur de l'artillerie, le journaliste Détroyat, autrefois officier de marine, bientôt général de division et commandant du camp de la Rochelle, l'ingénieur des mines Freycinet, ancien chef de l'exploitation des chemins de fer du Midi, furent proposés. Freycinet l'emporta. Il connaissait Gambetta qui l'avait nommé au 4 septembre préfet du Tarn-et-Garonne; il se piquait d'entendre la guerre, et ses camarades de l'École polytechnique le regardaient comme un grand stratégiste parce qu'il leur avait expliqué sur la carte les batailles entre fédéraux et confédérés ; il était très intelligent et très délié, restait calme et flegmatique dans les circonstances les plus graves, rédigeait de la façon la plus claire et la plus nette les dépêches même les plus attristantes, savait en un style précis, perçant et académique distribuer les critiques et les compliments ; il suivit les mouvements des armées avec une sollicitude minutieuse, incessante, et ne ménagea ni les renseignements ni les avis : très propre d'ailleurs à ses fonctions en un pareil moment parce qu'il unissait à son sang-froid, à son zèle infatigable, à son ton d'autorité un audacieux esprit d'initiative et le mépris de toutes les règles d'administration, de tous les principes de la hiérarchie, de tous les prestiges de la spécialité. Mais il avait aussi et naturellement trop de confiance en lui-même; il ne tenait aucun compte des difficultés; il croyait bons tous les moyens qu'il employait; il voulut de son cabinet diriger les opérations; il traita cavalièrement des généraux pleins d'expérience et de patriotisme, les régenta, les chapitra, prétendit leur remettre le moral; il exigea des troupes la mobilité qu'avaient les Allemands et ne comprit pas qu'une jeune armée inexercée ne peut ni manœuvrer rapidement ni braver les intempéries ni vaincre de vieux bataillons disciplinés et instruits.

Gambetta partageait les illusions de son délégué. « Je fais, disait-il une fois, marcher les généraux comme des pions sur un damier. » Il s'imagina que l'élément civil devait conduire la guerre; il s'entoura d'ingénieurs, de savants, de journalistes; avec toute la France, depuis Frœschwiller et Sedan, il considérait les militaires comme des gens bornés, incapables, uniquement propres à exécuter les conceptions des hommes d'étude, de science et d'industrie; de même que les Parisiens tenaient Dorian pour un génie de premier ordre, il tint Freycinet pour un second Carnot. Il crut renouveler les légendaires prodiges de 1792 et de 1793 en rompant avec la tradition. Selon lui, la France, régénérée par la République, repousserait l'envahisseur, ainsi qu'à la fin du siècle dernier, par un élan sublime, et il jurait que le peuple ferait reculer le despote. Gambetta oubliait que les volontaires avaient causé les revers de la Révolution par leur indiscipline et leur lâcheté, que la République avait été sauvée, non par le courage de ses levées, mais par les discordes de la coalition, que les Allemands de 1793, in-

décis et peu nombreux, piétinaient sur place à quelques,
lieues de la frontière et que ceux de 1870, unis, victorieux,
innombrables, étaient, non pas sur la Sauer et sur
l'Escaut, mais sur la Seine, sur la Loire, au sein du territoire.

Mais il personnifia la défense de la province. Il ne se
dégageait pas suffisamment de l'esprit de parti et il fut
parfois plus préocupé de la République que de la patrie ;
il s'agita plus qu'il n'agit ; il ne put empêcher l'incohérence et la confusion ; s'il eut énergie et résolution, il
n'eut pas, comme il l'avait promis dans sa proclamation
du 9 octobre, la suite dans l'exécution des projets. Néanmoins il gouverna ; il empêcha l'anarchie de dévorer le Midi
et par sa franchise, par sa fermeté, réussit à dissoudre
les ligues des départements et à réprimer les tentatives de
séparatisme ; il trouva des chefs jeunes, actifs, vigoureux,
Faidherbe, Chanzy : il utilisa les ressources de la nation
et fit tout pour la sauver. Grâce à lui, la France vaincue
et défaillante gardait la tête haute et tenait d'une main
encore ferme son épée brisée. « Jamais, écrivait-il le 5 décembre, le désespoir ne s'est approché de mon âme. »
Il se prodigua ; il courut le pays et le réchauffa, l'électrisa ; ce fut lui qui donna l'impulsion et sonna le tocsin ;
il dit aux Français en un langage plein de passion et de
feu qu'ils devaient lutter jusqu'aux limites du possible,
et sa voix éloquente exprimait en superbes accents ce
généreux désir de résistance et de sacrifice qui s'exhalait
alors de bien des cœurs.

Cet avocat ignorant du métier de la guerre avait d'ailleurs l'intelligence prompte et sûre ; il voyait clair et se
décidait vite ; il semblait n'apercevoir les choses que de

très loin ; mais, comme en se jouant, il devinait ou discernait presque tout, et à la surprise des militaires de profession, il entrait dans les détails. On se plaignit quelquefois de ses emportements, et il fut injuste en accusant d'Aurelle de faiblesse ; mais, après ses éclats de colère, il se rapaisait et reconnaissait son tort. Il ordonnait de mauvaises mesures pour satisfaire l'opinion, et se dispensait de les exécuter ; s'il permettait, en créant une artillerie départementale, de puiser dans les arsenaux, cette disposition du décret restait lettre morte ; s'il renvoyait de l'armée les princes d'Orléans, il confiait aux grands noms de la Bretagne, à Charette et à Cathelineau, d'importants commandements. Il suspendit les lois qui réglaient l'avancement, conféra des grades à des civils, fit des nominations extraordinaires ; mais les circonstances étaient exceptionnelles ; la plupart des commissions ne furent établies qu'à titre provisoire ; les brevets accordés à l'armée auxiliaire, mobiles, mobilisés, corps irréguliers, n'eurent d'autre durée que celle de la guerre ; quoi qu'on ait dit, Gambetta n'abusa pas des promotions trop rapides, et il laissa ses coudées franches au directeur de l'artillerie. Bref, aux yeux de la France et de la postérité, son ardent patriotisme efface ses erreurs.

Secondé par Freycinet qui fut son *alter ego*, secondé par le directeur de l'infanterie et de la cavalerie — d'abord le général de Loverdo, puis le général Haca — secondé par le directeur du génie Véronique et par le directeur de l'artillerie Thoumas, Gambetta renforça les effectifs, et malgré la saison, l'état des magasins et l'encombrement des voies ferrées, pourvut à tous les be-

soins des troupes. Le service télégraphique fut très bien
organisé. Les généraux et les états-majors reçurent d'excellentes cartes du pays. Le ravitaillement des provisions
de guerre s'opéra constamment avec ordre et régularité :
Chanzy reconnut qu'il n'avait jamais manqué de munitions et que son armée en faisait, non pas une consom-
mation, mais une orgie.

Onze corps surgirent, pour ainsi dire, du sol : les 16ᵉ, 17ᵉ,
18ᵉ, 19ᵉ, 20ᵉ, 21ᵉ, 22ᵉ, 23ᵉ, 24ᵉ, 25ᵉ, 26ᵉ. Le 22ᵉ et le 23ᵉ
qui constituaient l'armée du Nord, ne furent pas l'œuvre
de la délégation ; mais le 19ᵉ, le 25ᵉ, le 26ᵉ, qui s'ébranlaient lorsque finirent les hostilités, et les six autres, 16ᵉ,
17ᵉ, 18ᵉ, 20ᵉ, 21ᵉ, 24ᵉ, qui combattirent sur la Loire et
la Saône, se levèrent et s'armèrent à l'appel et sous les
auspices de Gambetta. En moins de quatre mois le jeune
ministre et ses collaborateurs mirent sur pied près de
600 000 hommes, 5 000 par jour ! *Gambetta et ses armées* :
les Allemands résument par ces seuls mots la résistance
que leur opposa la province.

Résistance hardie, violente, désespérée et pourtant
impuissante ! L'artillerie maintint ses vieilles traditions
de vaillance, de dévouement, d'amour du devoir. Il n'y
avait plus, dans les départements, après le 4 septembre,
que 6 batteries. Par des prodiges de persévérance et
d'activité, une artillerie fut improvisée. En quatre mois
deux cent trente-huit batteries ou mille quatre cent quatre
bouches à feu de tout calibre entrèrent en ligne, et à la
conclusion de l'armistice, la France avait encore deux
cent trente et une batteries ou mille trois cent quarante-
huit pièces. La direction confiée au colonel Thoumas
avait donc livré par jour deux batteries tout équipées

et pourvues de leur personnel. Cette quantité de canons étonna l'adversaire. Leur tir juste et meurtrier ne le surprit pas moins; c'est qu'on avait, dans le chargement des projectiles creux, remplacé les fusées fusantes qui faisaient éclater l'obus trop tôt ou trop tard et dans une zone très restreinte par les fusées percutantes qui détonaient à toutes les distances. Mais l'artillerie des Allemands gardait l'avantage du nombre; la portée moyenne de ses pièces était toujours plus considérable que celle des pièces françaises; son personnel était plus instruit, mieux exercé que le nôtre.

Le génie reçut pour la durée de la guerre un précieux auxiliaire, le corps du génie civil des armées, composé de tous les ingénieurs, architectes, agents-voyers et entrepreneurs de travaux publics qui s'offrirent au gouvernement. Ce corps finit par compter 52 ingénieurs de tous grades et 200 chefs de section. Un ingénieur en chef, 3 ingénieurs ordinaires, 9 chefs de section, 9 piqueurs, 18 chefs de chantier, et 60 à 300 ouvriers, munis de tous les outils, voire de fusils, de lunettes d'approche et de piles électriques, étaient adjoints à chaque corps d'armée. Mais ce personnel qui rendit de grands services, n'influait pas sur l'issue de la lutte.

L'état-major manquait. Le gouvernement appela tous les membres de ce corps qui n'avaient pas suivi l'armée impériale. C'étaient naturellement, puisqu'on les avait laissés à l'écart, les moins compétents et les moins habiles. Encore fallut-il, à cause de leur petit nombre, leur adjoindre des officiers de troupe ou des civils, et Clinchant se plaignait que l'élément militaire fût trop rare dans les états-majors de l'armée de l'Est. De là résultèrent bien des erreurs dans les ordres des mouvements, dans les calculs des parcours, dans tout le détail des opérations.

L'intendance réunit autant de munitions de bouche qu'il en fallait pour subvenir aux besoins de l'armée, et à Orléans, au Mans, à force de célérité, elle réussit à soustraire aux ennemis d'immenses approvisionnements. Mais, si elle était dirigée par les Bouché, les Friant, les Richard, elle n'avait pour agents subalternes que des gens sans expérience. Elle eut à pourvoir des armées battues et fugitives dont elle ne savait plus la direction. Elle trouva souvent des chemins impraticables. Lorsque les troupes encombrèrent les lignes, elle ne put envoyer à temps ses convois. Enfin, si les distributions avaient lieu à propos, les officiers, ignorants ou insouciants, gaspillaient les denrées ou les faisaient trop tardivement quérir; ils laissaient les hommes manger plus de la ration d'un jour, jeter le reste et abandonner au bivouac des monceaux de viande et de biscuit; ils les laissaient se chausser à leur fantaisie, si bien que les premiers arrivés prenaient les pointures les plus fortes et que les derniers devaient se contenter des souliers les plus courts; dans la campagne de l'Est, par un froid qui gelait les doigts des pieds, des soldats coupaient l'extrémité de leurs chaussures, parce qu'elles étaient trop étroites.

La délégation poussa l'armement de l'infanterie avec la plus grande activité. Il n'y avait en province après Sedan que deux millions de cartouches. On tira d'Angleterre, avant le 15 février 1871, six millions de cartouches et cinq millions de capsules, les unes chargées, les autres vides. On créa de nombreux ateliers qui finirent par donner journellement au ministère quinze cent mille cartouches. La papeterie Laroche-Joubert, d'Angoulême, fournit tous les papiers découpés. Les établissements de Bourges, de Bordeaux, d'Angers, de Toulon, et surtout celui de Bayonne, dirigé par Marqfoy et Mascart, fabriquèrent des capsules. Bayonne parvint à produire douze cent mille capsules par jour.

Les départements ne renfermaient, après le 4 septembre, que 350 000 chassepots. De nouveaux ateliers furent installés. Les manufactures de Tulle, de Saint-Étienne, de Châtellerault arrivèrent à fabriquer, à elles trois, mille fusils chaque jour. Une commission d'armement, présidée par le Havrais Lecesne, acheta plusieurs milliers de remingtons. Les départements, les villes, les corps francs se procurèrent des fusils de toute sorte, transformés ou non transformés, se chargeant par la bouche ou par la culasse. La délégation conclut des marchés avec des fournisseurs étrangers et obtint ainsi 48 000 sniders. Elle accueillait toutes les offres, même de gens mal famés et tarés ; « quand je m'habille, disait Palikao, je prends pour tailleur un honnête homme ; si mon pantalon se déchire, je m'adresse au premier venu qui peut le raccommoder ». Mais plus la lutte durait, plus augmentait la diversité des armes. Les troupes de Chanzy avaient des fusils de quinze types différents. Et que de mauvais résultats produisit cette confusion ! Que d'embarras, que de précautions infinies, lorsqu'il s'agissait de ravitailler les armées ou fractions d'armées, et d'expédier des munitions pour chaque modèle !

A tout instant croissaient les difficultés, naissaient

d'inévitables retards. Il fallut, à mesure que l'envahisseur avançait et menaçait d'intercepter les communications, transférer à Toulouse la capsulerie de Bourges, à
Bordeaux la manufacture de Châtellerault, à Tarbes les
ateliers de Nantes où le colonel de Reffye fabriquait des
mitrailleuses. On avait distribué des remingtons aux
mobiles impatients du Loir-et-Cher; mais les baïonnettes
qui venaient d'Allemagne, n'étaient pas encore prêtes;
les mobiles opérèrent à Coulmiers ce qu'on nomme une
charge à la baïonnette... sans baïonnettes. La plupart
des grandes industries nécessaires à la guerre étaient
du reste bloquées dans Paris. Un jour, les aiguilles de
rechange des chassepots manquèrent; il fut impossible
d'en avoir à Beaucourt, à Bordeaux, ailleurs encore, et
avant de trouver au Tréport une fabrique d'éléments
d'horlogerie qui pût les faire, le gouvernement se vit
obligé de dégarnir 20 000 fusils de l'arsenal de Toulouse
et d'ordonner que chaque homme aurait provisoirement
une seule aiguille de rechange au lieu de trois. Le har-
nachement des chevaux d'artillerie éprouva des obstacles inattendus. On fut forcé d'exécuter la bouclerie
dans les ateliers de la marine, de réquisitionner les se-
condes selles des gendarmes, et de suspendre la confec-
tion des harnais jusqu'à ce que des industriels eussent
établi des fabriques de colle-forte : Givet était coupé, et
cette ville fournissait presque seule la colle-forte avant
la guerre!

Mais quand les armées de la province eussent été merveilleusement outillées et pourvues de tout, elles devaient
succomber parce qu'elles comptaient beaucoup d'hommes
et peu de soldats. Gambetta se vantait d'avoir créé un

appareil formidable. Il jugeait toutefois que ses troupes
manquaient de solidité et d'haleine, qu'elles n'étaient
guère résistantes, qu'elles ressentaient toujours au bout
d'une certaine période de combats le besoin de se refaire
et de se reconstituer, et il les comparait à un mécanisme
hâtivement dressé qui ne fonctionne que quelque temps
et qu'il faut reviser et remonter d'une façon chronique.
Elles se composaient de vieux régiments, de régiments
de marche, de gardes mobiles et de gardes nationales
mobilisées.

Les vieux régiments n'étaient qu'en très petit nombre :
16e, 38e, 39e, 92o, deux bataillons de marche tirés du régiment étranger, des bataillons d'infanterie de marine.

Les régiments de marche, formés d'abord au moyen
des quatrièmes bataillons, puis de compagnies et de
détachements des cent régiments d'infanterie, compre-
naient la classe de 1870, les réservistes et les anciens
militaires rappelés par Palikao. La cohésion leur faisait
défaut; les officiers étaient trop jeunes ou trop âgés : les
soldats n'avaient pas d'instruction ou ne revenaient sous
le drapeau qu'avec répugnance. Dans plusieurs de ces
régiments de marche, assure un témoin, le désordre
dépassa toute limite.

La garde mobile, organisée en régiments de trois bataillons, montrait de la bonne volonté, et avait une tenue
calme et digne. C'était l'élite de la nation. On voyait
dans ses rangs tous les jeunes gens soustraits au service
en temps de paix. Issus du même pays, liés par la com-
munauté d'origine, les hommes marchaient volontiers
ensemble. Mais la plupart des officiers n'avaient pas
encore servi. Ces troupes si tendres, comme disait Gam-

betta, ne purent acquérir le tempérament militaire ; elles n'étaient pas rompues à la fatigue ; elles furent incapables de supporter les privations et les souffrances ; leur âme, un instant enthousiasmée, se lassa bientôt et s'alanguit avec leur corps. Si les mobiles se battirent souvent avec courage, s'ils affrontèrent avec sang-froid des canonnades, ils eurent rarement assez de vigueur pour enlever des positions et donner le dernier coup de collier.

Les mobilisés se composaient de tous les hommes de la garde nationale, célibataires ou veufs sans enfants, au-dessous de quarante ans. Aussi les nommait-on les vieux garçons. Mais beaucoup, qui furent qualifiés de « francs fileurs », ne répondirent pas à l'appel. Ceux qu'on réunit dans les camps, firent d'abord l'exercice avec des bâtons et ne reçurent que très tard des fusils étrangers d'ancien modèle. Si la division de Bretagne, conduite par le capitaine de vaisseau Gougeard, se signala le 11 janvier au plateau d'Auvours, la division du général La Lande lâcha dans cette même journée le poste important de la Tuilerie. Les mobilisés du camp de Conlie s'enfuirent le 13 janvier sans voir l'ennemi, après avoir pillé les vivres et détruit les munitions. Ceux qui défendaient Besançon, n'avaient, au dire du commandant, ni un officier, ni un sous-officier, ni un caporal qui sût faire respecter la consigne. Ceux de la Haute-Savoie refusaient de marcher de Beaune sur Dijon et sous prétexte que leurs armes étaient mauvaises, rétrogradaient sur Chagny. Ceux des Hautes-Alpes et de l'Ardèche se révoltaient au camp de Sathonay et déclaraient qu'ils n'iraient pas au feu. Ceux du Nord, sous les ordres de

Faidherbe, ne jouèrent qu'un rôle de comparses, et leur général Robin, toujours invisible et introuvable, devint légendaire dans la Flandre.

Les francs-tireurs inspirèrent à l'envahisseur de sérieuses inquiétudes, et le déroutèrent par leurs apparitions soudaines, leurs brusques attaques, leur guerre de partisans. Mais, sauf dans l'Est et surtout à l'armée de la Loire où ils restaient soumis à l'action du général en chef et appartenaient aux troupes régulières, ils ne rendirent aucun service. La plupart voulaient agir pour leur compte et n'agissaient que dans les endroits où l'adversaire n'était pas. Cathelineau reconnaît qu'il y avait de très bonnes compagnies, mais que d'autres ne valaient pas la dépense qu'elles causaient à l'État, et n'étaient qu'un ramassis de pillards et de bandits.

Le nouveau ministre de la guerre débuta par un succès. Le général d'Aurelle de Paladines, vigilant, sévère, rude, doué de grandes capacités et d'une énergique volonté, excellent éducateur de troupes, avait remplacé La Motterouge. Il reconstitua le 15° corps derrière la Sauldre dans le camp retranché de Salbris; il fit fusiller une vingtaine d'hommes par les cours martiales; en quelques jours il réussit à discipliner ces bandes qui s'enivraient, méconnaissaient l'autorité de leurs officiers et chantaient des chansons obscènes. Bientôt, outre le 15° corps, il commanda le 16° corps qui se formait à Blois et qui passait des mains faibles et timides de Pourcet aux mains vigoureuses et fermes de Chanzy. La délégation résolut d'employer le 15° et le 16° corps à la reprise d'Orléans, cette première étape de Paris. D'Au-

relle, nommé général en chef de l'armée dite armée de
la Loire, dirigerait l'opération. Pendant que la 1re division du 15e corps, menée par Martin des Pallières, par-
tirait de Gien et couperait à Fleury la retraite aux Bavarois de Tann, les deux autres divisions ainsi que le corps
de Chanzy marcheraient de Blois sur Orléans. Le chemin de fer transporta le 15e corps de Salbris à Blois.
Mais le mouvement fut retardé par la mauvaise saison,
par la nouvelle de la capitulation de Metz et par les
bruits d'armistice. Tann, averti, craignit d'être accablé,
et il eût volontiers évacué Orléans pour se retirer à
Patay et lutter sur un terrain plus favorable si Moltke
n'avait prescrit de ne pas lâcher la ville sans en décou-
dre. Il concentra ses Bavarois à Coulmiers.

Le 9 novembre, par un temps couvert mais doux,
dans cette plaine de Coulmiers où parmi des bouquets
d'arbres se dissimulent de grosses fermes et de vieux
manoirs, l'armée de la Loire s'ébranlait en un ordre ir-
réprochable, de même qu'à la manœuvre, sans laisser
un traînard derrière ses lignes et sans montrer la moindre hésitation. Tann qui n'avait que 15 000 hommes
contre 60 000, comprit aussitôt qu'il aurait le dessous.
Les assaillants le débordaient par ses deux ailes, et leur
artillerie qui donnait tout entière, tirait avec une étonnante précision. Il lutta néanmoins. Mais, comme faisaient
leurs devanciers dans les premières guerres de la Révolution, les généraux français se mirent à la tête des
troupes et les entraînèrent. Peytavin enleva le village de
Baccon et le château de la Renardière. Barry qui marchait à pied en avant de sa principale colonne et au cri
de *vive la France*, emporta Coulmiers. Le vice-amiral

Jauréguiberry s'empara de Champ et d'Ormeteau. A quatre heures, Tann reculait sur Artenay ; il abandonnait Orléans avec un millier de malades.

L'armée française avait vigoureusement combattu, et les mobiles, surtout ceux de la Dordogne et de la Sarthe, s'étaient signalés par leur entrain. Malheureusement le général Reyau qui devait tourner la droite des ennemis avec sa cavalerie, engagea d'inutiles canonnades et se replia lorsqu'il vit au loin les francs-tireurs de Lipowski qu'il prenait pour des Allemands. Martin des Pallières qui s'avançait par la rive droite de la Loire, arriva trop tard pour barrer le chemin aux Bavarois. Il avait ordre de ne déboucher que le 11 novembre parce qu'on croyait que l'adversaire résisterait plus longtemps ; il balança donc lorsqu'il entendit le canon, et son instinct de soldat le poussait vers Artenay ; il n'osa tenter l'aventure et, fidèle à ses instructions, courut sur Fleury, puis, lorsqu'il sut la vérité, sur Chevilly ; mais vainement il fit des prodiges de célérité ; il s'arrêta tout haletant, sans avoir atteint ni les vaincus de Coulmiers ni même les convois sortis d'Orléans.

Le gouvernement de Tours comptait sur un coup de foudre. Il fut désappointé, et, non sans raison, destitua Reyau. Mais Coulmiers était un grand succès qui, suivant le mot de d'Aurelle, décuplait le moral des troupes. Cette victoire, la seule véritablement franche et complète qu'ait eue la France durant la guerre, parut ramener la fortune. L'armée de la Loire avait pris figure, elle avait reçu glorieusement le baptême du feu, et on crut de toutes parts qu'elle allait être le principal instrument de la revanche nationale.

Pouvait-on néanmoins, comme on l'a prétendu, se diriger incontinent sur Paris et rompre le cordon de l'assiégeant ? Non sûrement, puisque Moltke envoyait sur-le-champ des secours au général de Tann, et que trois jours après Coulmiers, le grand-duc de Mecklenbourg était à Toury avec les Bavarois, deux divisions d'infanterie et trois divisions de cavalerie. Non sûrement, puisque Frédéric-Charles arrivait de Lorraine à marches pressées avec les trois corps de Constantin d'Alvensleben, de Manstein et de Voigts-Rhetz. « L'avalanche descend de Metz », s'écriait Gambetta.

D'Aurelle installa donc son armée dans les boqueteaux de la forêt d'Orléans et sur une ligne de retranchements et de batteries qui s'étendait de la Chapelle à la Loire par les Ormes, Gidy, Boulay et Chevilly. Il tâcha de l'organiser complètement, il la renforça. La délégation mettait à sa disposition de nouvelles ressources, le 17ᵉ, le 18ᵉ et le 20ᵉ corps. Le 20ᵉ corps, commandé par le brave et habile Crouzat, n'était autre que la petite armée de l'Est rappelée des bords de la Saône ; il avait de la consistance et quelque vigueur morale. Mais le 17ᵉ et le 18ᵉ, conduits l'un par Sonis, et l'autre par Billot, s'étaient formés à la hâte et comme en marchant ; la plupart de leurs chefs étaient improvisés, les mobiles qui les composaient en grande partie, n'avaient que d'anciens fusils, et Sonis avouait qu'il se méfiait de l'outil qu'on lui donnait à manier, que ses généraux connaissaient bien peu leur affaire, que ses officiers et ses soldats ignoraient les manœuvres. D'Aurelle voulait concentrer tout ce monde devant Orléans pour le façonner et l'instruire. Il espérait soutenir le choc des Allemands dans les positions qu'il avait laborieusement préparées et munies de quatre-vingt-seize canons de marine à longue portée, et, après avoir repoussé l'ennemi, marcher sur Paris.

Impatiente, désireuse, comme elle disait, de faire quelque chose, apprenant par Favre que le 15 décembre était le terme extrême des approvisionnements de Paris, croyant que la place n'avait plus de vivres que pour trois semaines, la délégation rompit les desseins du général. Elle ne cessait de le gourmander, lui reprochait de se blottir à Orléans pour y passer l'hiver, le sommait de sortir de l'immobilité, de troubler par des pointes hardies la marche de Frédéric-Charles et de secourir Paris qui avait faim. Elle finit par dicter les opérations. Le 24 novembre, elle lançait la division de Martin des Pallières et les corps de Crouzat et de Billot sur Pithiviers, Martin des Pallières par Chilleurs-aux-Bois, Crouzat par Beaune-la-Rolande, Billot par Montargis. Le général Martin des Pallières se porta sur Chilleurs-aux-Bois et refoula près de Neuville une reconnaissance prussienne. Mais Crouzat rencontra deux brigades de Voigts-Rhetz qui lui barrèrent la route de Ladon et de Maizières. Le mouvement fut arrêté.

Le 28, il était exécuté de nouveau par Crouzat qui commandait en chef les 20ᵉ et 18ᵉ corps. A midi, Crouzat attaquait Voigts-Rhetz à Beaune-la-Rolande. Mais Billot qui devait l'appuyer, fut retardé par les avant-postes et par l'aile gauche de Voigts-Rhetz, et s'il enleva Maizières, Juranville, Lorcy, les Côtelles, il ne put arriver devant Beaune-la-Rolande qu'à l'entrée de la nuit. Crouzat avait le dessus; il prenait Saint-Loup, Nancray, Batilly; il rejetait une division de cavalerie; il enve-

loppait Beaune-la-Rolande et cernait presque complètement les défenseurs de la ville. A deux heures, Voigts-
Rhetz n'avait plus de réserve sous la main, et toutes ses
troupes donnaient, jusqu'au dernier homme, sur une
seule et frêle ligne de bataille. Il restait pourtant inébranlable et attendait ses renforts avec confiance. Ils
vinrent dans la soirée; c'étaient deux divisions de cavalerie d'Alvensleben qui menacèrent à leur tour d'envelopper Crouzat sur ses flancs et ses derrières. A cet
instant même Crouzat échouait dans un suprême assaut
qu'il tentait à la tête de quelques compagnies contre les
barricades de Beaune-la-Rolande. Il se retira. Les Français laissaient aux Allemands 2 000 prisonniers et avaient
plus de 3 000 hommes tués ou blessés.

Crouzat demandait plusieurs jours de repos pour
refaire ses bataillons qui se trouvaient dans la situation
la plus déplorable; il représentait que le régiment de
la Haute-Loire n'avait d'autres vêtements que des blou-
ses et des pantalons de toile. Freycinet lui répondit qu'il
ne s'agissait pas de repos, qu'il fallait marcher, et marcher vite, relever le moral d'un corps à l'attitude incertaine. Mais l'armée de la Loire était désormais compromise; au lieu d'attaquer en masse, elle n'avait engagé
que sa droite que les Allemands ruinaient du premier
coup, et quatre jours plus tard, sa gauche était battue
pour les mêmes raisons.

Le gouvernement avait appris que Ducrot dirigeait de
Paris une grande sortie sur Fontainebleau. Freycinet
déclara dans un Conseil de guerre qu'on devait aller
immédiatement à la rencontre de Ducrot qui s'avançait
« à travers un océan d'ennemis », et porter toutes les

forces françaises sur Pithiviers, nœud des routes du pays. Les généraux d'Aurelle, Borel, Chanzy proposèrent de ne commencer l'opération qu'après avoir concentré l'armée en arrière de la forêt d'Orléans. C'était perdre deux jours. Freycinet répliqua que le ministre ordonnait de pousser aussitôt sur Pithiviers pour soulager Ducrot qui serait entre deux feux, et une proclamation du 1er décembre annonça que les Parisiens s'approchaient de Longjumeau et occupaient Epinay : on confondait Epinay-sur-Seine avec Epinay-sur-Orge !

L'entreprise ne pouvait réussir. L'armée se disséminait sur une étendue de vingt lieues. Tous les corps étaient isolés, incapables de se prêter un mutuel appui : Chanzy, à Saint-Péravy ; Sonis — que le gouvernement avait inutilement envoyé sur Châteaudun — dans la forêt de Marchenoir ; d'Aurelle et des Pallières, en avant d'Orléans ; Crouzat et Billot, à Bellegarde du côté de Gien.

Il était convenu que Chanzy, comme le plus éloigné, se dirigerait le 1er décembre sur Toury avec son 16e corps et que Sonis lui servirait de réserve avec le 17e ; Martin des Pallières qui commandait le 15e corps, Billot, Crouzat se jetteraient le lendemain sur Pithiviers. Dans la matinée du 1er décembre, Chanzy s'ébranlait. Il assaillit les Bavarois et après une lutte qui dura jusqu'à complète obscurité, leur enleva plusieurs villages, notamment Villepion. Ce succès, presque comparable à celui de Coulmiers, excita la confiance et l'enthousiasme ; on crut un instant à la délivrance prochaine ; tout le pays était dans la joie. Mais le 2 décembre le grand-duc de Mecklenbourg se présentait avec toutes ses forces, les Bavarois, deux divisions d'infanterie et deux divisions de cavalerie. Le 16ᵉ corps et une partie du 15ᵉ reculèrent. Deux divisions du 15ᵉ, celle de Martineau et celle de Peytavin, qui longeaient la route de Paris, furent repoussées devant Poupry et au moulin de Morâle. Les lieutenants de Chanzy, Morandy, Barry, Jauréguiberry, échouèrent dans leurs attaques contre Lumeau, le château de Goury et la ferme de Beauvilliers. La brigade Bourdillon céda Loigny et les gravières qui l'entourent. Chanzy, dont toutes les troupes étaient en ligne, appela Sonis à son aide, bien que Sonis eût dit le matin que ses bataillons seraient trop fatigués pour combattre. Sonis vint avec sa réserve d'artillerie, une brigade, les mobiles des Côtes-du-Nord et les zouaves pontificaux. Il plaça ses batteries à Villepion et envoya le 51ᵉ régiment de marche sur Loigny. Ce régiment s'enfuit. Sonis, hors de lui, oubliant son devoir de général, ne songeant pas que son 17ᵉ corps attendait ses ordres, ne pensant plus qu'à mourir en chrétien sous le drapeau des soldats du pape, courut au colonel Charette : « Il y a des lâches là-bas, suivez-moi. » Les zouaves pontificaux reçurent à genoux la bénédiction de leur aumônier et suivirent Sonis en criant : « Vive la France ! Vive Pie IX ! » Ils enlevèrent la ferme de Villours ; mais ils ne purent sous une grêle effroyable d'obus atteindre Loigny ; Sonis eut la cuisse brisée par une balle qu'un Prussien lui tira presque à bout portant ; Bouillé, son chef d'état-major, et Charette furent frappés ; sur 300 zouaves, 60 échappèrent. Seul, le 37ᵉ de marche, abandonné, tenait encore dans le cimetière de Loigny et, abrité par les tombes, résistait aux ennemis qui l'enveloppaient de toutes parts ; il ne se rendit qu'après avoir brûlé ses dernières cartouches. La nuit s'épaississait. Le champ de bataille était éclairé par les flammes qui dévoraient Loigny. On n'entendait plus que le roulement des pièces de canon sur le sol durci par la gelée et les cris navrants des blessés déposés au travers des caissons.

Après cette défaite de Loigny-Poupry, la retraite de l'armée de la Loire était inévitable. A son aile droite, Billot et Crouzat, d'ailleurs rudement éprouvés, mis en échec par quatre bataillons et une division de cavalerie, n'osaient pousser sur Pithiviers. A son aile gauche, Chanzy et les lieutenants de Sonis pliaient devant le grand-duc de Mecklenbourg; deux divisions de Chanzy s'étaient débandées, et celle de Morandy ne s'arrêtait qu'à Huêtre, derrière les ouvrages de la forêt d'Orléans ; le général, craignant d'être écrasé, demandait instam- ment des renforts; les chefs du 17° corps assuraient que leurs troupes harassées ne pouvaient faire un mouve- ment. Restait le centre avec les trois divisions de Martin des Pallières, de Martineau et de Peytavin. Le prince rouge et ses trois corps, Alvensleben, Manstein, Voigts- Rhetz, se jetèrent sur lui et l'accablèrent. Le 3 décembre, sur un terrain couvert de neige, les Allemands chassaient Martin des Pallières de Chilleurs-aux-Bois et Martineau de Chevilly. La retraite se fit dans le plus grand désor- dre. Durant la nuit, des Français affamés et grelottants venaient aux avant-postes prussiens annoncer que leur armée refusait de se battre. Chaque régiment agissait pour son compte. Des compagnies entières quittaient leur bataillon et gagnaient Orléans en toute hâte. D'Aurelle ne voyait sur la route que des fuyards pris de panique et sourds à la voix de leurs officiers.

Le 4, après des combats acharnés de son arrière-garde à Saint-Loup, à Cercottes, à Gidy, à la gare, le 15ᵉ corps évacuait Orléans. La résistance était impossible. Les soldats se répandaient partout dans les maisons et les cabarets ou se couchaient ivres sur les places et le long des rues. Les officiers remplissaient les cafés et les hôtels.

Le 5, à une heure du matin, à la suite d'une suspension d'armes que Martin des Pallières avait conclue pour éviter à la ville les horreurs d'un assaut et donner aux hommes et au matériel le temps de s'écouler, le général de Tann rentrait à Orléans et descendait dans la maison qu'il avait quittée la veille de Coulmiers, quatre semaines auparavant, en disant au revoir à ses hôtes. La délégation rejeta sur d'Aurelle la responsabilité du désastre. Le 2 décembre, au soir, elle lui rendait le commandement. « J'avais dirigé, écrivait Freycinet, jusqu'à hier les 18ᵉ et 20ᵉ corps, et par moments le 17ᵉ, je vous laisse ce soin désormais. » Et le lendemain, le surlendemain, lorsque les troupes fondaient sous la main de leurs chefs, lorsque les officiers assuraient que leurs soldats n'en pouvaient et n'en voulaient plus, lorsque les Prussiens, pénétrant à Orléans, voyaient des Français qui se chauffaient à des feux de bivouac, s'offrir d'eux-mêmes comme prisonniers et livrer de bon gré leurs armes et leurs munitions, les gouvernants de Tours ordonnaient à d'Aurelle de faire un grand mouvement concentrique et de « généraliser » la lutte ; ils lui reprochaient de s'être laissé vaincre en détail ; ils s'étonnaient de sa retraite et prétendaient qu'il avait encore 200 000 hommes en état de combattre ; ils annonçaient

à la France qu'ils n'avaient pas reçu de nouvelles de
d'Aurelle !

L'armée ou, comme on l'appela depuis, la première
armée de la Loire n'existait plus. Le 15ᵉ corps passait
dans le plus affreux désarroi sur l'autre bord du fleuve,
sans faire sauter le pont de pierre parce qu'il manquait
de poudre, et 6000 fuyards se sauvaient jusqu'à Vierzon. Le 20ᵉ corps de Crouzat refoulé à Chécy, après un
court combat, et le 18ᵉ corps de Billot gagnaient pareillement la rive gauche, celui-là par le pont de Jargeau
et celui-ci par le pont suspendu de Sully. Seul, Chanzy
demeurait sur la rive droite avec le 16ᵉ et le 17ᵉ corps.

La délégation menacée quitta Tours le 8 décembre
pour se retirer à Bordeaux. Mais elle ne désespérait
pas. Elle forma deux armées avec les forces éparses qui
lui restaient sur les deux bords de la Loire, et donna
l'une à Bourbaki et l'autre à Chanzy. Une campagne
nouvelle s'engagea. Pendant que Bourbaki tâchait de
réorganiser l'armée qui devint l'armée de l'Est, Chanzy
opposait aux Allemands cette résistance imprévue qui
l'a immortalisé, reculant sur Josnes, sur Vendôme, sur
le Mans, et opérant cette série de belles retraites et de
marches savantes où les corps de son armée — la seconde armée de la Loire, — refusant tout combat par-
tiel, étaient constamment prêts à lutter et assez rappro-
chés les uns des autres pour s'entre-secourir.

Jeune encore, quoique chauve, Chanzy avait la taille
élancée, le front large, le regard vif, le nez aquilin, la
moustache effilée, la bouche fine et volontiers souriante,
la physionomie à la fois aimable, calme et énergique.
Mousse, puis élève de l'École de Saint-Cyr, chef de bu-

reau arabe, chef de bataillon pendant la guerre d'Italie, chargé dans la campagne de Syrie de diriger les affaires diplomatiques, général de brigade depuis la fin de 1868, il avait pris part, au mois d'avril 1870, sous les ordres de Wimpffen, à la brillante expédition de l'Oued-Guir. Mac-Mahon qui lui reconnaissait une remarquable intelligence et une extraordinaire rectitude de jugement, le recommandait à Gambetta comme un des officiers les plus capables de l'armée. D'Aurelle louait, après Coulmiers, son coup d'œil et sa résolution. La délégation le nommait général de division et grand-officier de la Légion d'honneur, et bien qu'il ne voulût pas admettre dans son état-major Lissagaray qui cachait sous l'habit de chef d'escadron les pouvoirs d'un commissaire civil, Freycinet et Gambetta lui témoignaient la plus entière confiance, le félicitaient à l'envi de son attitude énergique et ferme. Ce qui fait en effet la grandeur de Chanzy, c'est le caractère. Il eut jusqu'au bout l'espoir de vaincre ; il semblait ignorer le revers de la veille et ne croyait pas au désastre du lendemain : il maniait son armée de conscrits comme si elle n'eût été composée que de vétérans, la menait sans cesse au combat et tenait bon dans son idée de la conduire à Paris : débloquer Paris, telle était son unique pensée, la pensée à laquelle, suivant son expression, il s'attachait et se cramponnait. Sauver Paris, disait-il un jour, est le suprême bonheur.

Il n'avait pu, après Loigny, gagner Orléans : il se dirigea sur Meung en se battant à Patay, à Bricy, à Boulay. Deux de ses divisions, Barry et Morandy, étaient refoulées sur Mer et sur Blois. Mais il ne perdit pas courage. Josnes fut son quartier-général, et ce qu'il avait de troupes s'étendit entre Lorges et Beaugency, la gauche à la forêt de Marchenoir et la droite à la Loire. Son armée, forte de 60 000 hommes, comprenait, outre la division Camô, trois corps, le 16ᵉ, le 17ᵉ et le 21ᵉ. Le 16ᵉ était conduit par Jauréguiberry qui montait un petit cheval et qui, dans la bataille, naviguait sur sa bête, selon le mot des soldats, comme devant la tempête; le général de Colomb allait commander le 17ᵉ corps; le 21ᵉ venait d'être organisé au Mans et avait à sa tête le capitaine de vaisseau Jaurès.

Dès le 7 décembre, le grand-duc de Mecklenbourg qui marchait sur Blois et sur Tours, attaquait Chanzy avec 27 000 hommes. Mais le pays couvert de vignes favorisait la défense; la lutte fut indécise, et l'armée de Chanzy conserva ses positions; on ne pourra jamais parler d'elle, disaient les officiers allemands, qu'avec respect.

Le 8, Tann et le grand-duc, jugeant qu'il fallait prendre une offensive vigoureuse, livraient la bataille de Beaugency. Un uhlan, témoin de l'action, rapporte qu'elle fut la plus terrible de la campagne, et que la canonnade, plus formidable qu'à Sedan, serrait le cœur et faisait dresser les cheveux. Les Bavarois se trouvaient au centre, à Grand Châtre et à Beaumont; ils souffrirent infiniment du feu d'enfer des batteries françaises et des chassepots; par deux fois ils lâchèrent pied. Tann n'avait plus d'autre réserve que deux compagnies. Son artillerie manquait de munitions, et les Français pénétraient dans Le Mée, coupaient les Bavarois du reste de l'armée. Mais la nuit vint, et à l'extrême droite, Beaugency et le village de Messas tombaient aux mains des Prussiens, malgré la vive résistance de la colonne Camô.

L'intrépide et tenace Chanzy ne fit pourtant pas sa
retraite. Il établit sa droite sur les hauteurs de Tavers,
et le 9 décembre il recommençait le combat et s'efforçait
de culbuter son adversaire dans la Loire. Il fut repoussé,
céda quelques villages, Villorceau, Villejouan, Origny ;
mais il rejeta les masses allemandes qui franchissaient le
ravin de Tavers.

Le 10 décembre, retentissaient de nouveau, à l'éton-
nement des Bavarois qui comptaient sur un jour de repos,
la canonnade et la mousqueterie. Les Français s'emparaient d'Origny et de Villejouan ; ils tentaient d'envelopper
l'aile droite des ennemis et d'emporter Villermain ; s'ils
abandonnaient le bourg de Villejouan, ils le disputaient
obstinément maison par maison et ferme par ferme.

Mais ces quatre jours, les plus glorieux peut-être de
la défense nationale, avaient épuisé les troupes, et Chanzy
craignait d'être débordé. Manstein passait la Loire à
Blois et se préparait à prendre l'armée française à revers ;
une seule compagnie hessoise qui couvrait la gauche du
IXe corps, chassait du parc et du château de Chambord
une des brigades de Morandy et lui capturait cinq canons et plus de deux cents hommes.

Chanzy recula le 11 décembre sur Vendôme et le 13,
par la pluie et le dégel, il atteignait la ligne du Loir. Ses
soldats n'avaient plus que des haillons et ne vivaient que
de biscuit. Beaucoup avaient perdu leurs souliers dans
la boue. Et que de mobiles s'étaient échappés pour
courir le pays et exploiter la pitié des habitants par le
récit de leurs aventures ! Combien, pour se dire désarmés et ne plus se battre, jetaient leur fusil au fond des
étangs ou en brisaient l'aiguille qu'ils refoulaient violem-

ment avec la baguette ! Que de traînards s'attardaient dans les métairies et sur les routes afin d'être saisis par les uhlans ! Le 12 décembre, la division Wittich faisait à elle seule 2 200 prisonniers ; presque tous s'estimaient heureux de ne pas continuer la campagne et s'étaient livrés par bandes au premier ennemi qu'ils avaient rencontré. Une fois, à midi, des Allemands entrèrent dans une maison ; des Français attablés les accueillirent en camarades et les invitèrent à s'asseoir et à manger avec eux ; « nous ne voulons pas nous sauver, ajoutaient-ils, nous vous attendions pour nous rendre. »

Frédéric-Charles suivit Chanzy sur Vendôme. L'armée française avait une assez bonne position ; à gauche, Jaurès échelonnait ses bataillons de Pezou à Saint-Hilaire par Fréteval ; au centre, Jauréguiberry occupait les hauteurs de Bel-Essort et de Sainte-Anne qui forment un demi-cercle en avant de Vendôme ; à droite, les débris des divisions Barry et Morandy, revenus de Blois, s'étaient établis à Saint-Amand et à Montoire. Mais les troupes qui campaient dans la neige, étaient harassées et incapables d'une longue résistance. Le 14 décembre, une division allemande se logeait à Fréteval et à Morée. Le lendemain, bien que Jaurès eût détruit le pont de Fréteval et que Jauréguiberry se fût maintenu sur le plateau de Sainte-Anne, l'avant-garde d'Alvensleben s'emparait de Bel-Essort ; elle dominait Vendôme, contrebattait les pièces de la rive droite du Loir et prenait en écharpe les batteries élevées sur la rive gauche au faubourg du Temple.

Chanzy passa le Loir après avoir détruit les ponts et se dirigea vers le Mans. Son armée n'était plus qu'un

grand troupeau. Une foule d'hommes quittaient les rangs
et enfilaient les sentiers qui sillonnent la région pour
doubler l'étape et arriver au Mans où ils croyaient trouver
le repos et la fin de leurs souffrances. L'escorte d'un
convoi mettait ses fusils dans les fourgons. Des officiers,
se disant malades, abandonnaient leur compagnie et
se faisaient mener en voiture. Des bataillons entiers
poussaient de leur plein gré sur le Mans, sans se soucier
des ordres du général. Lorsque Gougeard installait à
Montaillé sa division de Bretagne, les marins demeuraient seuls à leur poste; le reste allait coucher à
Saint-Calais, et le lendemain matin, au départ de la division, des soldats, des officiers avaient déserté.

Mais les Allemands n'étaient pas moins las de cette
guerre nouvelle, de ces canonnades et de ces fusillades
à longue distance, de ces marches et de ces poursuites
continuelles, de ces chemins fangeux qu'ils jonchaient
de branchages pour que la roue des pièces n'y enfonçât
pas au-dessus du moyeu. Ils étaient sur les dents, et
avouaient que leurs épreuves devenaient presque into-
lérables, qu'ils devaient tripler les avant-postes et couvrir une étendue considérable de terrain, qu'ils n'avaient
plus assez de munitions pour une grande entreprise.

Chanzy fut donc à peine inquiété. D'ailleurs Frédéric-
Charles craignait une diversion de Bourbaki. Découragée,
délabrée, dénuée de tout, l'armée de Bourbaki dont
Chanzy sollicitait le secours, n'avait pu s'ébranler que
tardivement. Son général assurait qu'elle était éreintée
et dans un incroyable état de misère et de marasme; il
avait dû la mener de Gien à Bourges par le froid, la
neige et le verglas; il avait vu les cavaliers soutenir

leurs montures, les canonniers pousser les pièces et les
caissons, les hommes tomber et périr de fatigue. Aussi,
lorsque le gouvernement lui enjoignit de marcher sur
Blois à l'aide de Chanzy, il répondit qu'il perdrait ses
troupes, et Gambetta qui venait se rendre compte de la
situation, déclara qu'elles étaient en véritable dissolution,
qu'il n'avait rien vu de plus triste. Pourtant, Bourbaki
fit une démonstration en avant; il chassa de Vierzon une
brigade de cavalerie et de Gien un détachement bavarois.
Frédéric-Charles s'imagina que Bourbaki voulait se
porter sur Montargis, — et tel était en effet l'ordre de la
délégation ; il se hâta vers Orléans avec le IX⁰ corps de
Manstein qui parcourut vingt lieues en vingt-quatre
heures par un temps affreux, tandis que le III⁰ corps
d'Alvensleben s'étendait du côté de Beaugency.

Le 19 décembre, Chanzy arrivait au Mans sans
encombre. Il ne renonçait pas au dessein de délivrer
Paris et il projetait déjà de diriger sur Chartres un si-
mulacre d'attaque, puis de se rabattre vers Mantes et de
menacer Versailles. Le 22, le capitaine d'état-major de
Boisdeffre, sorti de Paris en ballon, lui apportait des
nouvelles de Trochu : Paris ne tiendrait que jusqu'au
20 janvier et ne pouvait être débloqué que par la province. Chanzy soumit aussitôt à la délégation un plan
de campagne : plus d'opérations décousues, mais des
mouvements combinés, une action commune des trois
armées; que l'armée de la Loire s'avance entre Évreux
et Chartres ; celle de l'Est entre Nogent-sur-Seine et
Château-Thierry; celle du Nord, entre Compiègne et
Beauvais; qu'une seule de ces tentatives réussisse ; que
la ligne d'investissement soit rompue sur un seul point,

et Paris est sauvé. Mais Gambetta répondit que Bourbaki avait d'abord à secourir Belfort. Le général objecta que l'expédition de Bourbaki coûterait du temps, que Paris était l'unique objectif, et qu'il fallait faire avant tout et très promptement l'effort suprême que demandait Trochu. On lui répliqua qu'il était trop tard, que les succès de Bourbaki démoraliseraient l'armée allemande et que l'échéance fixée par Trochu ne devait pas être prise à la lettre.

L'armée de la Loire n'avait plus d'autre tâche que de recevoir le choc des ennemis sur ses positions du Mans. Mais Chanzy n'était pas homme à s'enfermer dans son camp ; pour exercer ses troupes autant que pour nettoyer le pays et tâter l'adversaire dans toutes les directions sur l'Huisne et sur le Loir, il forma deux colonnes mobiles : l'une, menée par Rousseau, se porta sur Nogent-le-Rotrou ; l'autre, commandée par Jouffroy, sur Vendôme. La lutte fut opiniâtre. A travers le brouillard, au milieu de la neige qui couvrait le sol ou tombait à gros flocons, parmi les vignes et les vergers, les taillis et les haies, les jardins enclos de murailles et les chemins creux, en une contrée qui leur rappelait le Schleswig, les Allemands n'avançaient que lentement et avec difficulté, sans même voir les Français qui refusaient tout engagement à l'arme blanche et faisaient une véritable guerre de partisans, s'embusquant dans les buissons et les fourrés, se cachant derrière le moindre obstacle, ne reculant que pour se mettre à l'abri et tirer encore, ne trahissant leur présence que par la fumée de leur fusil. Mais Rousseau qui s'était risqué jusqu'à la Loupe, dut, après une vive résistance, abandonner la Fourche,

Nogent-le-Rotrou, la Ferté-Bernard. Le général de Jouffroy qui conduisait les opérations contre Vendôme, ne sut pas combiner ses mouvements avec ceux de ses lieutenants, et vainement Jauréguiberry accourut pour rétablir l'unité d'action. Il fallut, après les combats d'Azay, de Saint-Amand, d'Épuisay, de Vancé, se replier vers le Mans, par un fort vent d'ouest, laisser des voitures dans les fossés, pousser les chevaux à force de coups sur un miroir de glace, et la colonne du général de Curten, coupée, se rejeta sur la Flèche.

C'étaient Frédéric-Charles et le grand-duc de Mecklenbourg qui marchaient de nouveau contre Chanzy pour en finir avec lui, l'un par les routes de Saint-Calais, de Vendôme et de Tours, l'autre par Nogent-le-Rotrou et la vallée de l'Huisne ; ils avaient 58000 fantassins, 15000 cavaliers et plus de trois cents canons. Au bout de quatre jours d'efforts, refoulant les colonnes françaises et ne discontinuant pas d'approcher et de rétrécir un demi-cercle autour de Chanzy, ils arrivaient près du Mans. Le 9 janvier, à la droite des Allemands, le grand-duc de Mecklenbourg délogeait le général Rousseau des villages de Connerré et de Thorigné ; au centre, Alvensleben s'emparait d'Ardenay, et derrière lui s'avançait Manstein ; à la gauche, Voigts-Rhetz, retardé par les chemins, obligé de faire descendre de cheval la cavalerie et l'artillerie, contraint lui-même de se mettre sur un avant-train pendant qu'autour de lui son état-major allait à pied, Voigts-Rhetz livrait les deux combats de Chahaignes et de Brives et demeurait assez loin en arrière, mais pour décider de la victoire le surlendemain.

Quoique malade de la fièvre, Chanzy résolut de

ramener ses divisions par un élan hardi sur les positions
qu'elles avaient cédées. On ne devait pas, disait-il, songer
à la retraite, ni alléguer le mauvais temps qui était le
même pour les Prussiens que pour les Français ; l'offensive devenait le seul moyen d'arrêter l'ennemi ; et il
ordonnait à ses généraux de se battre avant de reculer,
d'attaquer vigoureusement avec l'espoir de réussir, de
ne voir dans les lignes du Mans qu'un dernier refuge.

L'armée de la Loire, si fatiguée qu'elle fût, dut donc
ramasser ce qui lui restait d'énergie pour lutter encore
le 10 janvier, du matin jusqu'à la nuit, dans les villages
de Parigné-l'Evêque, de Changé et de Champagné. Elle
tint sur plusieurs points avec acharnement. La brigade
Ribell disputa Changé de rue en rue. Au Gué-la-Hart où
les Prussiens enlevèrent les maisons l'une après l'autre,
un officier français, enflammé de rage, perça de son
épée un de ses hommes qui demandait quartier et voulait
sauter par la fenêtre. Mais au soir, après s'être bien
comportées pendant la journée, les troupes étaient en
déroute. Des mobiles refusaient de marcher. Les Allemands faisaient plus de 5 000 prisonniers.

Il fallait cette fois accepter la bataille dans les lignes
du Mans. Chanzy ordonna de résister à outrance et
déclara qu'il réprimerait les défaillances avec la dernière
rigueur, qu'il casserait tout officier dont il serait
mécontent, qu'il maintiendrait les fuyards sur la première ligne des tirailleurs, et les passerait par les armes
s'ils s'échappaient de nouveau ; il annonça qu'en cas de
débandade il couperait les ponts pour forcer le soldat à se
défendre. Le 11 janvier, au matin, suivi de son état-major
et de son escorte de spahis aux longs burnous rouges,

il parcourait les emplacements de ses troupes. Les
avant-postes se jetaient gaiement des boules de neige.
Mais bientôt la fusillade éclatait, vive et meurtrière.

A gauche, entre la Sarthe et l'Huisne, Jaurès qui s'opposait au grand-duc de Mecklenbourg, occupait le vaste
plateau de Sargé qui domine au nord la ville du Mans.
Au centre, entre l'Huisne et la route de Saint-Calais,
Colomb et Gougeard tenaient le village de Champagné
repris durant la nuit, le massif d'Auvours couvert de
bois et de retranchements, les hauteurs d'Yvré-l'Évêque.
A droite, en avant du faubourg de Pontlieue, au Vert-
Galant, aux Mortes-Aures, au Chemin-aux-Bœufs, à la
Tuilerie, était Jauréguiberry, revenu dans la soirée avec
la colonne mobile de Jouffroy.

Jaurès se battit vaillamment toute la journée. Il garda
Pont-de-Gesnes, et s'il abandonna sa première ligne
trop étendue pour se replier sur la seconde, s'il perdit
plus de 3000 hommes atteints par le feu ou débandés,
le grand-duc de Mecklenbourg ne poussa que jusqu'aux
abords de Lombron et ne put faire sa jonction avec
Frédéric-Charles.

Au centre, tout le corps d'Alvensleben s'engageait et,
malgré de violents efforts, gagnait peu de terrain. S'il
s'emparait de Champagné après une lutte obstinée, s'il
enlevait le château des Arches, le château des Noyers,
le bois touffu qui s'étend devant Changé, la Landrière,
le Tertre, il n'avançait que péniblement, et Gougeard
défendait avec vigueur les ponts et les hauteurs d'Yvré-
l'Evêque. Sans doute, Manstein emportait dans l'après-
midi le plateau d'Auvours, Villiers, le Haut-Taillis, la
Lune d'Auvours, la Gachetière, le Chêne, les Filles-

Dieu, le bois de Polucan, et culbutait la division Pâris saisie de panique. Mais Chanzy ordonnait de reprendre à tout prix le plateau : maîtres de cette position, les Allemands coupaient l'armée française en deux tronçons et descendaient sans obstacle sur le Mans. Gougeard devait conduire l'opération. Il braque deux canons sur les fuyards et menace de tirer à mitraille ; il arrête la débandade, rallie quelques troupes, assemble un bataillon d'infanterie, les mobilisés de Rennes et de Nantes, les zouaves pontificaux, et lance 2000 hommes contre le plateau. Lui-même se met à la tête de cette colonne d'attaque, fait sonner la charge, et se tournant vers les zouaves qui se souviennent de Loigny, leur crie ces mots de leur devise : « en avant, pour Dieu et la patrie ! » Le feu des Allemands était terrible, Gougeard eut son cheval tué sous lui, et un combat corps à corps suivit la fusillade. Mais la partie la plus élevée du plateau fut reconquise par le seul emploi de la baïonnette. Si les Allemands gardaient pied sur les hauteurs en avant de Villiers, les Français occupaient derechef les fermes de la crête.

Malheureusement, à l'aile gauche, une extraordinaire aventure compromettait le demi-succès de la journée. Jauréguiberry avait tenu jusqu'à six heures du soir aux environs de Pontlieue. Mais à l'instant où tombe la nuit, l'avant-garde de Voigts-Rhetz débouche, après une marche longue et malaisée, par la route de Tours, et sous le feu roulant des Français, enlève résolument le Point-du-Jour et les Mortes-Aures. Au milieu de l'obscurité, une compagnie prussienne, commandée par le lieutenant de Casimir, s'avance à gauche au pied de la

Tuilerie et peu à peu arrive près des mobilisés d'Ille-et-Vilaine qui croyaient la bataille terminée et préparaient la soupe. « Bas les armes », crie le lieutenant. Frappés d'une folle terreur à la vue de l'ennemi qui surgit devant eux à l'improviste, les mobilisés se sauvent vers le Mans. Ces malheureux sortaient à peine du cloaque de Conlie, et n'avaient dans les mains que de mauvais fusils à percussion. Chanzy les avait mis à la Tuilerie parce qu'ils n'avaient en cet endroit qu'à demeurer cois et tranquilles.

Trois bataillons prussiens occupèrent aussitôt la Tuilerie. Chanzy enjoignit de la reprendre. Mais la fuite des mobilisés avait donné le signal de cette débandade qu'il redoutait. Les hommes que ramenaient les généraux Le Bouëdec et Roquebrune, accablés de fatigue, épouvantés par l'idée d'une attaque en pleines ténèbres, refusaient de marcher et se couchaient sur la neige. On attendit le jour; mais au jour la plupart des bataillons avaient décampé, et ceux qui restaient, n'auraient pas tenu au premier coup de feu. Le centre cédait comme la droite. Dans la matinée, à l'aspect des bataillons prussiens et de leurs batteries qui s'ébranlaient de nouveau, la division Pâris, dépourvue de chefs et déjà presque dissoute, évacuait les pentes du plateau d'Auvours. C'était la débâcle fatale, inévitable. L'heure devait venir où l'armée de Chanzy succomberait. Ce ne fut pas, à vrai dire, l'incident de la Tuilerie qui causa sa défaite; si elle n'eût pas plié sur ce point de la bataille, elle eût plié sur un autre. Pas un de ses généraux qui ne reconnût la veille qu'elle était désorganisée, extrêmement affaiblie, incapable de fournir une durable résistance. Quelques-uns avaient supplié Chanzy de ne plus lutter. Un capitaine d'artillerie, envoyé au Mans, n'écrivait-il pas au ministère qu'il était inutile d'expédier des cartouches, que la troupe les jetait une fois reçues dans l'escalier de la caserne, qu'il suffisait de les ramasser et de les distribuer successivement à tous les soldats?

Chanzy commanda la retraite. On se battit encore le 12 janvier contre Alvensleben notamment aux passages de l'Huisne, dans les haies et les vignes qui s'étagent sur la rive droite, et contre Voigts-Rhetz au Grand Auneau, aux Fermes, aux Epinettes, puis dans les rues du Mans, sur la place des Jacobins, sur la place des Halles où les Allemands durent appeler une pièce d'artillerie légère pour réduire une poignée d'hommes qui défendait un café. A deux heures et demie, Chanzy quittait la ville, et le cœur serré de tristesse, des larmes de rage dans les yeux, surveillait, du mamelon de la Chapelle Saint-Aubin, le défilé lent et confus de ses colonnes. Jaurès se chargeait de disputer âprement le terrain à la Croix et à Saint-Corneille, et de couvrir les mouvements de Colomb et de Jauréguiberry qui se retiraient dans un horrible désordre. Lorsque le dernier train partit de la gare du Mans, les fuyards s'emparèrent des wagons où gisaient les blessés et jetèrent ces malheureux sur le pavé!

Cinq jours plus tard, l'armée de la Loire était à Laval. L'indomptable Chanzy voulait d'abord se diriger sur Alençon pour gagner de là Carentan et rester à portée de Paris. Mais, avec raison, Gambetta lui prescrivit de s'établir derrière la Mayenne.

Tel fut le sort de l'armée de la Loire. Elle avait épuisé ses adversaires. Des régiments prussiens ne possédaient plus que 15 ou 20 officiers sur 63; des compagnies étaient commandées par un sergent-major, et des volontaires d'un an faisaient le service d'officier. L'uniforme des soldats tombait en loques. Beaucoup avaient mis les pantalons bleus des moblots dont ils arrachaient la bande rouge, ou des pantalons de toile qu'ils prenaient aux paysans. D'autres marchaient en sabots ou n'avaient pour chaussure que des jambières de linge.

Mais, malgré sa longue et glorieuse résistance, l'armée de Chanzy, diminuée de moitié et profondément découragée, ne pouvait plus rien. Si elle retrouvait assez de vigueur pour refouler à Sillé-le-Guillaume une colonne d'Allemands qui la poursuivait, le général de Schmidt lui enlevait le 14 et le 15 janvier à Chassillé et à Saint-Jean-sur-Erve des bagages considérables et un millier de prisonniers. Des hommes se couchaient au bord du chemin, la tête sur leurs sacs, et n'allaient pas plus loin. Quelques-uns s'échappaient sous une blouse de fermier. Jauréguiberry avouait que la cohue des fugitifs était inimaginable, et Chanzy convenait que ses troupes étaient à bout de forces. Avec l'armée de la Loire s'évanouissait la grande et suprême ressource de la défense nationale. Si elle est défaite, disait justement le correspondant d'un journal anglais, tout espoir sera perdu pour la France.

CHAPITRE VII

Belfort.

Dès la seconde quinzaine de septembre, sous l'impulsion du nouveau gouvernement, des bataillons de mobiles et des corps de partisans s'étaient rassemblés dans les départements de l'Est, sur les confins de l'Alsace et dans les Vosges. Le député alsacien Keller levait la compagnie des francs-tireurs du Haut-Rhin. Des officiers réunissaient la jeunesse des territoires envahis: c'étaient le capitaine du génie Varaigne, le capitaine du génie Bourras qui formait avec des Alsaciens et des Lorrains le bataillon franc des Vosges, le capitaine d'artillerie Perrin énergique et rude que ses soldats appelaient le père la Trique, le lieutenant Pistor. Un blessé de Sedan, le général Cambriels, nommé commandant supérieur de la région de l'Est, tâchait d'organiser la résistance ; il confiait à Perrin la défense des Vosges ; il obtenait de la délégation une brigade de 8000 hommes, conduite par le général Dupré. Mais que pouvaient, même dans un pays de chicane, ces bandes inexpérimentées ? Perrin, marchant sur Baccarat, se voyait soudain délaissé par sa colonne et ne gardait avec lui qu'une seule compagnie.

Werder qui menait dans les Vosges la division badoise et deux brigades prussiennes, l'une d'infanterie, l'autre de cavalerie, eut donc la besogne aisée. Le 6 octobre, son lieutenant Degenfeld, débouchant par Raon-l'Etape et Etival, attaquait le général Dupré à la Bourgonce. Malgré la bravoure des officiers, de Pistor, de Varaigne, de Dupré qui tous trois furent blessés en s'efforçant d'entraîner leur monde, les mobiles prirent la fuite dans le plus grand désordre. Il avait fallu pour les maintenir sous le feu que Dupré courût, le pistolet au poing, de la droite à la gauche et de la gauche à la droite durant quatre heures. 60 Prussiens arrêtèrent plus de 500 tirailleurs des Vosges. Vainement le colonel Dyonnet criait à ses hommes de se lever et de charger à la baïonnette ; ils restaient couchés à cent cinquante pas de l'ennemi. Cambriels rallia les fuyards derrière la Vologne ; mais ils étaient épuisés par la fatigue et par les pluies ; ils se plaignaient d'avoir des cartouches

mouillées ; ils manquaient de tout. Craignant d'être
tourné ou cerné dans la montagne, Cambriels abandonna
les Vosges et, pour conserver ses coudées franches,
recula sur Besançon.

Sa retraite parut inexplicable et fut qualifiée de
trahison : on le déclarait fou ; on proposait de le renvoyer,
de le juger. Gambetta arriva. Il rendit justice à Cambriels
et prescrivit l'offensive : Perrin devait opérer avec une
colonne mobile de 5 000 hommes dans les Vosges autour
du massif du Thillot ; pendant ce temps, Cambriels
constituerait à Besançon une armée véritable et solide.
Mais déjà Werder avait pris Épinal, Lure, Luxeuil, et
s'avançait vers l'Ognon. Cambriels et Perrin le refoulèrent à Châtillon-le-Duc et à Auxon-Dessous. Le général
prussien qui pensait se saisir de Besançon par un coup
de main, se contenta de masquer la place et, suivant
l'ordre de Moltke, marcha sur Dijon.

Deux nouvelles armées se formaient alors dans la
contrée : l'une, celles des Vosges, à Dôle ; l'autre, celle
de la Côte-d'Or, à Dijon. L'armée des Vosges, commandée
par Garibaldi, ne comptait encore que 7 000 hommes
répartis en deux brigades. L'armée de la Côte-d'Or
comprenait 20 000 hommes et avait successivement trois
chefs : d'abord, le général Sencier qui tombait malade ;
puis le médecin Lavalle qui présidait le Comité défensif
de la région et qui montrait une telle inexpérience que
ses mobiles exaspérés le mettaient en prison ; enfin le
brave et ardent colonel Fauconnet. Ces deux armées,
celle des Vosges et celle de la Côte-d'Or, jointes à celle
de l'Est, ne pouvaient-elles couvrir et protéger Dijon ?
Mais ni Garibaldi ni Cambriels ne se croyaient préparés

à cette tâche. En vain, le 21 octobre, l'administration de
la guerre sommait Cambriels de communiquer son plan
stratégique d'ensemble, et menaçait de le destituer, si
elle ne recevait pas le lendemain une réponse satisfaisante.
Cambriels répondit qu'on lui brisait le cœur, mais qu'il
n'avait trouvé que le chaos et qu'il s'exposerait à un
désastre s'il menait au combat des bataillons de mobiles
qui n'étaient ni habillés, ni chaussés, ni instruits, ni
disciplinés ; il demeura sous les murs de Besançon.
Quant à Garibaldi, il recula sur Dôle lorsque la cavalerie
badoise eût délogé de Pesmes une bande de ses francs-
tireurs. Restait, pour défendre Dijon, l'armée de la
Côte-d'Or. Mais Fauconnet qui venait la commander au
matin du 27 octobre, tombait au milieu de troupes
désorganisées : le médecin-colonel Lavalle n'avait gardé
ni la ligne de la Vingeanne ni le poste important de
Pontailler, et il prétendait conserver la direction des
opérations « au point de vue moral » ! Un Conseil de
guerre décida l'évacuation de Dijon. Mais l'ost, comme
on disait autrefois, sait rarement ce que fait l'ost. A cet
instant Werder avait ordre d'investir les places d'Alsace
et de marcher sur Vesoul. Lorsqu'il sut que Dijon était
évacué, il résolut d'occuper la ville et de donner ainsi,
sans coup férir, un centre de ravitaillement aux armées
allemandes. Il rencontra pourtant une résistance inat-
tendue. Les Dijonnais voulaient combattre ; ils prirent
les armes et repoussèrent les premiers éclaireurs. A
cette nouvelle, Fauconnet revint sur ses pas et fit tête à
deux brigades badoises au village de Saint-Apollinaire,
puis dans les faubourgs. Mais il n'avait pas d'artillerie et
il fut mortellement atteint. « La lutte, dit-il avant de

mourir, est inutile et on ne pourra empêcher l'ennemi d'entrer. » La municipalité interrompit le feu. Le 31 octobre, les Badois s'établissaient à Dijon.

La guerre était suspendue dans l'Est pour plusieurs semaines. Cambriels donnait sa démission en prétextant sa blessure de Sedan. Son successeur, le général Michel, troublé, anxieux, écrivait qu'on n'avait plus qu'à harceler les Allemands et à leur tuer quelques hommes, que l'armée de l'Est devait se retirer sur Lyon dans le plus bref délai. Gambetta le remplaça par le général Crouzat, qui, plus hardi que Michel, projetait de manœuvrer autour de Besançon et de se jeter sur Belfort et sur les communications allemandes.

Mais la délégation croyait que l'ennemi menaçait Nevers. Elle enjoignit à Crouzat de quitter Besançon et de se poster à Chagny pour protéger le Morvan sans toutefois découvrir Lyon. Le général Crouzat se mit en route et gagna Chagny. Son armée comptait 55000 hommes et cette marche l'avait, comme il disait, débourrée. Il proposait de l'établir un peu en arrière, dans une position plus solide, à Châlon-sur-Saône, d'où elle pouvait se porter rapidement et à volonté, soit sur Chagny, soit sur Lons-le-Saulnier et Bourg. Mais le 15 novembre, le gouvernement ordonnait à Crouzat de renforcer la première armée de la Loire. 15000 hommes allèrent tenir garnison à Lyon; les 40000 autres s'embarquèrent en chemin de fer et quatre jours après, à raison de 22 trains par jour, arrivaient à Gien par la voie d'Autun et de Digoin : l'armée de l'Est devenait ce 20ᵉ corps qui se fit battre à Beaune-la-Rolande.

Il ne restait dans la région de la Saône et du Rhône

que deux armées ou semblants d'armée: l'armée des Vosges que Garibaldi avait amenée de Dôle à Autun, et l'armée de Lyon. Mais le désordre régnait à Lyon. Le préfet du Rhône et commissaire extraordinaire de la République, Challemel-Lacour, accusait le général Mazure de tout entraver, de ne rien comprendre à la situation, de s'isoler dans sa caserne, de n'être ni ingambe ni populaire. Il obtint de pleins pouvoirs et demanda sa démission au commandant militaire. Mazure que le ministre de la guerre n'avait pas officiellement averti, refusa de céder. Une émeute éclata et Challemel dut, pour sauver le général, ordonner son arrestation. Bressolles que Gambetta jugeait disposé à marcher, bien qu'un peu épais, remplaça Mazure. Mais, au milieu de l'effervescence populaire et de cette sorte d'anarchie, les bataillons de mobiles, les légions de mobilisés ou légions du Rhône, les légions alsaciennes ne s'organisaient qu'avec beaucoup de lenteur et de difficulté. La population se disait trahie. L'intervention du maire et des comités de toute espèce faisait obstacle aux efforts de Challemel et de Bressolles. Challemel se plaignait de la garde nationale qui se moquait de son autorité et s'adressait directement au ministre de la guerre. Bressolles demandait inutilement que les pouvoirs militaires lui fussent confiés. Pourtant, le 24 novembre, il assurait à Tours que les forces de Lyon pourraient former bientôt un petit corps d'armée assez sérieux.

L'armée des Vosges, concentrée à Autun et dans les environs, semblait plus solidement constituée que l'armée de Lyon. Elle comprenait, avec quelques bataillons de mobiles, toutes les compagnies franches de la zone des

Vosges, et Garibaldi avait fini par réunir 16000 hommes.
Mais il aurait mieux valu pour la France que le héros
italien fût resté sur son rocher de Caprera. Il n'était plus
que l'ombre de lui-même ; malade, incapable de monter
à cheval, absolument usé, il se laissait gouverner par
Bordone, son chef d'état-major. Ce Bordone, ancien
pharmacien, avait d'abord été récusé par Gambetta qui
lui reprochait ses antécédents judiciaires et sa conduite
scandaleuse. Mais Garibaldi ne voyait que par les yeux de
Bordone et il menaçait de partir s'il ne gardait pas Bordone à ses côtés. La délégation accepta Bordone ; elle
témoigna sa confiance à cet homme hautain, impérieux,
insupportable ; elle le nomma général de brigade ; elle
espérait qu'il entraînerait Garibaldi. Vainement Challemel-Lacour écrivait que la présence de Bordone était
un objet de découragement et un grave péril ; Gambetta
répondait qu'il ne pouvait enlever Bordone à Garibaldi.
Par sa ferveur républicaine, par son passé légendaire, et,
comme on disait, par son individualité si tranchée, le
fameux condottiere échappait en effet à la hiérarchie.
La délégation n'osait le mettre sous la dépendance d'un
général français. Elle lui donnait carte blanche, prescrivait de le ménager, de ne jamais le contrarier, de ne
jamais gêner ses aventureuses entreprises ; et Garibaldi
faisait librement et à lui seul sa petite guerre, s'imaginait
qu'il couronnait par d'éclatants exploits la fin de sa
carrière, lançait des proclamations emphatiques qui glo-
rifiaient son armée cosmopolite, choisie dans l'élite des
nations et luttant, non pour la France, mais pour l'avenir
humanitaire ! Rien de plus bariolé, de plus bigarré que
cette armée, composée d'une foule de corps divers qui

s'affublaient de noms prétentieux et ridicules. Mais les vrais garibaldiens, venus d'Italie avec leur chef, l'emportaient sur tout le reste par la pittoresque magnificence de leur uniforme, et aussi par l'indiscipline et la licence des mœurs. Ils avaient l'air de saltimbanques et prodiguaient sur leur costume les galons, les torsades. Quelques-uns étaient des drôles et des coupeurs de bourses. La plupart menaient avec eux des femmes, cantinières, ambulancières, officières, pimpantes et chamarrées. De même que leur général, ils ne parlaient que de la République universelle, et ils accusaient de tiédeur quiconque n'était pas vêtu de la chemise rouge. Pendant que l'ennemi rançonnait les villages de la Bourgogne, ils terrorisaient Autun et se livraient à l'orgie. Si du moins l'état-major avait été actif et instruit! Mais Bordone s'acquittait seul de la besogne, rédigeait les instructions, recevait les dépêches, interrogeait les espions, et ses officiers, dépourvus d'expérience et ne songeant qu'à leurs plaisirs, ne surveillaient même pas l'exécution des ordres.

Pourtant, la 4ᵉ brigade de cette armée des Vosges, conduite par Ricciotti Garibaldi, surprit le 19 novembre à Châtillon-sur-Seine un détachement prussien. Des tirailleurs francs-comtois firent un petit coup de main sur Auxon. Enhardi par ces succès, Garibaldi marcha sur Dijon. Il s'empara le 26 novembre de Pasques et de Prénois; mais à Hauteville ses troupes furent saisies de panique et se débandèrent. Le lendemain, après un combat de trois heures, l'armée des Vosges fuyait vers Autun. Le général Keller la poursuivait. Un lieutenant-colonel, nommé Chenet, chargé de défendre le poste de

Saint-Martin avec la guérilla d'Orient et la guérilla marseillaise, craignit d'être laissé en arrière et sacrifié. Il
abandonna sa position sans que Garibaldi en sût rien.
Le 1 décembre, dans l'après-midi, Keller traversait
Saint-Martin et débouchait sur Autun. Mais il ne sut
profiter de l'émoi que causait son attaque imprévue. Les
mobiles soutinrent le choc, et un intrépide Polonais,
Bossak-Hauké, prit les assaillants à revers. Keller
recula.

Keller reculait surtout parce qu'un ordre de Werder
le rappelait à Dijon. Un jeûne officier réparait à cet
instant l'échec de Garibaldi. C'était le capitaine d'état-
major Cremer, évadé de Metz, déterminé, audacieux,
mais infatué de lui-même, gonflé d'orgueil, tranchant,
manquant de tenue, mettant partout où il passait son
quartier-général au café de l'endroit. Bressolles l'avait
envoyé en Bourgogne avec une batterie Armstrong, deux
légions du Rhône, un bataillon des mobiles de la Gironde
parfaitement mené par le vaillant Carayon-Latour et un
bataillon de mobilisés de Saône-et-Loire chaussé de
sabots, armé de fusils à piston et surnommé le bataillon
de la misère. Ce petit corps était d'abord commandé par
Crivisier, capitaine d'artillerie démissionnaire et grand
verrier dans la Moselle, promu d'emblée général de
division. Mais Crivisier refusa d'obéir à Bressolles ; au
lieu de se rendre à Chagny, il se prélassait à Mâcon ; au
lieu de concentrer ses forces, il les dispersait malgré leur
indignation bruyante, les répartissait sur un front de
vingt à vingt-cinq kilomètres ; il ordonnait d'évacuer Nuits
et de faire retraite sur Beaune. Il fut, sur les plaintes de
Bressolles, remplacé par Cremer.

Cremer avait 6000 hommes. Il battit le 30 novembre à Nuits une reconnaissance dirigée par l'état-major de Werder en l'accablant sous un feu meurtrier qui partait des hauteurs de Chaux et balayait les rues de la ville. Puis, averti de la pointe malheureuse que Keller avait poussée sur Autun, il se porta jusqu'à Châteauneuf. Keller résista, regagna Dijon; mais il perdit dans l'échauffourée du 3 décembre plus de deux cents hommes, et les troupes de Cremer, persuadées qu'elles avaient pris l'offensive, se crurent désormais capables de braver les Allemands.

Les généraux français Bressolles, Cremer, Garibaldi, Pellissier, commandant supérieur des légions mobilisées de la Haute-Saône, résolurent alors de réoccuper Dijon. « Mettez-vous en route pour le nord, écrivait-on de Bordeaux à Bressolles, nous vous attendons comme le Messie. » Mais l'échec d'Autun avait entièrement désorganisé l'armée de Garibaldi. Cremer dut patienter quelques jours. Soudain, le 18 décembre, il était assailli par la division badoise de Glümer : Moltke avait prescrit à Werder de dissiper les rassemblements français pour isoler Besançon et couvrir le siège de Belfort.

Trois colonnes s'avançaient contre Cremer qui tenait Nuits et le plateau de Chaux. Le 32ᵉ de marche, la 1ʳᵉ légion du Rhône, les mobiles de la Gironde défendirent longtemps avec un acharnement extrême la ligne du chemin de fer. Mais la 2ᵉ légion du Rhône refusa de sortir de Nuits, et malgré ses commandants qui pleuraient de rage, malgré Cremer qui mit à un officier le revolver sous le menton, presque tous les mobilisés se cachèrent dans les caves et se laissèrent capturer. Les troupes se retirèrent sur le plateau de Chaux et leur artillerie bombarda la ville. Les Allemands payèrent chèrement leur succès; ils perdaient 900 hommes dont 55 officiers; Glümer et le prince Guillaume de Bade, frère du grand-duc, étaient blessés; le colonel de Renz et le major de Gemmingen tombaient mortellement atteints. Toutefois Cremer avait plus de 2000 des siens hors de combat, et les munitions de réserve lui manquaient pour la lutte du lendemain. Pendant que Werder rentrait à Dijon, Cremer se replia sur Chagny où Gambetta lui ordonna de rester jusqu'à la dernière extrémité, « jusqu'à la mort », à cause des mouvements ultérieurs.

Le gouvernement avait décidé de frapper un grand coup. Déjà, vers la fin d'octobre, Cambriels assurait qu'une victoire remportée dans l'Est sur le flanc des ennemis compromettrait leur retraite. Déjà, le 26 novembre, Gambetta projetait de constituer une armée qui se jetterait sur les derrières de l'envahisseur pour prendre les Vosges à revers, débloquer Belfort « et ramasser tout sur son passage ». Ce plan fut définitivement adopté le 19 décembre. La délégation renonçait à secourir directement Paris; une armée de 100 000 hommes allait non seulement délivrer Belfort, mais pousser sur Épinal, sur Langres, sur Chaumont, couper les communications des Allemands, rompre la base de leurs ravitaillements.

Le général de cette armée était Bourbaki. Après sa mission d'Angleterre, il avait offert son épée au gouvernement de la Défense nationale et reçu le commandement des 15e, 18e et 20e corps qui formaient la pre-

mière armée de la Loire chassée d'Orléans et refoulée
sur Bourges. On lui donna, pour cette expédition de
l'Est, les 15e, 18e et 20e corps, commandés par Martineau, Billot et Clinchant, le 24e corps que Bressolles
avait formé à Lyon, la division Cremer et une réserve
d'élite placée sous les ordres du capitaine de frégate
Pallu de la Barrière. Il hésitait. Ses amis, attachés à
l'Empire, lui reprochaient de servir un gouvernement
rebelle. Lui-même devinait sa destinée, rappelait qu'il
avait été l'aide de camp de Napoléon, disait qu'on
l'accuserait de trahison dès que tomberait la pluie ou
la neige. Son patriotisme eut enfin le dessus. Mais le
brillant officier avait perdu son ardeur. Il ne croyait
pas au succès; il regardait la résistance comme plus
nuisible qu'utile et assurait qu'il voterait pour la paix
s'il était un agent de pensée et non un agent de combat;
il répétait tristement qu'on ne fait pas la guerre avec
des troupes neuves, nullement encadrées, qui n'ont pas
la notion de leurs devoirs, qui ne respectent ni ne crai-
gnent leurs chefs, et qui marchent à l'ennemi sans être
organisées, comme si la toile qu'on emploie à peine tissée,
ne s'en va pas en charpie !

La campagne fut malheureusement compromise dès
le début par des lenteurs inouies. La délégation ne sut
pas imprimer aux mouvements la rapidité nécessaire.
Elle ménagea les puissantes compagnies des chemins de
fer, et si Freycinet, exaspéré, proposait de traduire les
directeurs devant la cour martiale, il n'osait, malgré
les conseils de Thoumas, centraliser le service des transports entre les mains d'un commissaire muni de pleins
pouvoirs. Le personnel des gares, déconcerté, dérouté,

recevant de plusieurs côtés des ordres contradictoires,
ne sachant à qui entendre, obéissait au képi le plus
galonné, faisait partir d'inutiles régiments de cavalerie
avant les batteries d'artillerie. Des tiraillements de toute
sorte se produisirent. Il fallut douze jours pour envoyer
de Bourges et de Nevers à Chagny et à Châlon-sur-Saône
le 18ᵉ et le 20ᵉ corps ainsi que la réserve. On n'avait que
deux lignes à une seule voie ; elles s'encombrèrent bientôt ; les trains s'arrêtèrent ; les soldats furent bloqués par
la neige dans les wagons un jour, deux jours, trois jours
entiers ; des chevaux moururent de froid et de faim.
Le 15ᵉ corps qui s'ébranla le dernier, éprouva les mêmes
retards : les trains qui portaient ses premiers détachements, restèrent immobiles cinq jours durant sans pouvoir aborder Besançon. Si les troupes avaient fait la
route par étapes, elles auraient moins souffert et seraient
peut-être arrivées plus tôt.

Le chaos se débrouilla. Bourbaki se montrait plein de
confiance, de résolution, de bonne volonté. Il pressen-
tait cependant que Freycinet le surveillait et se défiait
de lui. Bourbaki, avait dit le délégué, « n'est pas
l'homme qu'il nous faut », et de Bordeaux, il stimulait
le général, l'aiguillonnait, le morigénait, lui reprochait
de perdre du temps, le sommait de communiquer chaque
soir les positions de l'armée et les plans du lendemain
pour que le ministre pût envoyer ses instructions avant
la nuit. Il lui avait donné un commissaire extraordinaire,
inspecteur des chemins de fer autrichiens, de Serres,
et sans doute ce grand jeune homme, intelligent, réfléchi, modeste, doué d'une prodigieuse puissance de travail, plein de ressources et de vues justes, n'avait guère

d'autre défaut que d'exiger de ses entours sa propre énergie et son ardente activité. Mais de Serres avait en poche la révocation du général, et il était prêt à la signifier au moment opportun.

Bourbaki avançait néanmoins, par un froid persistant et sur des chemins qu'une couche de verglas rendait difficilement praticables. Il avançait, exécutant, comme il disait, son programme, obligeant Werder dont il menaçait la retraite, à quitter Dijon et Gray sans résistance, remontant entre Saône et Doubs la vallée de l'Ognon et marchant sur Vesoul. Le 6 janvier, il prévoyait que la première rencontre sérieuse aurait lieu au village de Villersexel qui commande les deux routes de Besançon et de Lure à Belfort, et il ne se trompait pas.

Après avoir concentré ses troupes autour de Vesoul, Werder avait résolu de prendre l'offensive et d'aller au devant de Bourbaki pour le battre ou le retarder. Le 9, par un temps froid, mais beau, sous un ciel clair, les deux armées dont les mouvements se dessinaient nettement dans les moindres détails sur un sol couvert de neige, en venaient aux mains. Les Allemands se saisirent d'abord de Villersexel et du pont de l'Ognon. A une heure de l'après-midi, ils avaient déjà fait 500 prisonniers. Ils enlevaient à cinq heures le hameau de Marat et demeuraient maîtres du village de Moimay, grâce au tir précis de leur artillerie et aux feux rapides de leurs fantassins. Mais, au soir, Bourbaki s'empara de Villersexel. « A moi l'infanterie, s'écriait-il au fort de la mêlée, est-ce que l'infanterie française ne sait plus charger? » Il entraîna les régiments du 20e corps qui faiblissaient, les électrisa, leur infusa son propre entrain.

Son visage, ordinairement calme et tranquille, s'était soudainement illuminé. Les vastes bâtiments du château de Grammont furent le théâtre d'une lutte obstinée. On combattit dans les chambres, les escaliers, les corridors. Les Allemands occupaient le rez-de chaussée; les Français, l'étage supérieur et les caves. Enfin, les premiers s'enfuirent après avoir mis le feu au château. Les deux partis se disputèrent les rues du bourg avec la même fureur. Il fallut emporter les maisons l'une après l'autre ou les brûler en allumant à leur pied des fagots. Le fracas de l'incendie, le craquement des murs, l'écroulement des charpentes, le crépitement de la fusillade qui dura jusqu'à dix heures du soir à la lueur des flammes, dominaient le bruit du canon.

On a blâmé le vainqueur soit de n'avoir pas poussé Werder l'épée dans les reins, soit plutôt de n'avoir pas gagné, en s'élevant vers le nord, la route de Lure à Frahier, pour tourner la droite des Allemands. Mais Bourbaki devait avant tout pourvoir aux besoins de ses troupes. « Les convois des Français, écrivait Moltke à Werder, sont organisés de la manière la plus défectueuse et leurs opérations seront constamment liées à la voie ferrée. » Moltke disait juste. La ligne de Gray à Vesoul, détruite à divers intervalles, n'était pas rétablie, et Bourbaki dépendait du chemin de fer qui partait de Besançon et aboutissait à Clerval. C'était à Clerval que s'installait sa réserve d'artillerie, à Clerval que s'accumulaient tous ses approvisionnements. Pour renouveler ses munitions et assurer à peu près la nourriture de son armée, Bourbaki restait à portée de Clerval.

Werder put donc sans obstacle exécuter sur le front

de l'adversaire une marche de flanc et occuper en avant
de Belfort sur une surface de cinq lieues la ligne de la
Lisaine dont les points principaux étaient du nord au sud
Frahier, Chenebier, Chagey, Héricourt, Bethoncourt et
Montbéliard. Il tenait ainsi toutes les routes : à Frahier
et à Chenebier, la chaussée de Lure ; à Héricourt et à
Montbéliard, les deux chemins qui traversent la Lisaine
pour mener, l'un à Belfort, l'autre à Delle. Il n'épargna
rien pour augmenter la puissance défensive de sa
position ; il établit des tranchées-abris renforcées par
un réseau de fils de fer; il rompit les ponts de la Lisaine,
recouvrit de sable, de cendres et de fumier le sol glissant ;
il dégarnit sans hésitation le corps d'investissement,
appelant de Belfort des détachements et presque tous les
pionniers, plaçant des pièces de siège sur le futur champ
d'action, sept au Mont-Vaudois, cinq à la Grange-Dame,
six au château de Montbéliard que l'Empire avait
déclassé sans raser les remparts, seize autres sur divers
points, et l'adversaire devait juger son artillerie formidable.

Ce ne fut que le 13 janvier que Bourbaki se remit en
branle pour repousser d'Arcey et de Sainte-Marie les
avant-postes de Werder. Le 15, entre 45 000 Allemands
et 130 000 Français, commençait la lutte où se jouait
le destin de Belfort, et le commandant de la forteresse,
entendant le canon et voyant de loin la fumée, faisait
tirer par toutes ses pièces cinq coups à blanc pour
donner signe de vie à l'armée de secours et lui dire qu'elle
était attendue. On combattit durant la journée entière
sans résultat. Au soir, l'ennemi conservait encore le
château de Montbéliard, Bethoncourt, le moulin de

Bussurel, la colline du Mougnot qui forme une solide tête de pont en avant d'Héricourt. Toutefois Bourbaki ne voulait s'emparer d'Héricourt qu'après avoir débordé la droite de Werder. Cremer et Billot étaient chargés de ce mouvement tournant ; le premier, venant de Lure, devait passer la Lisaine à une demi-lieue en amont de Chagey, et le second, se saisir de Chagey. Mais Billot qui marchait à travers les bois dans des sentiers encombrés de neige, ne déboucha qu'à deux heures devant Chagey, et s'il engagea contre les Allemands une vive canonnade, s'il tenta à trois reprises d'emporter Chagey et si ses zouaves y pénétrèrent un instant, il n'avait pas à la fin du jour un avantage sérieux. Quant à Cremer, il fit diligence ; mais lui aussi perdit du temps parce qu'il trouva de très mauvais chemins et surtout parce qu'il se croisa dans deux villages avec les troupes de Billot ; il échoua contre Chenebier et arriva trop tard pour franchir la Lisaine en avant de Chagey.

La bataille se renouvela le 16 janvier. Partout, en face du château de Montbéliard, à Bethoncourt, à Bussurel, au Mougnot, à Chagey, les Français fléchirent sous le feu des batteries allemandes. Chaque fois que l'artillerie de Billot essayait de se déployer sur la lisière des bois, elle était réduite au silence par le canon du Mont-Vaudois qui lui culbutait hommes et chevaux. Mais Cremer et l'amiral Penhoat qui commandait une division de Billot, se rendirent maîtres de Chenebier après un combat où se signalèrent les braves Girondins. Le général Degenfeld qui défendait ce poste avec deux bataillons, abandonna Frahier et recula sur Echevanne. L'armée de l'Est n'était plus qu'à deux lieues de Belfort !

Aussi, le 17 janvier, Werder enjoignait-il de rentrer à Chenebier coûte que coûte. A quatre heures et demie du matin, au milieu des ténèbres, dans le bois en avant de Chenebier, les grand'gardes françaises étaient surprises par l'infanterie du général Keller. Mais Penhoat résistait opiniâtrément dans le village qu'il avait fait bariccader et garnir d'abatis. Une violente fusillade refoula toutes les attaques des Badois, et ils durent, comme la veille, rétrograder sur Frahier. L'armée de l'Est était donc victorieuse à l'aile gauche. Oui, mais elle n'avait pas bougé ; elle piétinait sur place et n'avançait pas. Qu'importait que Cremer et Penhoat eussent conquis Chenebier s'ils n'osaient marcher vers Belfort ? Sur le reste du champ de bataille, Bourbaki n'avait pu dans la matinée du 17 qu'entretenir un feu de mousqueterie et d'artillerie. Il comprenait qu'il ne forcerait pas les lignes de la Lisaine. Son armée en avait assez. La nuit, les Allemands ne laissaient dans la plaine que leurs avant-postes, et presque tous, par un froid de 18 degrés, s'abritaient dans les granges et les maisons. Les Français bivouaquaient, exténués de fatigue et rebutés de leurs inutiles efforts, accroupis auprès de misérables feux de bois vert qui ne flambaient pas, fouettés par un vent aigu, transis, aveuglés par la neige qui tourbillonnait autour d'eux et leur montait jusqu'aux genoux. Les chevaux n'avaient d'autre nourriture que le genêt, et on les vit se manger mutuellement les crins. Les hommes mêmes étaient tourmentés de la faim. Les vivres n'arrivaient pas ou ne venaient que très lentement. Il n'y avait à Clerval ni quais de débarquement ni voies de garage, et les trains chargés d'approvisionnements s'échelonnaient sur toute la ligne de Nevers à Clerval, fort loin des troupes. Les convois qui s'acheminaient de Clerval vers Héricourt et Montbéliard faisaient à peine un kilomètre par heure sur le verglas des routes. Les bêtes d'attelage passaient la journée entière à tomber, à se relever, puis à retomber encore. Bourbaki avait demandé pour elles des fers à crampon et des clous à glace ; elles n'avaient que des clous ordinaires.

Déjà la débâcle commençait. Le 16 janvier, pendant que leurs camarades se battaient, cinquante hommes descendaient de grand'garde pour se reposer au village de Béverne en disant qu'ils étaient tous malades. Dans la plupart des compagnies, sur 180 soldats, 40 ou 50 seulement allaient au feu. Quelques-uns se mutilaient pour entrer à l'ambulance ; d'autres demeuraient en arrière et se cachaient dans les fermes, les étables et les bois, s'enfuyaient à la première alerte, répandaient partout la panique, se représentaient comme les uniques survivants d'une action qu'ils n'avaient pas même vue, assuraient qu'ils manquaient de munitions bien qu'ils n'eussent pas déchargé leur fusil, juraient qu'ils n'avaient pas eu de pain depuis trois jours bien qu'ils fussent repus, et déblatéraient contre l'intendance bien que l'intendance, agissant dans un pays mangé par les envahisseurs, sur des chemins impraticables et par le moyen de charretiers qui ne cessaient de déserter, eût presque accompli des prodiges.

Bourbaki se retira donc. Le 22 janvier il arrivait à Besançon. Mais, quand il eût débloqué Belfort et accablé Werder, les Allemands étaient en nombre assez considérable pour détacher contre lui des forces imposantes.

Sitôt que Moltke avait su que des prisonniers faits le
5 janvier appartenaient à la première armée de la Loire
et que cette armée s'était transportée de Bourges à Châlon
par les voies ferrées, il avait envoyé au secours de Werder
les deux corps, le II° de Fransecky et le VII° de Zastrow,
qui couvraient le blocus de Paris aux environs de Montargis
et d'Auxerre. Manteuffel commandait cette armée dite
armée du Sud. Il se porta délibérément vers Vesoul, à
travers les montagnes et les forêts du plateau de Langres
par des chemins raides et malaisés, tantôt remplis d'eau,
tantôt lisses comme une glace. Il partait le 14 janvier de
Châtillon-sur-Seine et le 19 ses premières troupes étaient à
Gray. Dès qu'il apprit la retraite des Français, il changea
de plan. Jusqu'alors il voulait se jeter sur leur arrière-
garde; mais c'était les affaiblir, et non les anéantir.
Manteuffel devina qu'ils reculeraient sur Lyon. Il résolut
de leur barrer la vallée de la Saône en aval de Besançon
et de ne leur laisser d'autre issue que les routes
difficiles du Jura. Son armée fit une conversion à droite
et marcha vers le Doubs.

Il est vrai que Garibaldi était à Dijon. Mais Manteuffel
se doutait que les bandes de l'aventurier italien se
garderaient de lui faire échec. Une simple brigade
commandée par le général Kettler fut chargée de les
amuser et, s'il était possible, de leur enlever Dijon.
Vainement le condottiere recevait de toutes parts des
renseignements sur les troupes prussiennes qui défilaient
tranquillement au-dessus de sa tête et presque sous ses
yeux. Vainement Freycinet, perdant patience, reprochait
à Bordone d'abandonner Bourbaki, de susciter sans cesse
des difficultés et des conflits pour justifier l'inaction de

Garibaldi. Les champions de l'univers opprimé se prome-
nèrent aux alentours de Dijon et jusqu'à sept kilomètres,
sans rien rencontrer ni rien voir, et ils regagnèrent
triomphalement la ville aux sons de la Marseillaise.
Soudain, le 20 janvier, parut la brigade Kettler. Elle
n'avait que 7 000 hommes. Garibaldi crut apercevoir
50 000 Allemands pour le moins. Il résista pourtant,
et durant trois jours il eut à peu près l'avantage. Le
21, la brigade Kettler prenait d'assaut les villages de
Plombières, de Hauteville, de Messigny et les maisons
situées au pied du monticule de Talant ; mais elle perdait
plus de 300 hommes et n'avait plus de munitions. Le 22,
elle se reposait et s'approvisionnait. Le 23, elle s'emparait de Pouilly après un très vif combat et poussait jusqu'au faubourg Saint Martin. Ce fut là que la brigade de
Ricciotti Garibaldi trouva sous un monceau de cadavres le
drapeau du 61ᵉ régiment d'infanterie, couvert de sang et
déchiré par les balles, le seul drapeau, avec celui du 16ᵉ
conquis par Cissey à Rezonville, que l'armée allemande
eût laissé dans cette guerre aux mains des Français. Épuisé
par la lutte, perdant de nouveau près de 400 des siens,
l'audacieux Kettler en resta là ; mais il tenait Garibaldi
en respect, le clouait à Dijon, et assurait à Manteuffel la
liberté des mouvements.

Manteuffel marchait en effet sans répit ni relâche. Il
entrait à Dôle après un petit engagement qui lui valait,
outre la ville, plus de deux cents wagons de vivres. Il se
saisissait aux environs de Dampierre de quatre ponts
sur le Doubs ; il refoulait Cremer qui tentait de l'arrêter
à Dannemarie ; il s'emparait de Quingey, où il faisait huit
cents prisonniers, de Mouchard, d'Arbois. Son lieu-

tenant Werder occupait Clerval et Baume-les-Dames.

Quel parti prendrait Bourbaki? Il avait tâché de garder Quingey; mais les troupes qui défendaient ce poste, fuyaient sans coup férir et entrainaient dans leur déroute les renforts que le général leur envoyait à Busy. Il avait chargé Bressolles de tenir le plateau de Blamont et les défilés de la chaîne escarpée du Lomont; mais les mobilisés de Bressolles abandonnaient ces importantes positions. Allait-il demeurer paralysé autour de Besançon? C'était capituler à brève échéance, puisque la place n'avait de munitions de bouche que pour quinze jours. Se frayer un chemin vers l'ouest ou le sud? Cette trouée désespérée était impossible dans l'état moral et physique de l'armée, après les souffrances qu'elle avait endurées. Il ne reste d'autre voie que celle de Pontarlier.

Bourbaki convoque un Conseil de guerre. Tous ses lieutenants proposent de reculer sur Pontarlier. Seul, Billot assure que l'armée peut se faire jour vers Auxonne. Mais Bourbaki lui offre le commandement, et Billot se récuse en disant qu'un général en chef qui voudrait risquer une semblable tentative, doit avoir le prestige de Bourbaki. On prend donc la route de Pontarlier pour se glisser le long de la frontière suisse et gagner la vallée du Rhône : Cremer tiendra le ravin de la Loue, et Bressolles reviendra coûte que coûte sur le Lomont.

Mais déjà Manteuffel est à Salins, malgré la vigoureuse canonnade des forts qui suspendent, à la prière du maire, leur feu sur la ville. Cremer recule de Salins sur Levier. Bressolles voit son corps d'armée se sauver sans combattre. « Je n'ai jamais compté, s'écrie Bourbaki, sur le service des troupes de Bressolles; elles ne peuvent

entendre un coup de fusil sans fuir ! » Lui-même veut
partir avec le 18ᵉ corps pour reconquérir les positions
perdues : le 18ᵉ corps emploie toute une nuit et une
journée entière pour traverser Besançon et passer de
la rive droite sur la rive gauche du Doubs. Affolé, redoutant les soupçons, accusé de recommencer Metz ou Sedan,
Bourbaki braque un revolver sur son front et lâche la
détente. « En cas de sacrifice de l'armée, avait dit Regnier
à Bismarck, il se brûlera la cervelle. » La prophétie s'ac-
complissait. Mais le général survécut à sa blessure ; la
balle s'était aplatie sur son crâne comme sur une plaque
de fonte.

A l'instant où Bourbaki essayait de mourir, il était
relevé de son commandement. Depuis quelques jours
Freycinet se plaignait de ses dépêches « insipides et
émollientes », de ses hésitations et de son découragement,
de ses mouvements « à peine sensibles sur la carte ». Il
le blâmait de ne pas hâter sa retraite sur le Doubs, de
ne pas préserver la voie de Besançon à Lyon ; « autant
j'admire votre attitude sur le champ de bataille, lui
écrivait-il, autant je déplore la lenteur avec laquelle
votre armée a manœuvré avant et après les combats ».
Le général ne pouvait-il se dégager, ressaisir ses lignes
de communications, reprendre Dôle, gagner Auxonne,
secourir Dijon et l'héroïque Garibaldi, puis se diriger
vers Chagny ? Il se retirait sur Pontarlier ! Etait-ce
Pontarlier qu'il voulait dire ? Pontarlier près de la
Suisse ? Mais cette marche lui préparait un désastre inévitable ; il serait obligé de capituler ou de se rejeter sur
le territoire helvétique ; il trouverait partout les Allemands, devant lui et avant lui ! A ces objurgations

15

Bourbaki répondait tristement qu'il ne méritait pas le reproche de lenteur, qu'il n'avait jamais perdu une heure ni pour aller ni pour revenir, que la tâche dépassait ses forces, que le commandement était un martyre, qu'il ne saurait supporter plus longtemps le labeur que le gouvernement lui infligeait. Faire l'opération prescrite par Freycinet, c'était ordonner à Chanzy de s'emparer de Chartres. Il ne disposait, ajoutait-il, que de 30 000 combattants, et ses seules troupes passables étaient les trois-quarts du 18ᵉ corps de Billot, la réserve de Pallu de la Barrière et une partie de la division Cremer. Pourrait-il refouler un adversaire supérieur en nombre? Pourrait-il enlever Dôle, passer entre deux rivières que tenait l'ennemi, exécuter une double marche de flanc? Et il concluait : « Je tiendrai le plus longtemps possible de Salins à Pontarlier et au Lomont; c'est tout ce que je puis faire; mais je me considère comme perdu. » Ce fut sa dernière dépêche.

Gambetta hésitait, pour le remplacer, entre Clinchant et Billot, deux généraux qu'il estimait et qu'il avait spécialement chargés d'animer de leur ardeur le tiède Bourbaki. Il jugeait Billot plus capable et plus intelligent; il choisit Clinchant, plus régulier et plus ancien.

Le successeur de Bourbaki ne put que continuer le mouvement de retraite. Retraite qui rappelait Moscou à quiconque voyait du haut de la route de Pontarlier à travers les sapins se dérouler au loin cette longue et lamentable file d'hommes et de fourgons! Les chevaux souffraient de la fatigue et de la faim : ceux-là s'abattaient à tout moment et finissaient par ne plus se relever; ceux-ci dévoraient l'écorce des arbres et rongeaient les arrière-trains des charrettes ou les roues des caissons. Les soldats se traînaient péniblement, tantôt enfonçant jusqu'à mi-jambes dans la neige, tantôt trébuchant et glissant, mornes, baissant la tête, ne parlant que pour geindre ou jurer, abandonnant sur le bord du chemin les camarades qui tombaient épuisés ou malades. A l'étape, ils s'entassaient dans les maisons et se laissaient choir sur le plancher, ou, de crainte d'être piétinés par les survenants, se tenaient debout, serrés les uns contre les autres, ne songeant qu'à se réchauffer, et le matin il fallait réveiller à grands cris et à coups de bottes ces êtres inertes et abrutis par un lourd sommeil.

Le 28 janvier, Clinchant atteignait Pontarlier et tâchait de gagner le département de l'Ain par Mouthe et Chaux-Neuve, en longeant les limites de la Suisse sur deux routes qui passent au fond des vallées et mènent à Morez et à Gex, soit par Foncine et Saint-Laurent, soit par la Chapelle-des-Bois. Mais il était déjà pris entre deux feux, à Morteau par Werder et à Champagnole par Manteuffel. Les avant-gardes allemandes poussaient sur Sombacourt, Chaffois et Frasne. Un bataillon capturait à Sombacourt deux généraux, 48 officiers et 2700 hommes. Clinchant se crut sauvé par l'armistice que Jules Favre signait alors à Versailles. Mais Favre avait consenti que la ligne de démarcation ne fût tracée dans l'Est que lorsque la situation militaire serait exactement connue, et Moltke télégraphiait à Manteuffel que la trève ne s'étendait pas encore aux départements de la Côte-d'Or, du Doubs et du Jura. A cette nouvelle, Gambetta fut exaspéré. Il se précipita dans le cabinet de Freycinet, la dépêche à la main, et saisit Thoumas par la cravate : « Je comprends, s'écriait-il, qu'un avocat tremblant de peur ait commis cette balourdise, cette infamie ; mais Favre était assisté d'un général ; que le sang de l'armée de l'Est et la honte de la défaite retombent sur lui ! »

Clinchant qui s'était arrêté, se voyait poursuivi, pressé de plus en plus. Ses soldats se plaignaient d'être les seuls à se battre pendant que le reste de la France avait la paix. Un bataillon des Pyrénées-Orientales se rendait à quelques uhlans, et lorsqu'il était dégagé par des compagnies du 83ᵉ, il refusait de reprendre les armes en disant qu'il aimait mieux être captif que de pâtir davantage. Les routes se fermaient. Le passage de Foncine tombait aux mains de l'ennemi. Clinchant espérait encore percer par la Chapelle-des-Bois, bien que le chemin ne soit en plusieurs endroits qu'un simple sentier. Mais cette issue lui fut également barrée lorsque les Allemands se répandirent sur les bords du lac de Saint-Point, s'emparèrent des Granges Saint-Marie et coupèrent ainsi la route de Mouthe. Il résolut de se jeter en Suisse et conclut avec Hans Herzog, général des troupes de la Confédération, la convention des Verrières. Le 1ᵉʳ février, son arrière-garde, composée du 18ᵉ corps et de la réserve, évacuait Pontarlier et livrait sous la protection des forts de Joux et de Larmont un dernier et violent combat dans le défilé de la Cluse. Le lendemain, après avoir perdu depuis quatre jours 15 000 prisonniers et un considérable matériel de guerre, Clinchant franchissait la frontière. 80 000 hommes de l'armée de l'Est, pour la plupart hâves, déguenillés, sordides, hébétés, insensibles à la catastrophe qui les frappait, n'ayant plus d'autre souci que de manger et de dormir près d'un bon feu, furent internés sur le territoire helvétique. Les escadrons de Cremer et sa batterie Armstrong montée sur traîneaux, les cinq bataillons de la division d'Ariès, la cavalerie du général de Longuerue, une partie de la cavalerie du 20ᵉ corps avaient pu échapper à temps. Busserolles et Pallu de la Barrière, l'un avec trente, l'autre avec cinquante hommes, gagnèrent Gex par les montagnes.

Garibaldi abandonna Dijon. Freycinet l'avait d'abord félicité de sa résistance et le proclamait le premier général de la République. Mais lorsque la délégation fit appel au « grand cœur » et au « génie » du condottiere et le pria de tenter une diversion en faveur de Clinchant, il se contenta d'envoyer des bandes de francs-tireurs aux environs de Dôle, et sitôt qu'il apprit que la Côte-d'Or n'était pas comprise dans l'armistice et que le général Hann de Weyhern rejoignait Kettler avec deux brigades badoises, il recula sur Lyon.

Belfort succombait en même temps que l'armée de l'Est. Treskow qui commandait le corps d'investissement, composé des 1ʳᵉ et 4ᵉ divisions prussiennes de réserve, n'avait cerné la ville que le 3 novembre. Le gouverneur, l'habile et tenace Denfert-Rochereau, eut le loisir de se préparer au siège. Il termina les travaux commencés par ses devanciers ; il acheva les forts des Hautes et des Basses Perches ; il éleva le fort de Bellevue, simple ouvrage en terre, mais bien situé qui couvrait la gare et qui fut relié par une tranchée au fort des Barres ; il mit en état de défense les villages de Danjoutin et de Pérouse. A

l'abri de ses canons, il disputa toutes les positions extérieures ; il était décidé, disait-il, à ne pas se laisser enfermer dans la fortification, et la place était à ses yeux,
non pas une ligne où il fallait se confiner, mais un point
d'appui et une sorte d'immense batterie de protection.
Grâce à ce système hardi de reconnaissances, de surprises et de petits combats, Denfert retarda longtemps
les progrès de l'assiégeant. Malheureusement, il ne disposait, pour entreprendre des sorties, que de quatre
pièces de campagne, et sa garnison, presque entièrement formée de gardes mobiles, était inexpérimentée.
Sur 16000 hommes, 3000 seulement, un bataillon du
84e commandé par le brave Chapelot et deux bataillons
du Rhône, avaient une valeur sérieuse. Le 5 décembre,
lorsqu'un incendie éclatait au fort de Bellevue, le 2e bataillon de la Haute-Saône, terrifié par les obus, refusait
d'éteindre le feu et, malgré les menaces et les coups de
bâton, se couchait dans la neige ; il fallut le dissoudre.
Quatre jours après, une compagnie d'éclaireurs n'osait
sortir de ce même fort pour se jeter sur les travailleurs
ennemis. Les lettres des mobiles contenaient des aveux
si décourageants et de si navrants détails qu'on dut les
supprimer, et les ballons n'emportèrent plus que des
missives lues par l'état-major.

Treskow qui n'avait au début que 10000, et ensuite
16000 hommes, put donc passer peu à peu de la défensive à l'offensive. Lentement, sûrement il gagna du terrain. Il s'empara du Mont qui n'est qu'à deux kilomètres
de Belfort, des villages d'Essert, de Cravanche, de Bavilliers ; il prit au pied du fort de Bellevue la ferme de
la Tuilerie ; il ouvrit la première, puis la deuxième pa-

rallèle contre Bellevue. La brume et les tourbillons de
neige cachaient souvent les points de tir ; les munitions
manquèrent parfois ; les pionniers ne creusaient que
difficilement les tranchées dans un sol tantôt durci par
la gelée, tantôt détrempé par la pluie et la vase. Mais
Bellevue fut criblé de projectiles, et le 3 décembre commençait le bombardement qui devait durer 73 jours.

Quatre-vingt-dix-huit mille obus tombèrent sur la
ville pendant tout le siège. La population murmura
d'abord et se plaignit des périls qu'elle courait ; elle
accusa le gouverneur de se terrer dans un trou du château. La gazette locale insinua que la résistance était
inutile. Mais Treskow se convainquit bientôt qu'il ne
pourrait brusquer la capitulation à force de bombes.
Les habitants vécurent dans les caves. Le maire Mény et
le préfet Grosjean les animèrent par leur exemple.
Stehelin, Laurent, Belin dirigèrent le service des guetteurs d'incendie. Les canons du Château, de la Justice
et de la Miotte concentrèrent presque tous leurs feux
sur le front d'attaque. Le capitaine de la Laurentie qui
commandait les batteries du Château, employa le tir
indirect et obtint de son artillerie le maximum de portée
soit en masquant les pièces et en réglant le pointage
d'après des repères très précis, soit en les inclinant et
les plaçant sur des affûts de siège dont les crosses s'en-
terraient dans des fosses soutenues par des morceaux
de rails ; la chute d'une poutre lui meurtrit les cuisses,
mais il se fit étendre dans une caisse et continua de diriger ses hommes. Le capitaine Thiers défendit Bellevue
avec une indomptable énergie. De sa casemate de la Tour
des Bourgeois, reliée aux forts et aux villages par un

réseau de fils télégraphiques, Denfert imposait à tous
son inflexible volonté, interdisant au Conseil municipal
de se réunir, ne convoquant jamais le Conseil de guerre,
prenant l'avis des officiers qui désiraient conférer avec
lui et appréciant leur valeur, assignant aux plus capables les postes les plus importants, communiquant
avec eux sans aucun intermédiaire, leur indiquant avec
netteté leur tâche et leurs ressources, mais sans les
mener à la lisière, leur abandonnant les détails d'exécution, exigeant d'eux des rapports circonstanciés, dictant
plus de trois mille ordres, finissant par vanter le dévouement des Belfortains et écrivant à Gambetta que la ruine
des propriétés privées ne causait pas une seule défail-
lance.

Rebuté, Treskow résolut d'attaquer Belfort non par
l'ouest, mais par le sud. Il avait pris Andelnans et le
bois de Bosmont. Dans les derniers jours de décembre,
après avoir reçu 10000 hommes de renfort, il installait,
en dépit des obstacles du terrain, de nouvelles batteries
à Bavilliers, au bois de la Brosse, sur le Bosmont. Il se
saisissait le 8 janvier de Danjoutin. L'expédition de
Bourbaki l'obligea de ralentir les travaux et de distraire
plus de la moitié de son armée pour couvrir le siège.
Mais dans la nuit du 20 au 21 janvier, à la suite d'un
combat qui lui coûtait près de 200 hommes, il s'emparait
de Pérouse, et il ouvrait aussitôt la première parallèle,
sur une longueur de dix-huit cents mètres environ, contre
les forts des Hautes et des Basses Perches. Le 26, au
soir, il ordonnait d'assaillir ces deux forts qu'il croyait
presque ruinés par ses batteries et occupés par de mauvaises troupes. Le feu violent de la garnison refoula les

agresseurs ; 10 officiers et 427 soldats furent tués, blessés ou capturés ; « Belfort nous coûte cher », s'écriait Moltke.

Treskow revint au siège régulier et aux travaux d'approche à sape volante. Les Allemands éprouvèrent d'extrêmes souffrances. Les tranchées qu'ils construisaient dans un sol rocailleux, au milieu de pluies torrentielles, étaient sans cesse battues par le canon de la place. Mais la retraite de Bourbaki avait consterné les Français, et, comme disait Denfert à Gambetta, les forts devaient tenir moins longtemps que les dehors ; les munitions d'artillerie s'épuisaient, et il était impossible d' « opposer des difficultés notables à la marche de l'ennemi. » Le 28 janvier, les assiégeants ouvraient la deuxième parallèle contre les Basses et Hautes Perches. Les deux mamelons n'étaient plus qu'un informe amas de terre et n'avaient que des pièces hors de service. Denfert les abandonna le 8 février. Mais, des Perches, Treskow dominait le Château qui n'est qu'à mille mètres de distance. Le 13 février, malgré les chemins défoncés, il avait établi 97 bouches à feu, prêtes à faire chacune 80 décharges et à détruire ce point central de la défense. Par bonheur, l'armistice fut étendu deux jours plus tard à la région de l'Est. Le colonel Denfert, autorisé par le gouvernement à capituler, sortit de la ville le 18 février avec armes et bagages. Il eut la gloire de tirer le dernier coup de canon, et sa résistance à la fois longue et vigoureuse conserva Belfort à la France.

CHAPITRE VIII

Saint-Quentin.

La lutte en Normandie. — Estancelin, Gudin, Briand. — Organisation de la défense dans le Nord. — Testelin, Farre, Villenoisy. — Deux pointes des Allemands sur Saint-Quentin. — Combat de Villers-Bretonneux (27 novembre). — Entrée des Allemands à Amiens (28 novembre). — Capitulation de la citadelle d'Amiens (30 novembre). — Prise de la Fère. — Combat de Buchy et reddition de Rouen (5 décembre). — Faidherbe. — Bataille de l'Hallue ou de Pont-Noyelles (23 décembre). — Bataille de Bapaume (3 janvier). — Capitulation de Péronne (9 janvier). — Bataille de Saint-Quentin (19 janvier).

La lutte s'était organisée en Normandie et dans le Nord comme sur les rives de la Loire et de la Saône.

En Normandie, le député Estancelin qui recevait le titre et les pouvoirs de commandant général des gardes nationales de la Seine-Inférieure, du Calvados et de la Manche, préparait, de concert avec le général Gudin, la défense de Rouen. Tandis qu'Estancelin poussait dans les derniers jours de septembre une reconnaissance jusqu'à Mantes et Meulan, Gudin rassemblait quelques bataillons derrière l'Epte, puis derrière l'Andelle. Au mois d'octobre, le général Briand prit la direction de l'armée dite de Normandie. Il avait deux régiments de cavalerie donnés par la délégation, plusieurs régiments de marche,

des mobiles, des mobilisés, des francs-tireurs qui battaient
l'estrade et engageaient sur divers points, à Formerie,
à Ecouis, au Thil, à Vernon, de légères escarmouches.
Les préfets et la délégation faisaient sonner très haut
ces petites affaires d'avant-poste. Mais les Allemands se
contentaient pour l'instant d'occuper Gisors, d'étendre
leur zone d'approvisionnements et de couvrir le siège de
Paris.

Dans le nord, le médecin Testelin était commissaire
délégué du gouvernement pour les départements du Nord,
du Pas-de-Calais, de la Somme et de l'Aisne. Il éprouvait
de grandes difficultés : les généraux se bornaient à
garder les places et à équiper les mobiles. Mais Testelin
se fit adjoindre le colonel Farre, directeur des fortifications de Lille, qui reçut le grade de général. Aidé de
Farre, du lieutenant-colonel du génie Villenoisy, des
intendants Richard et Montaudon, il forma des régiments
de marche, des bataillons de mobiles, deux escadrons
de gendarmes et deux escadrons de dragons. 279 officiers et sous-officiers, évadés de Sedan et de Metz,
fournirent des cadres à ce nouveau corps, le 22e, que le
gouvernement et la population baptisaient du nom
d'armée du Nord. Un colonel de la garde, Lecointe,
promu général, conduisait la première brigade. La
deuxième brigade avait à sa tête le colonel Derroja ; la
troisième, le colonel du Bessol ; la quatrième, le colonel
Rittier. Le chef d'escadron Charon commandait l'artillerie qui comptait sept batteries, quatre de 3 et trois
de 12. Déjà Bourbaki, général en chef de l'armée, projetait de se porter sur Beauvais et Creil.

Mais les Allemands s'ébranlaient enfin. Ils n'avaient

fait d'abord que deux pointes sur Saint-Quentin. Une première fois, le 8 octobre, ils n'étaient qu'en petit nombre, et leur détachement, composé de trois escadrons de dragons et d'une compagnie et demie de landwehr, recula devant une barricade dressée dans le faubourg et sous la fusillade des gardes nationaux, des pompiers et des francs-tireurs que le préfet de l'Aisne, le vaillant Anatole de la Forge, animait par son exemple. La seconde fois, le 21 octobre, ils parurent en forces : les mêmes dragons avaient pour soutien trois bataillons de landwehr et une batterie; Saint-Quentin dut payer une contribution.

Après la prise de Metz, une armée allemande, formée de deux corps, le Ier et le VIIIe, marcha contre les rassemblements du Nord. Manteuffel la commandait. Il se dirigea sur Amiens qui lui donnait tout ensemble le passage de la Somme et le chemin de Rouen. Bourbaki, dénoncé comme impérialiste, avait été rappelé. Farre qui menait provisoirement l'armée française, vint se poster entre la Somme et l'Avre avec 25 000 hommes dont beaucoup savaient à peine tenir un fusil. La brigade Paulze d'Ivoy qui constituait la garnison d'Amiens, couvrit la ville en se fortifiant au nord de Dury. La brigade Derroja occupa Longueau. La brigade du Bessol s'établit à Gentelles, à Cachy, à Villers-Bretonneux. La brigade Lecointe était en réserve, mais devait intervenir tout entière dans l'action.

Le combat qui décida du sort d'Amiens et qui porte le nom de Villers-Bretonneux, s'engagea le 27 novembre. L'armée du Nord reprit Gentelles qu'elle avait perdu, et, sur le soir, refoula les assaillants vers Domart; elle défendit Cachy et envoya de là des essaims nombreux de tirailleurs contre la ligne ennemie ; elle résista long-temps derrière les retranchements qu'elle avait élevés sur le chemin de Cachy et sur le remblai de la voie ferrée. Mais son artillerie finit par manquer de munitions, et l'infanterie allemande, au bruit des tambours et des hourrahs, s'élança sur Villers-Bretonneux. La tenue des mobiles, avoue Testelin, fut déplorable ; ils s'enfuirent en jetant à terre leurs musettes, leurs paquets de cartouches, leurs objets d'équipement, et entraînèrent les troupes de ligne qui furent repoussées jusqu'au pont de Corbie. Amiens était découvert, et d'ailleurs Gœben qui marchait droit sur la ville, avait emporté toutes les positions, Saint-Nicolas, les ruines du vieux château de Boves, Saint-Fuscien, Saint-Sauflieu, Hébécourt, le cimetière et les ouvrages de Dury.

Le 28 novembre, pendant que Farre et Paulze d'Ivoy battaient en retraite sur Arras, les Allemands entraient à Amiens. Ils sommèrent le commandant Vogel de leur ouvrir la citadelle. Vogel leur répondit par un refus ; mais cinq compagnies prussiennes entamèrent un feu violent de mousqueterie contre la garnison, Vogel fut tué, et le 30 novembre le fort capitulait. Trois jours auparavant, la petite place de la Fère, bombardée durant quarante-huit heures, avait succombé ; elle assurait aux Allemands la voie ferrée de Reims à Amiens et à Creil ; elle leur livrait un considérable matériel d'artillerie qui servit à l'armement de la citadelle d'Amiens.

Rouen ne tarda pas à subir le destin d'Amiens, et l'armée de Normandie, le destin de l'armée du Nord. Le 29 novembre, le comte de Lippe qui commandait à Gisors,

envoyait des reconnaissances sur Etrépagny et les Thil-
liers. Dans la nuit, le détachement qui gardait Etrépagny,
était surpris et mis en fuite par une colonne que dirigeait le
général Briand. Aussitôt Manteuffel partait d'Amiens et
s'avançait sur Rouèn par Neufchâtel et Forges-les-Eaux.
Briand fut déconcerté; il avait, presque au même instant,
sur l'ordre de la délégation, et non sans répugnance,
fait ses dispositions pour marcher vers Paris, puis,
après un contre-ordre, interrompu son mouvement; et
soudain, au milieu de ce va-et-vient, l'envahisseur débouchait sur un point où nul ne l'attendait! Le 4 décembre
l'aile gauche de l'armée de Normandie était culbutée à
Buchy et son arrière-garde sabrée par des hussards. Le
lendemain, Briand, craignant, selon ses propres termes,
d'être attrapé dans une souricière, abandonnait Rouen.
La municipalité voulait résister à outrance, sonner le
tocsin. Mais la foule, se croyant trahie, assiégeait la
maison commune et tirait des coups de fusil sur les
fenêtres. « C'est trop, disait le parlementaire prussien
au Conseil, c'est trop d'avoir à la fois l'invasion étran-
gère et la révolution. » Le 5 décembre, deux brigades
allemandes prenaient possession de Rouen, et dans les
jours suivants de grosses colonnes parcouraient le pays.
Elles s'emparaient de Vernon et d'Évreux. A Dieppe où
elles saluaient la mer par des chants et des cris d'allé-
gresse, elles enclouaient les batteries de côte et détruisaient les sémaphores. Le 31 décembre, le général
de Bentheim attaquait Grand-Couronne et emportait
Château-Robert. L'armée de Manteuffel constitua désormais deux groupes, reliés d'ailleurs par le chemin de fer :
l'un, conduit par Bentheim et composé du 1er corps et

de la brigade des dragons de la garde, occupait Rouen
et surveillait le corps que le général Loysel organisait
au Havre; l'autre, mené par Gœben et formé du VIIIe
corps, du détachement de Senden, de deux divisions de
cavalerie et de la brigade provisoire de la garde, tenait
les bords de la Somme.

Manteuffel, maître de Rouen, aurait peut-être marché
sur le Havre. Mais l'armée du Nord l'appelait de nouveau.
Elle avait un général en chef capable de faire tête aux
meilleurs capitaines de l'Allemagne. Ce général était
Faidherbe. Ancien colonel du génie et gouverneur du
Sénégal où il avait montré les aptitudes de l'homme de
guerre et un remarquable talent d'administrateur, il
commandait la division de Constantine au début des
hostilités. Les républicains de Lille, ses compatriotes, le
signalèrent à la délégation, en assurant qu'il était « très
bon au point de vue politique ». Faidherbe vint en Flandre.
Prudent et avisé, moins hardi et moins brillant que
Chanzy, il sut ménager ses bataillons novices, et sans les
engager à l'aventure, même lorsqu'ils avaient un succès,
leur choisir avec soin d'avantageuses positions de combat,
les ramener sous les forteresses du Nord où ils trouvaient
un abri sûr et puissant, les manier avec assez d'habileté
pour troubler l'adversaire et le tenir incessamment en
haleine. « C'est un homme, disait Gambetta, qui pense
et qui prévoit, rare trouvaille dans le temps où nous
vivons. »

L'armée du Nord comptait à ce moment quatre divisions, les divisions Derroja et du Bessol, la division de
l'amiral Moulac qui renfermait les fusiliers marins, et la
division du général Robin qui ne se composait que de

gardes nationales mobilisées. Les divisions Derroja et du Bessol formaient le 22ᵉ corps, commandé par Lecointe; les divisions Moulac et Robin, le 23ᵉ corps, placé sous les ordres de Paulze d'Ivoy. Le 9 décembre, Faidherbe se mettait en marche, répandant par le bruit de son approche l'espoir et la confiance parmi les populations de la Somme et de la Seine-Inférieure, enlevant la petite ville de Ham et y faisant 210 prisonniers, rejetant deux colonnes allemandes l'une vers la Fère et l'autre vers Amiens, s'établissant sur les hauteurs qui dominent la rive gauche de l'Hallue, et dans tous les villages des deux bords, Vecquemont au confluent de l'Hallue et de la Somme, et en amont, Daours, Bussy-les-Daours, Querrieu, Pont-Noyelles, Fréchencourt, Behencourt, Montigny, Bavelincourt, Beaucourt et Contay.

Moltke avait prescrit de fondre sur toute armée qui se déploierait en rase campagne. Fidèle à ce programme, Manteuffel courut au-devant de Faidherbe avec 25 000 soldats et 108 bouches à feu. Faidherbe avait 78 pièces, dont 12 de montagne, et 35 000 hommes.

La bataille de l'Hallue ou de Pont-Noyelles se livra le 23 décembre à onze heures du matin. Vers quatre heures du soir, après une série d'engagements très vifs, la division Kummer avait emporté sur les rives de l'Hallue Vecquemont, Daours, Bussy-les-Daours, Querrieu, Pont-Noyelles et Fréchencourt; mais, à Vecquemont, elle n'osait pousser au delà de la rivière, et à Pont-Noyelles ainsi qu'à Fréchencourt, elle n'avait pas délogé les Français de leurs hauteurs. La division Barnekow s'emparait des autres villages situés en amont de l'Hallue, Montigny, Behencourt, Bavelincourt et Beaucourt; mais elle n'avait pu déborder la droite des positions ni assaillir les coteaux où Faidherbe avait installé son artillerie. A quatre heures et quart, lorsque tombait l'obscurité, les Français prenaient l'offensive sur presque tous les points et pénétraient dans le bois de Beaucourt et dans les villages de Bavelincourt, de Pont-Noyelles, de Bussy-les-Daours, de Daours, de Vecquemont. Ils étaient refoulés, notamment à Pont-Noyelles et à Daours où les Allemands les chargeaient à l'arme blanche ; toutefois ils gardaient Bavelincourt et y défiaient un retour agressif de l'ennemi.

L'armée du Nord avait donc montré ténacité dans la défense et vigueur dans l'attaque. Mais les Allemands qui ne perdaient que 900 des leurs, lui faisaient un millier de prisonniers et lui mettaient plus de mille hommes hors de combat. Quelques centaines de mobiles et de mobilisés s'étaient enfuis pendant l'action. Faidherbe jugea que ses troupes ne pourraient le jour suivant recommencer la lutte avec le même avantage. Elles avaient supporté d'excessives fatigues et bivouaqué la nuit sur le champ de bataille par un froid de sept à huit degrés au-dessous de zéro, sans bois pour allumer du feu et sans autre aliment que du pain gelé. Le 24, à deux heures de l'après-midi, après avoir envoyé dans la matinée plusieurs volées de canon et jeté des tirailleurs sur la rive droite de l'Hallue, le général opérait sa retraite en un ordre parfait et assez prestement pour être hors de vue à l'aube du lendemain. L'armée marchait sur Arras ; la bise cinglait les visages ; des glaçons pendaient à toutes les barbes.

Faidherbe reparut bientôt. Les Allemands avaient

investi Péronne dont la possession devait leur garantir
la ligne de la Somme, et Kummer, établi à Bapaume,
couvrait le siège de la place. Le 2 janvier, l'armée du
Nord s'avançait pour dégager Péronne, et bien que
repoussée devant Sapignies, elle s'emparait d'Achiet-le-
Grand et de Bucquoy. Le 3, au matin, par un temps
brumeux et presque glacial, elle assaillait Kummer à
Bapaume et, grâce à sa supériorité numérique, elle
était victorieuse. Elle emporta tous les dehors de la position prussienne : Favreuil, Biefvillers, Grévillers, Saint-
Aubin, Avesnes-les-Bapaume et le faubourg de Bapaume ;
elle prit, plus au sud, Tilloy et attaqua Ligny ; elle dé-
borda l'aile gauche des ennemis. Kummer, exposé aux
feux croisés d'une nombreuse artillerie, recula sur
Bapaume pour défendre la vieille enceinte avec le courage du désespoir. Mais il reçut des renforts. Saint-
Aubin fut reconquis et le flanc droit de Kummer assuré.
Tilloy également réoccupé protégea son flanc gauche.
Il conserva Bapaume. Néanmoins ses munitions étaient
consommées et ses troupes avaient grand besoin de
repos : il évacua la ville le lendemain et se replia derrière la Somme. Le lendemain, Faidherbe, lui aussi,
abandonnait les villages qu'il avait enlevés, et rétrogradait. Peut-être eût-il mieux fait de suivre sa pointe, ne
fût-ce que pour rendre son succès plus ample et plus
retentissant. Mais le circonspect général avait vu, à son
extrême gauche, la division Robin se retirer précipitamment sous le feu de deux batteries et ne participer
aucunement à l'action ; il apprenait qu'une foule de
mobiles se réfugiaient dans les ambulances sous prétexte
de maladie ou de blessure ; il savait que son armée était

lasse et, cette fois encore, très rudement éprouvée par le froid de la nuit ; il craignait enfin, s'il se risquait plus loin, d'être enveloppé par des forces considérables qui seraient venues d'Amiens et même des environs de Paris.

Le 9 janvier, six jours après le combat de Bapaume, Péronne capitulait. Faidherbe fut stupéfait et outré : il croyait que la place résisterait plus longtemps puisqu'elle avait ses défenses intactes et qu'une armée de secours manœuvrait à six lieues d'elle. Mais les envahisseurs tenaient désormais la clef de la Somme, et lorsque les Français se portèrent derechef en avant sur des routes glissantes, pour reconnaître les passages de la rivière, ils trouvèrent tous les ponts coupés et tous les villages de la rive gauche barricadés et retranchés. Faidherbe se tourna vers Saint-Quentin et menaça la ligne de la Fère et de Compiègne. A peine avait-il commencé son mouvement que son arrière-garde était attaquée à Tertry, à Caulaincourt, à Pœuilly. La lutte fut âpre et défavorable aux Français qui laissèrent entre les mains des Allemands 500 prisonniers. Imperturbable, Faidherbe concentra ses 40 000 hommes à Saint-Quentin et attendit le choc. C'était le 19 janvier. Il devinait que Paris se préparait à un suprême effort et voulait, lui aussi, se dévouer.

Sa position formait un demi-cercle autour de Saint-Quentin, à l'ouest et au sud de cette ville : Paulze d'Ivoy à l'ouest, entre Fayet et le moulin de Rocourt, du canal de la Somme à la route de Cambrai ; Lecointe, au sud, entre Grugies et Gauchy, de l'autre côté du canal jusqu'à la route de Paris ; la brigade Pauly, composée des mobilisés du Pas-de-Calais, à Bellicourt, pour protéger les lignes de retraite.

32.000 Allemands s'avançaient sous les ordres de ce Gœben dont la statue s'élève aujourd'hui sur une des places de Coblentz. Les deux lieutenants de Gœben, Kummer et Barnekow, le premier, à gauche, et le second, à droite, n'avaient d'autre instruction que d'aborder l'ennemi. Il ne s'agissait, disait Gœben, que de marcher avec énergie et de culbuter ce qu'on aurait devant soi. L'armée française était en effet, suivant le mot du général prussien, faiblement organisée. Sa situation restait la même; et comme toutes les armées de la province, au rebours de ce qui se produit d'ordinaire, elle ne s'aguerrissait pas en guerroyant. Les marins ne cessaient de se distinguer par leur valeur, mais la plupart des mobiles et les mobilisés demeuraient hésitants et timides. La moitié des troupes, avoue Faidherbe, combattait sérieusement et diminuait à chaque affaire ; l'autre moitié ne faisait que figurer sur le champ de bataille. A Saint-Quentin, sans les bourrades des médecins indignés, 200 mobiles, se prétendant malades, auraient pris dans la fabrique Lebé les lits destinés à de pauvres blessés qui gisaient au dehors, sur le sol de la cour.

Barnekow lutta sept heures devant la ligne qui s'opposait à lui. Partout, à la sucrerie de Grugies, au moulin de Giffécourt, à Contescourt et à Neuville Saint-Amand, il trouva la résistance la plus énergique, et par intervalles les Français, saisissant à leur tour l'offensive et s'avançant sur le remblai de la voie ferrée, refoulèrent l'assaillant vers Essigny-le-Grand. Mais à trois heures de l'après-midi, Barnekow, protégé par trente pièces d'artillerie, s'emparait de Castres, de Contescourt, de Giffécourt, de la sucrerie de Grugies, de la hauteur d'A-tout-vent, de Neuville Saint-Amand. Malgré le feu nourri de ses canons et la vigoureuse fusillade de son infanterie, malgré la bravoure du colonel Aynès qui fut mortellement atteint et du commandant Tramond, malgré la ténacité de la brigade Pittié, une des meilleures de l'armée, Lecointe dut céder enfin aux charges impétueuses des compagnies prussiennes et reculer sur le faubourg d'Isle et la gare.

A l'ouest de la ville, la bataille offrait les mêmes péripéties et le même dénouement. Là aussi, elle flottait indécise jusqu'au milieu de l'après-midi. Si les Français abandonnaient à Savy quelques bouquets d'arbres, ils conservaient le reste du bois ; s'ils perdaient le village de Fayet, ils finissaient par le réoccuper ; ils gardaient Francilly ; ils obligeaient Kummer à demeurer strictement sur la défensive. Mais, à trois heures, Kummer, renforcé d'une réserve, poussait sur Saint-Quentin par la chaussée de Ham. Il enlevait l'Épine de Dallon, Francilly, Oëstres. Seul Fayet résistait, et la brigade Michelet, secondée par la brigade Pauly, contint jusqu'à six heures un gros détachement, conduit par le comte de Grœben. Néanmoins, Kummer poursuivait sa marche, et, maître du bois de Savy, puis du moulin de Rocourt, grâce au feu intense de ses huit batteries qui réduisait au silence le canon de l'adversaire, il rejetait les Français sur le faubourg Saint-Martin. Craignant d'être cerné, Faidherbe commanda la retraite. Lecointe s'engagea sur la route du Cateau, et Paulze d'Ivoy, sur celle de Cambrai. Paulze d'Ivoy reçut l'ordre trop tard. Les brigades Michelet et Pauly qui formaient sa droite, avaient eu le temps d'évacuer Fayet. Mais son aile gauche tiraillait encore avec obstination dans les jardins et aux barricades du faubourg Saint-Martin. Elle fut attaquée sur ses derrières, et le chef d'escadron Richard, premier aide de camp du général en chef, n'échappa qu'avec peine, à coups de revolver, et après avoir été pris plusieurs fois. A six heures et demie, l'affaire se terminait. Les Allemands avaient 2 400 hommes hors de combat ; 1 000 Français étaient tués ou blessés, et 9 000 capturés.

Faidherbe se dérobait de nouveau et ne laissait que six canons à son vainqueur. Mais l'armée du Nord ne pouvait plus tenir la campagne. Saint-Quentin l'avait brisée. Des milliers de jeunes soldats, démoralisés, harassés, se traînaient sur les chemins, sans dire un mot, sans lever la tête que pour jeter un regard désespéré sur les gens qu'ils rencontraient. Quelques-uns, incapables de marcher, s'affaissaient dans la boue. La plupart se plaignaient de leurs souliers dont les semelles, composées d'une feuille de carton entre deux tranches de cuir, ne duraient que cinq jours. La cavalerie de Gœben ramassait des centaines d'éclopés. Une soixantaine de Français se rendait à quatre hussards qui l'enfermaient dans une église jusqu'à l'arrivée de leurs renforts. Des partis allaient insulter le glacis de Landrecies et sommer Cambrai de capituler. N'était-il pas évident que les Allemands feraient en cinq ou six semaines la conquête de l'Artois et de la Flandre, dès que Paris serait rendu ?

CHAPITRE IX

Paris.

Paris était prêt à soutenir un siège lorsque se montrèrent les vainqueurs de Sedan. Palikao avait amassé des approvisionnements considérables et rassemblé un parc de bestiaux ; il avait ébauché quelques redoutes, et pour armer et garnir les forts de l'enceinte, le ministre de la marine Rigault de Genouilly avait fait venir des ports plus de 200 pièces de gros calibre et 14.000 marins, 10.600 matelots et 3.300 soldats d'infanterie, hommes robustes, disciplinés, dévoués à leurs chefs, étrangers aux écarts de la révolution, ne connaissant que le devoir rigoureux et le remplissant avec abnégation, servant dans les forts et les camps comme à bord de leurs vaisseaux. Deux corps, le 13ᵉ et le 14ᵉ, composaient l'armée active. Le 14ᵉ qui se formait à peine, avait à sa tête le général Renault. Le 13ᵉ était commandé par le général Vinoy, sage, expérimenté, unissant au talent le patriotisme. Envoyé au secours de Mac-Mahon, Vinoy avait, à la nouvelle du désastre de Sedan, opéré la plus habile retraite. Une de ses divisions, la division Blanchard, fatiguée, manquant de cartouches, ignorant où était l'adversaire, fut un instant compromise. Les mouvements décousus des Allemands qui la poursuivaient, et surtout un retard fortuit la sauvèrent. Elle partit de Mézières après l'heure fixée; mais au moment où elle passait à Saulces-aux-Bois, des habitants de Rethel purent l'avertir que les ennemis occupaient leur ville. Vinoy changea son plan, quitta le chemin de Rethel, gagna lestement Novion-Porcien, puis Chaumont-Porcien et de là, Montcornet et Laon par un crochet sur Seraincourt.

Bientôt paraissaient les Allemands. Dès le 4 septembre, les deux armées du prince royal de Saxe et du prince royal de Prusse s'ébranlaient, la première par Laon, Soissons, Compiègne et Pontoise, la seconde par Reims, Épernay et Château-Thierry. Celle-là s'établissait au nord de Paris; celle-ci traversait la Seine à Villeneuve-Saint-Georges et à Juvisy. L'une et l'autre remarquaient sur leur passage une recrudescence de haine; les villages vides, les meules de foin brûlées, les ponts détruits, les routes dépavées, couvertes d'éclats de verre ou barrées.

par des abatis, des obstacles dressés précipitamment et
sans système, tout démontrait que la guerre prenait un
nouveau caractère.

Le 19 septembre, avait lieu le premier combat digne
de ce nom, le combat de Châtillon. Un véritable homme
de guerre, Ducrot, avait reçu le commandement supérieur du 13° et du 14° corps, Ducrot, qui après la capitulation de Sedan s'était évadé dans la gare de Pont-à-
Mousson où personne ne se souciait de lui, Ducrot à la
haute taille, à la forte carrure, au regard perçant, à la
parole brève, Ducrot, emporté, fougueux, extrême dans
ses affections et ses inimitiés, manquant parfois de pru-
dence et de tact, mais vaillant, déterminé, plein d'un
mépris superbe pour la populace de Paris, bravant non
sans fierté les clameurs des clubs et les calomnies des
journaux, faisant passionnément son métier de soldat,
exhalant depuis Sadowa les patriotiques angoisses qui
l'obsédaient, prévoyant la catastrophe et se raidissant
contre elle de toutes ses forces pour la retarder, combattant l'Allemagne avec haine et avec rage ou, comme
il disait, avec l'ardeur du vieux sang gaulois qui bouil-
lait dans ses veines, Ducrot qui fut peut-être la plus
saisissante figure du siège de Paris.

Il avait résolu de tomber sur le flanc droit des Allemands et d'assaillir les Prussiens de Kirchbach et les
Bavarois de Hartmann pendant qu'ils traversaient
la vallée de la Bièvre et défilaient processionnellement
sur Versailles par Bicêtre et Villacoublay. Il s'établit au
plateau de Châtillon qu'il voulait, malgré Trochu, conserver à tout prix. Mais il n'avait avec lui que le 14° corps

On ne lui confia pas le 13ᵉ : Vinoy, plus ancien de grade et mis en évidence par la retraite de Mézières, s'irritait d'être sous la dépendance de Ducrot, et Trochu n'osa réunir les deux corps d'armée.

De honteuses défaillances se produisirent. L'artillerie lutta vigoureusement tout le jour. Le 15ᵉ régiment de marche, jeté en avant au Plessis-Piquet, ne se replia qu'après une très ferme résistance. Mais aux premiers obus, les zouaves récemment formés et qui n'avaient encore des zouaves que l'habit, s'enfuirent en poussant des cris affreux et portèrent la terreur jusque dans la ville. La division Caussade et la division d'Hugues se débandèrent. Caussade qui devait rester à Clamart, rentra de son chef à Paris. La division Maussion abandonna Bagneux. Désespéré, ne recevant ni munitions ni renforts, manquant d'eau, craignant d'être complètement enveloppé, Ducrot quitta le plateau de Châtillon. Aussitôt Trochu faisait évacuer toutes les redoutes extérieures et sauter tous les ponts. Il ne gardait que le Mont-Valérien, le pont de Neuilly et le pont du chemin de fer d'Asnières.

La journée était irréparable. La confiance s'ébranla. Le peuple répéta que les troupes ne valaient rien, puisque les zouaves avaient fui les premiers. Les Allemands occupèrent les hauteurs de Châtillon, de Clamart, de Meudon qui dominent les forts du Sud. Le soir du 19 septembre, leurs armées faisaient leur jonction. L'armée du prince royal de Saxe s'installa de la Marne jusqu'à Saint-Germain et se lia par la division wurtembergeoise établie entre Seine et Marne à l'armée du prince royal qui tenait toute la région de Bougival à Choisy-le-Roi. 150.000 hommes, s'étendant sur un espace de vingt lieues,

osaient bloquer le gigantesque Paris. Mais les assiégeants se renforcèrent bientôt; ils étaient 250.000 au
milieu d'octobre et, mettant à profit l'inaction des assiégés,
ils se hâtaient de garnir les positions essentielles, d'étager
sur les coteaux des batteries qui commandaient les
routes, de créneler et de barricader les villages, de les
unir solidement les uns aux autres par des ouvrages de
campagne, de commencer ces travaux d'investissement
qu'ils devaient avec le temps améliorer et parfaire. Ils
assuraient leurs subsistances par des ravitaillements réguliers, par l'emploi des vivres de conserve et notamment
de la saucisse aux pois, par des réquisitions que leur
nombreuse cavalerie opérait à longue distance, par
des achats de la main à la main. Resserrer étroitement,
hermétiquement la place, intercepter toutes ses communications, la réduire, comme Metz, par la famine; tel était
leur plan. « Eh bien, disaient les officiers prussiens dès
le 21 octobre à un de nos intendants, vous ne mourez pas
encore de faim à Paris? »

Les forces dont disposa Trochu, comprirent peu à peu
500.000 hommes. Mais, outre les marins des forts, le 35e
et le 42e, ramenés par Vinoy, étaient les seules troupes
de ligne qui fussent inébranlables au feu. Aussi for-
mèrent-ils comme le fonds de toutes les sorties, et ils
donnèrent si souvent que leur effectif était à la fin du
siège presque entièrement renouvelé. Le reste de l'armée
de Paris n'était qu'un rassemblement confus qui n'avait
que des apparences de cadres.

Les régiments de marche qui furent constitués en véritables régiments de ligne, manquaient d'esprit de corps
et de solidité; le quart, le tiers au plus étaient de bons

soldats; les autres n'avaient nulle habitude du service,
nulle instruction militaire.

La garde mobile, forte de 90 bataillons ou de
115.000 hommes, était supérieure en nombre à la troupe
de ligne qui compta, dans le cours du siège, de 75 à
80.000 hommes; mais elle lui était bien inférieure en
qualité. Les mobiles de la Seine, insubordonnés, turbu-
lents, pillards, se livraient aux plus grands excès. Déjà,
au camp de Châlons, ils avaient impunément prodigué de
grossières insultes à Canrobert et à l'empereur. Ils refusaient de défendre les postes qui leur semblaient trop
exposés et s'avisèrent, le 20 septembre, d'évacuer de leur
plein gré le Mont-Valérien. Ceux des forts de la Briche
et de la Double-Couronne louaient des vêtements bourgeois à Saint-Denis et venaient passer la nuit à Paris.
Une fois, en janvier, 500 désertèrent la grand'garde de
la Courneuve. Une vingtaine s'échappèrent du fort
d'Issy pour coopérer à l'émeute du 22 janvier. Les
mobiles de la province étaient plus sérieux. Mais ils se
laissèrent envahir par la nostalgie et gâter par le contact
des Parisiens. Ils étaient logés chez l'habitant et aban-
donnés aux excitations populaires. Beaucoup traînaient
sur le pavé des rues ou dans les cabarets. Près de
8.000 furent atteints de honteuses maladies. Ajoutez qu'un
décret du 14 septembre, rendu par le gouvernement,
malgré l'opposition de Le Flô et de Trochu, avait soumis
les grades de la mobile à l'élection. Les bataillons des
départements conservèrent leurs chefs. Ceux de Paris
n'élurent que des hommes incapables ou intrigants qui
les flattaient ou leur faisaient de belles promesses. Les
choix devinrent si mauvais qu'un décret du 19 décembre,

arraché par Ducrot à Trochu, restitua, mais trop tard, la nomination des officiers au pouvoir exécutif.

La garde nationale ne formait que la toile de fond. Elle comprenait d'abord 60 bataillons animés du meilleur esprit ; elle finit par compter 283 bataillons ou 344.000 hommes et ne fut plus qu'une cohue où se trouvaient des enfants et des vieillards, des vagabonds, des repris de justice. Un grand nombre de commandants, attachés au parti qui méditait d'établir la dictature de la Commune, prétendaient se soustraire à l'autorité du gouvernement. Gustave Flourens, le dieu des Bellevillois, élu par cinq bataillons qu'il voulait conduire tous à la fois, avait obtenu de Trochu le titre de major de rempart et, de son propre mouvement, faisait battre le rappel et convoquait sa milice. Le 5 octobre, à la tête de dix bataillons, il sommait Trochu et ses collègues de changer le personnel des administrations et de procéder aux élections municipales. Le 8 octobre, 4.000 gardes nationaux armés descendaient de Belleville, de Ménilmontant et de Charonne en proclamant la Commune et bloquaient un instant les membres du gouvernement dans l'hôtel de ville. Un décret ordonna que la garde nationale s'organiserait en compagnies de mobilisés volontaires ; 6.500 se présentèrent et on n'osa publier ce chiffre dérisoire. On prit dans chaque bataillon 4 compagnies, composées des hommes de 20 à 45 ans, et on en forma des régiments de guerre qui furent envoyés à l'extérieur et employés dans les tranchées. Ces régiments, à quatre bataillons, chacun de cinq cents hommes, étaient constitués dès le 20 novembre. Les uns eurent bonne contenance et remplirent simplement, dignement leur devoir, parce qu'ils se com-

posaient de lettrés, d'artistes, de commerçants, de gens
modérés qui s'appliquaient à contenter leurs chefs et se
battaient volontiers pour la patrie. Les autres, où dominait l'élément ignorant et exalté, s'enivrèrent, quittèrent
leurs postes, donnèrent aux troupes l'exemple de l'indiscipline et les fatiguèrent par des alertes continuelles
en tiraillant la nuit sans motif. Ces « outrance » ou
« sang-impur » qui hurlaient la *Marseillaise* et criaient à
pleine gorge qu'il fallait faire des sorties, refusaient d'aller
au feu et ne désiraient voir de l'ennemi que ses casques
et ses fusils qu'ils achetaient aux lignards ou aux mobiles
pour les exhiber triomphalement à Paris.

Quant aux corps francs, ils n'agirent qu'à leur guise
et firent plus de mal que de bien. Les éclaireurs à cheval
de Franchetti, le corps des mitrailleurs du colonel Pothier,
le corps auxiliaire du génie commandé par Alphand et
Viollet-le-Duc, la troupe des ouvriers auxiliaires du génie
dirigée par l'ingénieur Ducros, rendirent de précieux
services. Le reste pérorait ou maraudait.

Le chef de cette armée immense, incohérente et désor-
donnée était un homme petit, maigre, chauve, à la
figure calme, rêveuse et nullement militaire, malgré de
noires moustaches. Toutefois, s'il n'avait pas la prestance
et l'énergique physionomie de Ducrot, Trochu, très brave,
plein de sang-froid, prodigieusement actif, le plus brillant officier de l'armée d'Afrique, excellent chef d'état-
major, organisateur méthodique, auteur d'un livre
remarquable qui dévoilait les vices de l'armée française,
passait en 1870 pour un des meilleurs généraux du
second Empire. Mais il n'usa pas de son pouvoir discré-
tionnaire pour fermer les clubs et supprimer les jour-

naux qui démoralisaient l'armée et surexcitaient le peuple,
soit par de furieuses attaques contre le gouvernement,
soit par de sinistres nouvelles, soit par de folles promesses
de victoire. Dans la crainte de provoquer une guerre
civile, il ménagea les meneurs de Belleville qu'il pouvait
mâter et maîtriser. Il voulut, avec ses imprudents collègues, administrer Paris comme en temps de paix et
offrir au monde le spectacle unique d'une multitude
enfiévrée et jouissant en pleine guerre de tous les bien-
faits de la liberté. Il s'imagina qu'il était un Lamartine en
uniforme, et prétendit maintenir l'ordre et comprimer
l'effervescence populaire, non par la force du sabre,
mais par la force morale, par le seul ascendant de sa
plume et de sa parole, par de longues et fréquentes
proclamations qui manquèrent leur effet et lui valurent
le surnom de colleur d'affiches ou de général Trop lu.
Doué d'une grande facilité d'élocution, il discourait, discourait sur toutes choses et se piquait d'être plus avocat que
les avocats ses collègues. Désireux d'éblouir ses entours
par ses connaissances étendues et ses aptitudes univer-
selles, il descendait dans les plus petits détails. Enfin,
il luttait sans conviction et sans espoir. Bien qu'il dît
publiquement qu'il était pénétré de la plus entière confiance dans un retour de fortune, il regardait le siège
comme une héroïque folie et répétait volontiers à ses
intimes qu'on serait trop heureux de chicaner l'adversaire. Avec cela, dévot, mystique, comptant par instants
sur un miracle, espérant une intervention divine, priant
sainte Geneviève au dernier mois de l'investissement de
sauver Paris en 1871 comme en 451 lorsqu'elle repoussait l'invasion des barbares. « Je suis croyant, écrivait-il

dans un projet de proclamation, et j'ai demandé à sainte Geneviève de couvrir encore une fois Paris de sa protection; elle a voulu qu'à l'heure même ce vœu fût exaucé; elle a providentiellement inspiré aux ennemis la pensée du bombardement qui les déshonore. » Il aurait publié ces naïves effusions d'un cœur sincèrement catholique, si ses collègues du gouvernement ne l'en avaient empêché. Était-il besoin, lui répondait-on, de recourir au bon Dieu pour vaincre les Prussiens, et le roi Guillaume n'avait-il pas, ainsi que Trochu, ses saints qui combattaient pour lui?

Enfin, Trochu défendit Paris comme on défend une bicoque ou un pigeonnier, tristement, passivement, sans énergie ni vivacité. Il aurait dû prodiguer les sorties, porter aux Allemands de rudes et incessants coups de boutoir, les inquiéter et les troubler continuellement, les user en détail, leur donner, de même qu'aux Parisiens, la fièvre obsidionale, profiter de sa supériorité numérique et de la rapidité de mouvement que lui offrait sa situation centrale, laisser à ses meilleurs lieutenants plus d'initiative et leur permettre d'agir de leur chef, tout en les suivant de près pour les aider au besoin. Il aurait dû se faire assaillant, construire en divers endroits ces contre-approches que demandait le général Tripier, rendre aux ennemis siège pour siège, marcher sous la protection de l'artillerie contre une ou plusieurs de leurs positions par des parallèles et des tranchées successives, tenter d'arriver par un travail souterrain sous leur propres ouvrages. Il aurait dû, au lieu de conserver intacts les sapeurs-pompiers, les gendarmes, la garde municipale, les douaniers, les sergents de ville, les

répandre comme sous-officiers dans tous les corps de
la garnison. Il aurait dû surtout tirer un plus grand parti
du bon vouloir de la garde nationale et du désir d'activité qui la tourmentait, débrouiller aussitôt cette masse
énorme qui fut trop longtemps un inextricable chaos,
trier sur-le-champ les éléments les plus vigoureux, les
assujettir à la discipline et à la rigueur de la loi militaire, les poster au dehors et les éduquer insensiblement,
les accoutumer peu à peu à la vue de leur adversaire,
les aguerrir par une série de petits engagements. Nul
doute que la garde nationale, intelligemment employée
dès le mois d'octobre, n'eût fini par être excellente. Ne
se battit-elle pas avec bravoure pendant la Commune?

Mais Trochu croyait que la garde nationale serait
toujours, quoi qu'il fît, de la plus médiocre qualité.
Après la perte du plateau de Châtillon, il ne pensa qu'à
façonner et à former l'armée active, la ligne et la garde
mobile. Et il est vrai que des éclats d'offensive se mê-
lèrent aux travaux de fortification. De fréquentes
alertes raffermirent les soldats et leur rendirent du
cœur. Vinoy occupait Vincennes et le front sud. Carrey
de Bellemare tenait Saint-Denis. Ducrot s'établissait
entre Billancourt et Saint-Ouen, plaçant ses avant-postes
à Courbevoie, à Puteaux, à Asnières, à Suresnes, les
poussant vers Saint-Cloud, la Fouilleuse et Rueil, leur
faisant border la rive gauche de la Seine de Nanterre à
Argenteuil, dressant des batteries qui balayaient la plaine
de Gennevilliers, bâtissant des ouvrages au moulin des
Gibets, à la Folie, à Charlebourg, à Colombes. De vastes
reconnaissances élargirent le cercle des opérations de la
défense, et plusieurs furent de véritables combats où les

mobiles, mis à l'épreuve, rivalisèrent parfois de vaillance avec les lignards. Mais ces combats n'étaient pas menés avec vigueur. Ils n'avaient guère d'autre but que de détendre les nerfs de Paris. Les troupes ne furent jamais assez nombreuses et ne traînèrent avec elle qu'une artillerie insuffisante. Le canon des forts servit moins à les protéger qu'à prévenir l'assiégeant.

Le 22 septembre, après s'être convaincu que l'émotion de Châtillon s'était calmée et que les Allemands ne tenteraient pas l'assaut, Trochu décidait de reprendre quelques-uns des dehors qu'il avait lâchés, et de ressaisir Villejuif et les deux redoutes des Hautes-Bruyères et de Moulin-Saquet : il dominait ainsi la vallée de la Bièvre et la route de Versailles à Choisy-le-Roi ; il protégeait le flanc de Montrouge et de Vanves ; il couvrait contre un bombardement Bicêtre, Ivry, Bercy, le faubourg Saint-Antoine et le quartier de l'Hôtel-de-Ville. L'expédition réussit. Les Allemands n'avaient que faiblement garni les positions. On y entra dans la nuit du 22 septembre. La redoute des Hautes-Bruyères résista ; mais le 23, au matin, elle fut enlevée, et le même jour les escarmouches de Pierrefitte et de Stains coûtaient aux ennemis une centaine d'hommes.

Une sortie plus considérable s'exécuta le 30 septembre dans la direction de Choisy-le-Roi. Mais la canonnade qui la précéda donna l'éveil aux Allemands, et au lieu de prolonger ce feu d'artillerie pour ébranler les adversaires, Trochu le fit cesser au bout d'une demi-heure. Les colonnes d'attaque s'élancèrent sur Chevilly, l'Hay et Thiais. La brigade Guilhem, composée des deux vieux régiments, le 35ᵉ et le 42ᵉ, emporta les premières maisons de Chevilly; mais son général fut frappé de dix balles dans la poitrine; les réserves que Trochu défendit d'engager, ne vinrent pas, et les deux régiments de ligne, pris en flanc, reculèrent. A l'Hay, la brigade Dumoulin plia sous la fusillade qui partait du cimetière et du parc; les officiers essayèrent en vain d'entraîner les soldats qui se pelotonnaient et refusaient d'aller plus avant. A Thiais, deux régiments de marche prirent d'abord deux canons; mais comme si cet effort les eût épuisés, ils ne tardèrent pas à fléchir.

Le 13 octobre, Vinoy menait 25 000 hommes à l'assaut de Bagneux et de Châtillon. Les mobiles de la Côte-d'Or et de l'Aube, soutenus par le 35e de ligne, s'emparèrent de Bagneux. Le capitaine Jean Casimir-Perier se signala par sa valeur et son sang-froid. Le comte de Dampierre, chef du bataillon de l'Aube, mortellement atteint sur la dernière barricade, criait encore « en avant ». Quelques mobiles de la Côte-d'Or fuyaient; leur lieutenant-colonel, Grancey, les menaça de son pistolet : « Misérables, si vous n'avancez pas, je tire dans le tas ! » Mais les vainqueurs ne purent déboucher du village. Pareillement, la brigade Susbielle, cheminant à la sape de maison en maison, conquit, non sans difficulté, le bas Châtillon, mais dut s'arrêter devant l'église, sous le feu des Bavarois, et ne parvint pas à gagner le haut Châtillon. Vinoy comptait néanmoins rester maître de Bagneux et garder la position qui fournirait un point d'appui à de nouvelles attaques. Sur l'ordre de Trochu, il opéra sa retraite qui fut couverte par les marins du fort de Montrouge.

Le 21 octobre avait lieu le combat de la Malmaison où

les zouaves furent des héros et lavèrent la tache du 19 septembre. A deux heures et demie, une porte du parc est brisée par les sapeurs. Aussitôt une compagnie de zouaves, entraînée par le commandant Jacquot, se jette dans le parc avec furie, le traverse en culbutant tout ce qu'elle rencontre, sort par une brèche, se lance au milieu des vignes et des haies à l'assaut de la Jonchère, se loge en un pavillon de bois, tiraille sur les Prussiens, recule un instant, revient à la charge, lorsqu'elle est rejointe par d'autres zouaves et par plusieurs soldats du 36ᵉ de marche, et derechef escalade les pentes de la Jonchère. Mais la moitié de ces braves gens tombe sous les balles ennemies; le commandant Jacquot est blessé deux fois ; les zouaves rétrogradent vers le sud du parc. Là, aidés par les francs-tireurs du Mont-Valérien, ils luttent quelque temps encore, puis rentrent dans le parc par la brèche qu'ils ont franchie tout à l'heure. On ne les a pas secourus. Effrayés par les projectiles qui pleuvent de la Jonchère, le 36ᵉ de marche et les mobiles du Morbihan se cachent au château de la Malmaison et dans les taillis. Le 1ᵉʳ bataillon des mobiles de Seine-et-Marne fait une utile diversion au bois Béranger, mais lâche pied à la vue des Prussiens qui s'ébranlent. Sur tous les points, les Français ont fléchi. Des francs-tireurs, conduits par le capitaine Faure-Biguet, des chasseurs, des mobiles de la Loire-Inférieure se battent vaillamment dans les bois de Longboyau et sur les bords de l'étang de Saint-Cucufa, mais plient sous une violente fusillade. Miribel, Nismes, Grandchamp installent sur les pentes du parc de Buzenval, près de la porte de Longboyau, trois canons et deux mitrailleuses qui tirent sur le plateau de la

Jonchère et sur les endroits d'où débouche l'adversaire ; mais les Prussiens enfoncent la porte de Longboyau et s'emparent de deux pièces.

On a souvent dit que l'affaire de la Malmaison avait causé dans Versailles, au quartier général du roi de Prusse, une sorte de panique. Il suffit de remarquer, pour réfuter cette légende, que les Allemands n'avaient en ligne qu'une brigade et quatre compagnies. Le combat du Bourget eut une bien plus grande importance. Le 28 octobre, au matin, les francs-tireurs de la Presse surprenaient une compagnie de la garde royale prussienne et enlevaient le Bourget. Le général Carrey de Bellemare avait ordonné ce coup de main. Il dépêcha des renforts aux francs-tireurs et se rendit à Paris pour demander du canon. Mais Trochu ne voulait pas garder le Bourget qui lui semblait en pointe ; il répondit évasivement, puis envoya une batterie de 12 qui n'arriva qu'après l'action. On savait pourtant que le Bourget serait attaqué. Dès le 28 au soir, un bataillon prussien avait essayé de s'en saisir par un brusque assaut, et le 29, durant toute la journée, trente bouches à feu le bombardaient. Le 30, à huit heures du matin, sous la protection de leur artillerie, deux régiments de la garde s'avançaient, dans un ordre tout nouveau, dans l'ordre déployé soutenu par des tirailleurs, tantôt allant au pas de course, tantôt se jetant à terre et profitant du moindre abri, d'un sillon, d'un tas de fumier, et finissant par déborder le Bourget et par y pénétrer. Deux pièces étaient dans le village ; elles s'éloignèrent, 1 500 mobiles, suivant l'exemple de l'artillerie, regagnèrent Paris. Les officiers supérieurs étaient absents.

Du bas Bourget, de la ligne du chemin de fer, de la
Courneuve, de Drancy personne ne vint, ne fit feu.
1 900 hommes restaient au Bourget, cernés, livrés à
eux-mêmes, et comptant sur des secours. C'étaient,
outre des francs-tireurs de la Presse, le 12⁰ et le 14⁰
bataillon des mobiles de la Seine et le 28ᵉ de marche,
en partie composé de grenadiers et de voltigeurs de la
garde impériale. Leur résistance fut acharnée, héroïque.
Ils défendirent les maisons une à une, tirant par les
fenêtres et par les soupiraux des caves, luttant ensuite
à coup de crosse et de baïonnette, tuant ou blessant à
l'ennemi près de cinq cents des siens, l'obligeant de
percer les murs et d'assiéger chaque habitation, forçant
le général de Budritzki à descendre de cheval et à prendre
en main le drapeau du régiment Reine-Elisabeth pour
emporter la principale barricade de la grande rue. Les
uns tinrent jusqu'à onze heures, d'autres jusqu'à une
heure. Tous tombèrent ou furent faits prisonniers. Le
commandant Brasseur ne sortit de l'église qu'après
avoir consommé toutes ses munitions. Le commandant
Baroche, une des plus nobles victimes de cette guerre,
aima mieux mourir que de se rendre et succomba, frappé
d'une balle au cœur. Le village ressemblait à un charnier ;
le sang y coulait par ruisseaux ; les murs étaient
couverts de cervelles humaines.

Le 31 octobre, au matin, la population apprit à la fois
l'arrivée de Thiers qui venait proposer un armistice, la capitulation de Metz et la perte du Bourget. Cette triple nouvelle exaspéra Paris. Les bataillons de la garde nationale
mirent la crosse en l'air pour annoncer qu'ils assisteraient
sans bouger au renversement des hommes du 4 septembre

et à l'avènement d'un pouvoir plus énergique et plus
résolu. La foule se porta vers l'hôtel de ville où les
maires provisoires des arrondissements et les membres
du gouvernement s'étaient réunis. Des députations repro-
chèrent à Trochu l'abandon du Bourget et les projets
d'armistice. Les maires demandèrent l'élection immédiate
d'un Conseil municipal, d'une Commune, et les membres
du gouvernement acceptèrent en principe cette proposition. Soudain, dans l'après-midi, après avoir culbuté
les mobiles de l'Indre dans l'escalier, les tirailleurs de
Belleville, le seul bataillon qui fût alors sous le commandement direct de Flourens, forcent les portes de la salle
des séances. Rochefort et Picard s'échappent. Trochu,
Favre, Simon, Garnier-Pagès, Ferry sont entourés,
pressés dans l'embrasure d'une fenêtre, insultés, couchés
en joue, et refusent avec un calme inébranlable de
donner leur démission. On proclame au milieu d'un
affreux tumulte la déchéance de Trochu et de ses
collègues. A la lueur des lampes que les garçons ont
apportées selon la coutume et, comme s'il n'y avait rien
d'extraordinaire, Flourens, monté sur la table, dicte les
noms des membres d'un Comité du salut public. Dorian,
inscrit en tête de cette liste, proteste d'abord qu'il n'est
que fabricant; puis, acclamé par la multitude, il se rend
dans le cabinet du maire et signe avec Magnin, Schœlcher,
Arago, Floquet et Brisson une affiche qui annonce les
élections municipales pour le lendemain. Mais Blanqui
survient et rédige des décrets. La partie saine de la garde
nationale, apprenant que les agitateurs s'emparent du
pouvoir, se ravise. A huit heures, le 106ᵉ bataillon se
fraye un passage à travers l'émeute et délivre Trochu

et Ferry. Déjà Flourens, Blanqui, Millière ont peur pour eux-mêmes; aidés de Dorian qui conseille d'éviter l'effusion du sang, ils proposent un arrangement à leurs otages, et Favre, Simon, Garnier-Pagès promettent de ne poursuivre personne, pourvu qu'ils soient saufs. De leur côté agissent les membres du gouvernement devenus libres, Trochu, Picard, Ferry. Le général, trop scrupuleux, ne voulait d'autre troupe que la garde nationale pour réprimer le mouvement. Picard prescrit de battre le rappel dans tout Paris. Ferry court à la place Vendôme, entraîne quelques bataillons vers l'hôtel de ville, commande d'enfoncer la porte de la place Lobau. Delescluze se présente en parlementaire et obtient de Ferry que les insurgés quitteront l'édifice, sans être inquiétés, s'ils respectent les captifs. Deux heures s'écoulent. Le comte de Legge, perdant patience et violant les instructions qu'il a reçues, pénètre à la tête de ses mobiles du Finistère dans un souterrain qui relie la caserne Napoléon à l'hôtel de ville ; il se saisit du rez-de-chaussée et enferme dans les caves tous les séditieux qu'il rencontre ; mais Le Flô qui s'esquive pendant cette attaque, lui enjoint de s'arrêter, de crainte de provoquer le massacre de Favre et de Simon. Enfin, à trois heures et demie du matin, sur l'ordre de Le Flô, le comte de Legge ouvre à Ferry la porte de la place Lobau. Suivi des gardes nationales, Ferry entre dans la salle du Conseil, monte sur la table et déclare aux « sang-impur » qu'ils sont ses prisonniers et qu'il leur fait grâce. Les hommes du 4 septembre et ceux du 31 octobre sortent pêle-mêle de l'hôtel de ville comme s'ils se protégeaient mutuellement. Pas un coup de fusil n'avait été tiré.

Le gouvernement sauvé invita les Parisiens à voter le 3 novembre par oui ou par non s'ils entendaient le conserver à son poste, et il eut 559 000 oui contre 62 000 non. Encouragé par ce plébiscite, il ordonna l'arrestation des principaux meneurs, malgré la transaction que plusieurs de ses membres avaient acceptée. Il consentit à l'élection des maires, en affirmant toutefois que cette élection était la négation de la Commune et que les maires ne seraient que les agents du pouvoir exécutif. Rochefort se retira : il avait inutilement demandé qu'on punît les émeutiers avec la dernière sévérité, que le gouvernement fût transféré dans une ville plus sûre, que l'autorité militaire devînt omnipotente à Paris et y établît l'état de siège dans toute sa rigueur !

Thiers avait quitté Paris pendant cette fameuse journée du 31 octobre. Depuis quelques semaines, à la prière de Favre, il parcourait l'Europe pour l'intéresser à la cause de la France et obtenir des puissances soit une médiation armée soit plutôt une intervention collective ou isolée. Il s'était rendu à Londres, à Vienne, à Pétersbourg, à Florence. Mais il eut beau se plaindre de la politique des grands États qui se conduisaient en 1870 comme la France en 1866. Il trouva partout, avec les égards les plus courtois, une abstention obstinée. Lui-même reconnaissait tristement que la sympathie de Gladstone et de Granville pour sa patrie se réduisait à rien et que l'Angleterre, se renfermant dans sa position insulaire, craignait de s'approcher de l'incendie qui dévorait le centre du continent. L'Autriche, menacée par la Russie, se contentait de regretter la torpeur de l'Europe et de souhaiter une entente commune entre les neutres. La Russie récriminait contre le second Empire ; Gortschakow ne pensait qu'à déchirer le traité de Paris qu'il nommait sa robe de Nessus, et si le tsar Alexandre écrivait à Guillaume et le priait de ne pas démembrer le territoire français, le roi de Prusse répondait qu'il ne pouvait s'opposer à l'opinion unanime de l'Allemagne qui réclamait une frontière mieux garantie. L'Italie n'était préoccupée que de Rome où elle installait sa capitale, et pourquoi eût-elle fait en faveur de la France une démonstration militaire ? Victor-Emmanuel promit d'abord de mobiliser un corps d'armée ; mais le lendemain il demanda si ce mince contingent sauverait la France, et Thiers garda le silence. « Si mon ami, remarquait le ministre Visconti-Venosta, se jette par la fenêtre sans m'en avertir et se casse le cou, dois-je sauter après lui pour me briser les membres ? » Thiers avait touché barre à Berlin. Il s'était entretenu longuement avec le célèbre historien Ranke et lui avait déclaré que la France n'accepterait jamais la cession de l'Alsace. « Vous nous avez arraché, lui dit Ranke, deux de nos provinces de l'Ouest, et nous les revendiquons. L'Allemagne a versé son sang ; elle sait que la France ne lui pardonnera pas Sedan ; elle exige une sûreté pour l'avenir. Notre peuple ne supportera pas que ses anciennes possessions restent dans des mains françaises ; quand le roi y souscrirait, il ne peut vous rendre votre territoire intact ; nous voulons Strasbourg et Metz. La guerre n'est plus dirigée ni contre l'empereur ni contre la nation ; nous désirons même que la France ait encore une certaine grandeur ; mais nous combattons la politique de Louis XIV qui mit autrefois notre impuissance à profit pour nous enlever Strasbourg, sans aucun pré-

texte. Nous n'avons pas oublié cette iniquité, et c'est elle
qui nous enflamme aujourd'hui ; réparons cette vieille injustice et ensuite soyons amis ! » Thiers objecta que la
conquête de l'Alsace serait pour l'Allemagne une cause
d'affaiblissement, et non de force. « Laissez faire, répliqua
Ranke, avec quelle rapidité Landau a été regermanisé
sous l'influence bavaroise ! » La mission de Thiers n'avait
produit qu'un seul résultat. Le cabinet britannique pria
la Prusse de conclure un armistice qui permettrait à la
France d'élire une assemblée, et l'Autriche, l'Italie, la
Russie appuyèrent cette proposition de l'Angleterre.
Thiers, chargé de négocier la suspension d'armes, obtint
des sauf-conduits, et après avoir complété à Paris les
pouvoirs qu'il avait reçus de la délégation de Tours, il
conférait le 1er novembre à Versailles avec Bismarck.

Bismarck adopta le principe d'un armistice qui fournirait à la France le moyen de constituer un pouvoir
souverain, et il consentit à interrompre les hostilités
tandis que se formerait une assemblée nationale. Il ne
voulait pas toutefois que l'Alsace et la Lorraine pris-
sent part à l'agitation électorale. Au plus, accordait-il
que le gouvernement français fît choix de plusieurs
notables qui seraient regardés comme députés de ces
deux provinces. Mais la question la plus grave était celle
du ravitaillement de Paris durant la suspension d'armes.
Le 3 novembre, sous le coup des nouvelles de Paris,
et après avoir annoncé à Thiers que le désordre avait un
instant triomphé dans la capitale, Bismarck déclara que
l'armistice nuisait aux intérêts de l'Allemagne, que les
armées de la délégation auraient le temps de s'organiser
pendant la trève, que Paris ravitaillé prolongerait indé-

finiment sa défense, que le roi Guillaume ne concéderait pas à ses adversaires de pareils avantages s'il n'avait pour lui-même des « équivalents militaires » et n'occupait une position autour de Paris, un fort, et peut-être plus d'un. Thiers répondit qu'autant valait demander Paris. Mais, au fond du cœur, il croyait que la France n'avait plus une seule chance à tenter, et en un rendez-vous qu'il eut le 5 novembre, près du pont de Sèvres, dans une maison abandonnée, avec Favre et Ducrot, il n'hésita pas à dire que la paix immédiate était nécessaire, que les ennemis exigeaient à l'heure présente l'Alsace et deux milliards, qu'ils exigeraient plus tard la Lorraine avec l'Alsace et cinq milliards. Il se trompait, et s'il s'était souvenu de son entretien avec Ranke et s'il avait exactement connu l'état des esprits en Allemagne, il aurait compris que la conquête de Strasbourg et de Metz, de l'Alsace et de la Lorraine était et avait toujours été le but de Guillaume, de Bismarck et de tout le peuple germanique. Favre répliqua que Thiers avait raison, mais que la population parisienne n'acquiescerait jamais à de semblables conditions. Ducrot ajouta que la France ne pouvait capituler encore. « Nous avons des vivres, s'écriait le général, nous avons des armes, des munitions, des troupes qui s'aguerrissent chaque jour ; nous devons défendre Paris aussi longuement que possible pour donner au pays le temps de former de nouvelles armées ; la résistance de Paris rachètera la honte de Metz et de Sedan ; si les ruines matérielles s'augmentent, les ruines morales diminueront. » — « Vous parlez en soldat, dit Thiers, et non en politique ». — « Je parle en politique, repartit Ducrot, une grande nation comme la France

se relève toujours de ses ruines matérielles ; jamais
elle ne se relèvera de ses ruines morales ; notre géné-
ration souffrira, mais la suivante bénéficiera de l'honneur
que nous aurons sauvé ! »

La guerre reprit donc. Le gouvernement de la Défense
nationale décida qu'il tenait la négociation pour rompue,
qu'il ne pouvait accepter un armistice sans ravitaillement,
qu'il lutterait avec plus d'énergie que jamais. On avait
amélioré les ouvrages de l'enceinte et des forts, établi le
long du chemin de fer de ceinture une seconde ligne
d'ouvrages, fabriqué des cartouches et des gargousses
en grand nombre, coulé plus de deux cent mille projectiles, complété le matériel d'artillerie et mis deux
mille pièces en batterie. Il était temps de passer à l'offensive, et puisque l'assiégeant renonçait à l'attaque et
ne bougeait pas, de l'assaillir dans ses retranchements.
Trochu créa trois armées. La première armée, composée
de 266 bataillons de la garde nationale, reçut pour chef
Clément Thomas. La deuxième armée, conduite par
Ducrot, comprenait 100 000 hommes, divisés en trois
corps : Blanchard, Renault, d'Exéa, et l'on y trouvait les
meilleures troupes de Paris, le 35e, le 42e et les zouaves.
La troisième armée, sous les ordres de Vinoy, comptait
70 000 hommes et parmi eux la garde républicaine, les
gendarmes, les douaniers, les forestiers et les marins.
Une division de 30 000 hommes répartis en trois brigades était à Saint-Denis, sous le commandement du
vice-amiral La Roncière le Noury.

Toutes ces forces allaient concourir à l'exécution du
plan conçu par Ducrot et approuvé par Trochu, à la
sortie de 50 000 soldats qui perceraient par la basse

Seine et brisant la ligne d'investissement de la presqu'île d'Argenteuil, — en un endroit où l'ennemi n'attendait pas d'agression et se défendait moins solidement qu'ailleurs, — passant la rivière à Bezons, marchant vers les hauteurs de Cormeil et de Sannois, gagneraient, par la Patte-d'Oie d'Herblay et Pontoise, Rouen et le Havre. Depuis cinq semaines les efforts de Trochu et de Ducrot tournaient et pivotaient, pour ainsi dire, autour de cette combinaison, et voilà pourquoi Ducrot construisait des redoutes et dressait des batteries de Gennevilliers à Rueil, pourquoi il livrait le combat de la Malmaison qui devait éloigner les Allemands de la presqu'île d'Argenteuil et qui était comme le prologue de l'expédition de Normandie, pourquoi Trochu priait Gambetta d'envoyer vers la basse Seine une armée qui s'appuierait sur Rouen et cheminerait avec précaution par la rive droite. On comptait faire de l'élite qui sortirait de Paris et se réunirait entre Dieppe, Rouen et Caen, le noyau de toutes les armées du pays, rassembler autour d'elle le gros de l'armée de la Loire qui viendrait par les voies ferrées du Mans, les troupes du Calvados et celles de Cherbourg, des détachements des places du Nord. On aurait ainsi près de 250 000 hommes qui s'adosseraient à la mer, se ravitailleraient aisément et pourraient gagner une bataille, débloquer la capitale.

Ce plan superbe, mais très hasardeux, ne fut pas exécuté. Le 14 novembre Paris apprenait la victoire de Coulmiers, et bientôt Gambetta annonçait que l'armée de la Loire bivouaquerait aux premiers jours de décembre dans la forêt de Fontainebleau. Le dessein de Trochu et de Ducrot était renversé, et l'opération qu'ils avaient soigneusement préparée, pour toujours abandonnée. Il fallut, sous la pression de l'opinion publique, aller au-devant de l'armée de la Loire, tenter au sud-est, et non plus à l'ouest, l'effort décisif, pousser vers Orléans et non plus vers Rouen, accumuler sur les rives de la Marne, entre Charenton et le mont Avron, tout le matériel amassé à Gennevilliers. D'après les conseils du colonel de Miribel, Ducrot résolut de surprendre le passage de la rivière à Joinville et à Bry, d'enlever Noisy-le-Grand, Villiers, Cœuilly, Chennevières, et de marcher vers Émérainville.

Ce fut la grande trouée du siège. Mais avait-elle chance de réussir? Les Parisiens étaient incapables de la faire lorsqu'elle fut possible, et elle était impossible lorsqu'ils furent capables de la faire. Pendant les semaines où Trochu formait son armée et accroissait ses ressources, l'ennemi, opposant défensive à défensive, avait eu le temps de rendre imprenables les postes qu'il occupait. Chacun des deux partis était devenu inabordable, invulnérable : les Allemands ne pouvaient entrer à Paris, ni les Français en sortir : seule la famine devait mettre un terme au duel, et la question était une question non de canon, mais de pain.

Après avoir fait tous ses préparatifs et réglé les mouvements de la deuxième armée, Ducrot lançait le 28 novembre sa fameuse proclamation, tant raillée depuis, mais qui transporta les citoyens et les soldats, les émut profondément et, pour un instant, un seul instant, fit courir à travers leurs veines et jusque dans la moelle de leurs os la fièvre et le frisson de l'enthousiasme patriotique : « Je ne rentrerai que mort ou victorieux ; vous pourrez me voir tomber; vous ne me verrez pas reculer; alors ne vous arrêtez pas, mais vengez moi ! »

Par malheur, il dut ajourner le passage de la Marne, non, comme on l'a prétendu, parce que les ponts étaient trop courts, non, comme on on l'a dit, parce qu'eut lieu une crue de la rivière — tous les soldats remarquèrent que l'eau était verte — mais à cause d'une circonstance absolument imprévue. L'ingénieur Krantz avait mission d'établir les ponts le 29 novembre, à deux heures du matin, et d'amener leurs équipages la veille, à huit heures du soir, de Charenton ou du canal Saint-Maurice dans la Marne. Mais le pont de Joinville sous lequel il fallait passer, était détruit; une seule arche, la troisième, restait libre, et par suite de l'amoncellement des pierres et des débris de toute sorte, le courant avait en cet endroit une telle violence, une telle rapidité que le premier des remorqueurs, la *Persévérance*, commandée par le capitaine Rieunier, ne put le remonter, après avoir forcé la vapeur et chargé les soupapes, qu'à onze heures du soir. Il était trop tard pour établir les ponts. Que faire ? Transformer l'opération ? Se jeter dans la vallée de Chelles et prendre le Raincy? Traverser la Marne en aval de Joinville? Tous ces projets semblaient aventureux. Finalement, on se résignait à perdre un jour, et, pour tromper l'adversaire, on exécutait les diversions convenues. Les plus considérables étaient celles de l'amiral Saisset et de Vinoy. Saisset s'empara d'Avron et fit installer par le colonel Stoffel une nombreuse artillerie sur ce plateau que l'état-major allemand comparait à un coin enfoncé dans les lignes d'investissement. Vinoy emporta la Gare-aux-Bœufs en avant de Choisy-le-Roi et dirigea contre l'Hay une attaque qui fut vive et sanglante ; aussi, lorsqu'il sut l'incident de la Marne, il se hâta de rompre un combat qu'il jugeait inutile.

Ce fut donc le 30 novembre que s'effectua le passage de la Marne. Mais les Allemands avaient eu le temps de se mettre en mesure. Avron occupé, les bruits et les mouvements de la deuxième armée, les feux de bivouac allumés au bois de Vincennes et dans la plaine, l'affaire de Beaune-la-Rolande, tout leur annonçait une sortie des Parisiens vers le sud-est. Ils renforcèrent par une division saxonne la division wurtembergeoise qui gardait l'espace entre la Marne et la Seine.

Pendant qu'avaient lieu de nouvelles diversions, que la brigade Hanrion, venant de Saint-Denis, pénétrait à Epinay et que la division Susbielle enlevait Montmesly, la deuxième armée passait la Marne sous la protection du canon d'Avron, de Rosny, de Nogent, de Gravelle et de Saint-Maur. Son effort devait se tourner contre les positions de Villiers et de Cœuilly ; le 1er et le 2e corps les abordaient de front ; le 3e corps les prendrait à revers par Neuilly-sur-Marne et Noisy-le-Grand.

Le 1er corps de Blanchard, formé des divisions Faron et Malroy, entra facilement dans Champigny, qui n'était que faiblement défendu. Puis, tandis que la division Malroy se postait au four à chaux et engageait de loin une canonnade pour soutenir les attaques, la division Faron marchait vers le parc de Cœuilly. Mais derrière les murs crénelés de ce parc s'abritaient les Wurtembergeois. Trois fois nos pièces essaient de s'établir en batterie sur le plateau ; trois fois elles se replient sous un feu intense en perdant la plupart de leurs hommes et de leurs che-

vaux. Trois fois notre infanterie se précipite vers les retranchements ; trois fois elle est repoussée. Au deuxième
assaut, six compagnies wurtembergeoises sortent du
parc et serrent de près les Français ; ceux-ci font brusquement volte-face, tombent à leur tour sur l'ennemi, lui
blessent un colonel et un major, lui désarçonnent tous
ses officiers, et le rejettent sur Cœuilly. A la troisième
attaque, bien qu'entassés en un espace étroit et décimés
par l'artillerie, ils ne sont plus qu'à deux cents mètres
du parc. Mais à leur droite, sur les pentes de la Marne,
un bataillon de la Vendée, soudainement assailli par sept
compagnies qui débouchent de Chennevières, se sauve
vers Champigny. Il fallut, à trois heures de l'après-midi,
abandonner le plateau de Cœuilly. L'ordre vint même
de quitter le coteau de Champigny. Ducrot était alors au
four à chaux ; il accourut, outré d'indignation, s'écriant
qu'il punirait de mort quiconque céderait une parcelle
du terrain conquis.

Le 2ᵉ corps de Renault, composé des divisions Maussion et Berthaut, était chargé d'emporter Villiers, la clef
du champ de bataille. Il eut le même destin que le
1ᵉʳ corps de Blanchard. La division Maussion avait pris
le bois du Plant lorsqu'elle arriva, à hauteur du remblai
de la voie ferrée, devant une barricade dressée sous la
voûte. Les tirailleurs de la division hésitèrent. Ducrot se
rendit près d'eux, au milieu des balles, et de la main
toucha les gabions ; les tirailleurs enlevèrent la barricade et par delà le chemin de fer gravirent la rampe de
Villiers. Mais, comme le parc de Cœuilly, le parc de Villiers avait été mis en état de défense et offrait l'aspect d'une
forteresse. A peine les tirailleurs ont-ils atteint la crête

du plateau qu'ils essuient un feu terrible. Ducrot fait
venir trois batteries; elles ne peuvent trouer le mur du
parc qui est en contre-bas et, dès qu'elles avancent, leurs
servants sont blessés ou tués. Il lance la division en
colonnes d'attaque; elle fléchit sous la violente fusillade
des Wurtembergeois. Il la ramène; elle plie de nouveau. Il la rallie encore et appelle à la rescousse cinq
autres batteries. A cet instant, six compagnies saxonnes,
sortant du cimetière, cherchent à le tourner par la gauche.
Ducrot ordonne aux soldats de se coucher et d'attendre
que l'ennemi soit à bonne portée. Ils obéissent, et dès
que l'adversaire est à cent mètres, ils se lèvent et tirent.
Les Saxons lâchent pied. Ducrot dégaine et brise son
épée dans le corps du premier qu'il rencontre; il entraîne
derrière lui son état-major, son escorte, quelques éclaireurs de Franchetti et les tirailleurs qui marchent baïonnette baissée. Mais le feu des Wurtembergeois l'arrête
derechef, et inutilement il recourt à quatre batteries de
la réserve générale. Les Saxons tentent pour la seconde
fois de déborder sa gauche; ils refoulent la ligne des
tirailleurs; ils fondent sur une batterie qui s'enfuit en
laissant sur la place deux de ses pièces et un caisson; ils
poussent sur Bry; ils y pénètrent. Heureusement, ils sont
pris en flanc par une batterie de mitrailleuses du 3° corps
qui se poste au Perreux sur la rive droite, et ils regagnent le cimetière. Néanmoins la division Maussion ne
tient que l'extrémité du plateau de Villiers, et bien que
Ducrot ait fini par engager toute sa réserve d'artillerie
et réuni plus de soixante canons, elle éprouve des pertes
très graves. Certaines de ses batteries, réduites au silence,
se reportent en arrière. Un grand nombre d'officiers

sont hors de combat, et le général Renault, Renault de
l'arrière-garde, comme les soldats le nommaient autrefois, Renault que son instinct de la guerre et son infatigable bravoure avaient rendu légendaire dans
l'armée d'Afrique, est frappé à mort par un éclat d'obus.
La division Berthaut appuie la droite de la division
Maussion en longeant la voie ferrée et attaque le parc
de Villiers par le sud. Mais elle aussi recule, et les
mobiles de la Seine-Inférieure et du Loiret, accablés par
les balles et les boulets, cèdent au choc d'un bataillon
saxon.

Durant ces assauts réitérés et infructueux Ducrot avait
attendu, non sans une fiévreuse impatience, le 3ᵉ corps de
d'Exéa qui devait tourner par Noisy-le-Grand ce fatal
Villiers. D'Exéa, homme lent et circonspect, arriva trop
tard et lorsqu'il arriva, il fit une fausse manœuvre. Il
occupa Neuilly-sur-Marne ; il passa la rivière vers midi
à Neuilly, et non pas à Bry ; puis, lorsqu'il vit l'insuccès
de la division Maussion, au lieu de voler à son aide, il
revint sur la rive droite. Il ne traversa donc la Marne
qu'à trois heures et alors, la division Bellemare, prenant
les devants, sans même avertir Ducrot, se dirigea, non
sur Noisy-le-Grand, mais sur Bry, et assaillit le parc de
Villiers. L'échec était inévitable. Vainement la brigade
Fournès déploya la plus brillante valeur. Vainement les
zouaves se ruèrent sur le parc avec une fougue héroïque
et reprirent les deux pièces abandonnées par Maussion.
Vainement les officiers ne cessaient de crier « en avant »
et de leur canne, la seule arme qu'ils avaient à la main,
tapaient sur le sac des soldats pour les encourager et
les pousser à l'ennemi. Vainement Ducrot, accourant

au bruit de la mousqueterie, lançait de nouveau les bataillons épuisés de Maussion et de Berthaut. On dut
chaque fois, à cent mètres du parc, rétrograder et se
mettre à l'abri derrière les crêtes. A cinq heures et demie,
la nuit terminait la lutte.

Paris se croyait victorieux et Trochu assurait qu'une
seconde journée comme celle-là sauverait la France.
Mais, si l'armée couchait sur ses positions, elle était
harassée, et les sages disaient : « Elle ne passera pas,
l'expérience est faite. » Plus de munitions ; une quantité
de pièces sans attelages ; 4 000 hommes atteints et gisant
sur le sol. La nuit fut glaciale. Les officiers étaient sans
bagages ; les soldats, sans tentes, sans couvertures, sans
peaux de mouton. On n'osait allumer des feux à quelques
pas des avant-postes wurtembergeois et saxons. Dès le
matin du lendemain, d'Exéa et Bellemare repassaient
sur l'autre bord, en disant que leurs troupes n'étaient
plus en mesure d'avancer ni de résister et que si les
obus allemands détruisaient les ponts, elles seraient
jetées à la Marne. Trochu leur ordonna sur-le-champ de
regagner la rive gauche et informa Ducrot qu'il fallait,
dans tous les cas, continuer énergiquement la défense
des positions. Mais Ducrot lui-même aurait quitté la
partie s'il n'eût craint de provoquer un 31 octobre.

Aussi le jour suivant, 1er décembre, y eut-il une trêve
pour enterrer les morts et enlever les blessés. Pendant
cet armistice, Allemands et Français se préparaient à la
nouvelle bataille : les uns se renforçaient de trois brigades prussiennes qui venaient appuyer solidement les
derrières de leur gauche ; les autres reformaient régiments et batteries, reconstituaient les attelages, s'appro-

visionnaient de munitions, creusaient des tranchées, dressaient des barricades. Mais la nuit fut encore plus froide que la précédente. Le thermomètre descendit jusqu'à dix degrés. La plupart des Français ne mangèrent que du pain ou du biscuit. Très peu avaient pu prendre le café ou se nourrir de la chair des chevaux tués.

La bataille du 2 décembre fut aussi stérile que celle du 30 novembre. Les Français, d'abord surpris, se remirent bientôt de leur émoi, recouvrèrent leur présence d'esprit et leur entrain, reconquirent la ligne qu'ils avaient perdue ; mais ils n'avancèrent pas, ne progressèrent pas.

Le 2 décembre, au matin, à la faveur du brouillard, les Saxons fondent à l'improviste sur les avant-postes de Bry et les refoulent. Un bataillon déborde le village, s'empare de la première barricade construite dans la grande rue et de plusieurs maisons adjacentes. Mais la brigade Daudel, soutenue par l'artillerie d'Avron, de Nogent et de Rosny, arrête les Saxons, les chasse peu à peu des maisons, des enclos, des jardins, du parc Devinck, et, après de violents efforts, à une heure de l'après-midi, les repousse de Bry sur Noisy. Trochu arrive en ce moment ; il félicite le commandant du 107e, du Hanlay, et lui dit avec émotion : « Brave du Hanlay, je vous fais colonel. »

La brigade Courty qui défend les crêtes du plateau de Bry, seconde vaillamment la brigade Daudel. Elle essuie des pertes nombreuses ; elle est un instant rejetée derrière les vignes ; mais après un furieux engagement où les deux partis se fusillaient presque à bout portant, elle rejette les Saxons sur Villiers.

Chose curieuse, sur ce point du champ de bataille, les régiments qui se faisaient face, portaient le même numéro : le 107ᵉ et le 108ᵉ français combattaient le 107ᵉ et le 108ᵉ saxons. C'est ainsi qu'à Rezonville le 7ᵉ régiment de cuirassiers français avait combattu le 7ᵉ régiment de cuirassiers prussiens.

Même acharnement à Champigny. Là aussi, on s'est laissé surprendre. Tout d'abord, les Wurtembergeois enfoncent aisément des postes engourdis par le froid et accablés de fatigue ; ils s'emparent du plateau du Signal, s'emparent des parcs et d'une partie de Champigny, pénètrent dans le bois de la Lande et aux environs du grand four à chaux. Mais, après un inévitable mouvement de trouble et d'effroi, les Français ressaisissent une partie de leur terrain.

Dès le premier choc, au plateau du Signal, les mobiles qui forment la brigade Martenot, Côte d'Or et Ille-et-Vilaine, saisis de panique, détalent vers la Marne et entraînent avec eux les troupes de seconde ligne. Mais le commandant Lambert, grand prévôt de l'armée, barre les ponts à la foule des fuyards. Ducrot et ses officiers, sabre et pistolet au poing, l'arrêtent, la disloquent, la rompent. Les hommes, séparés, isolés, se rassurent, reprennent cœur, et, après s'être reconstitués sur les deux bords de la route, reviennent au combat. Bourguignons et Bretons regagnent le plateau et luttent désormais sans reculer d'une semelle ; tous ceux qui tombèrent, gisaient alignés à leur place de bataille.

A Champigny, les brigades Comte et La Mariouse disputaient avec obstination chaque pouce du sol. L'affaire avait mal débuté. Les compagnies du 35ᵉ, soudainement assaillies dans les parcs et presque cernées, avaient dû se retirer sur le village en laissant nombre de morts, de blessés et surtout de prisonniers. Le 42ᵉ, surpris de même, avait abandonné le moulin de Champigny et les barricades de la route de Sucy. Le 113ᵉ avait également fléchi. Nos bataillons tenaient pourtant dans l'intérieur de Champigny, et suivant le mot de Trochu, ils tenaient comme des teignes ; ils se reliaient et s'unissaient ; ils faisaient feu de tous côtés, par les fenêtres et les lucarnes des toits ; avec l'aide des sapeurs qui s'avançaient par cheminement, ils enlevaient un îlot de maisons. Mais les Wurtembergeois, épaulés par un bataillon prussien, finissaient par rester maîtres de plusieurs rues, et occupaient le village jusqu'à l'église.

Entre Bry et Champigny, au bois de la Lande et au grand four à chaux, la brigade Paturel avait eu l'œil au guet, et grâce à l'attentive vigilance de ses sentinelles, grâce au canon qui la protégeait, grâce à sa propre bravoure, elle gardait ses positions. Elle subissait des pertes très sérieuses. Paturel qui marchait à la tête des compagnies comme un simple soldat, tombait frappé à mort. Les deux colonels étaient tués, et trois chefs de bataillon, blessés. Néanmoins, appuyée par l'artillerie qui fit noblement son devoir dans cette journée et qui témoigna le plus beau sang-froid, appuyée par le 115ᵉ régiment, la brigade repoussait à mille mètres de ses emplacements les Wurtembergeois et les deux bataillons prussiens qui venaient à leur secours.

Cependant Ducrot appelait des renforts. 30 bataillons de garde nationale qui devaient imposer de loin par leur masse, sans participer à l'action, se montraient

sur les hauteurs de Nogent. Puis arrivaient les divisions
Susbielle et Bellemare ; l'une assistait la brigade Paturel ;
l'autre relevait la brigade Courty. Tout était donc réparé,
ou à peu près. Ducrot tenta même, comme l'avant-veille,
d'emporter Villiers ; comme l'avant-veille, il échoua, et
l'après-midi entière ne fut qu'une vive et inutile canonnade.

Les Français ne gagnaient pas un mètre de terrain ;
ils lâchaient l'est de Champigny ; ils avaient 6 000 hommes
hors de combat. Une foule d'officiers de marque et de
mérite étaient morts, et parmi eux l'intrépide Néverlée,
la chevaleresque Franchetti, le colonel de Grancey, le
général La Charrière. Ducrot et Trochu se plaignaient
d'avoir perdu dans ces deux journées de Villiers et de
Champigny leurs collaborateurs les plus vigoureux et
une partie des cadres de l'armée. Les troupes se décou-
rageaient. La nuit du 2 au 3 décembre acheva de les
abattre, et le lendemain, à la vue des soldats pâles,
transis, blottis dans la tranchée et collés les uns aux
autres, Ducrot, méprisant la colère de Paris, repassa la
Marne. Les bataillons, disait-il en confidence à Jules
Favre, étaient brisés de fatigue, moralement et physi-
quement épuisés, incapables désormais de soutenir la
lutte, et il conseillait d'en finir.

Une occasion s'offrit alors de négocier la paix. Le 5
décembre, Moltke écrivait à Trochu que les Allemands
avaient repris Orléans et vaincu l'armée de la Loire, et
il proposait au général qu'un officier français vînt
s'assurer du désastre. Ducrot déclara qu'il fallait entrer
en pourparlers et envoyer à Moltke un officier d'état-
major ; la capitale, disait-il, avait rempli son devoir et

satisfait à l'honneur ; il ne lui restait qu'à traiter sans attendre le moment où elle se rendrait à merci et la corde au cou. Mais Trochu craignait de tomber dans un piège, craignait d'irriter Paris et d'exciter un soulèvement. Malgré Picard qui jugeait la capitulation inévitable, malgré Favre qui ne se payait plus d'illusions et qui prévoyait déjà la famine, le Conseil arrêta de publier la lettre de Moltke accompagnée d'un énergique manifeste. La lettre de Moltke fut donc affichée. On lisait au-dessous la réponse de Trochu qui refusait de vérifier l'exactitude du message, et ces paroles du gouvernement : « Cette nouvelle ne change rien à nos résolutions et à nos devoirs ; un seul mot les résume : combattre ! »

Pareillement, lorsque la Russie, prenant sa revanche de Sébastopol, annonça qu'elle ne se croyait plus liée par les stipulations du traité de 1856, le gouvernement décida que Jules Favre ne se rendrait pas à la Conférence de Londres pour représenter la France. Gambetta aurait désiré que Favre sortît de la capitale pour obliger les puissances à reconnaître l'existence de la République et leur parler de la guerre, pour voir par lui-même les efforts et les espoirs de la province, pour aider ses collègues de Bordeaux à continuer la résistance, et, de son côté, Chaudordy, l'habile et infatigable délégué aux affaires Étrangères, priait le ministre de quitter Paris pour transformer la Conférence en Congrès, préparer la paix, obtenir de l'Allemagne des conditions meilleures. Mais les journaux du parti avancé s'écrièrent que la France républicaine devait répudier l'intervention des monarchies, ne s'asseoir que victorieuse à la table du Congrès, et, puisqu'elle était vaincue, ignorer la vieille

Europe. Le gouvernement fut d'avis que Jules Favre ne pouvait abandonner Paris assiégé et abaisser sa dignité en demandant un sauf-conduit à Bismark ; cette demande aurait semblé une faiblesse à la population de Paris et amené une sédition.

Trochu avait reformé et réorganisé l'armée. Le 21 décembre, dans la vaste plaine de Saint-Denis où il comptait mettre aux prises les deux infanteries et profiter de l'élan de ses jeunes troupes, il livrait le second combat du Bourget. Ducrot, établi entre Bondy et Saint-Denis, devait percer par le nord ; il était appuyé à gauche par La Roncière qui prendrait le Bourget et à droite par Vinoy qui longerait la Marne. C'était La Roncière qui commencerait l'action. Il fit donner deux brigades, la brigade Lavoignet et la brigade Lamothe-Tenet. La brigade Lavoignet attaqua le sud du Bourget, mais ne put dépasser les premières maisons à cause des barricades et des murs crénelés qu'elle rencontra. La brigade Lamothe-Tenet enleva le nord-ouest du village, l'église, le cimetière ; mais les défenseurs — six compagnies de la garde — reçurent des renforts de Pont-Iblon, et après une longue lutte corps à corps, quinze compagnies prussiennes rejetaient la brigade française. Ducrot voulut, sans attendre le signal de Trochu, dégager les assaillants du Bourget ; il s'élança, emporta la ferme de Groslay et la ligne du chemin de fer ; Trochu l'arrêta parce que l'attaque du Bourget n'avait pas réussi, et le reste de la bataille ne fut de part et d'autre qu'une canonnade formidable. Vinoy avait eu plus de succès ; il prit Ville-Évrard et la Maison-Blanche ; mais le soir deux bataillons saxons ressaisirent ces deux points : les ténèbres favorisèrent de tristes défaillances ; un officier français déserta, et 600 prisonniers demeurèrent aux mains de l'agresseur.

Par peur de l'opinion, Trochu n'osa replier l'armée. Il déclara que les bataillons de marche de la garde nationale qui contemplaient à cinq kilomètres de distance l'affaire du Bourget, avaient eu une excellente tenue. Mais la ligne et la mobile restèrent en face du village pour l'assiéger, pour creuser des tranchées et construire des épaulements. Leur première nuit dans ce camp qui fut nommé le camp du froid, leur infligea d'inexprimables souffrances. Le thermomètre était descendu à 14 degrés au-dessous de zéro. Neuf cents cas de congélation se produisirent. Il fallait fendre le pain à coups de hache. L'eau qu'on puisait au canal de l'Ourcq, en brisant la glace, gelait pendant qu'on la transportait au bivouac. La terre était si dure qu'on ne pouvait y enfoncer des piquets de tente. L'idée d'une reddition prochaine hanta dès lors les esprits. On se demandait s'il n'était pas temps de se soumettre à la loi du destin. Des soldats souhaitaient la capitulation et criaient derrière l'état-major : « La paix, la paix ! » Trochu décida le 26 décembre que les troupes regagneraient leurs cantonnements. Elles comparaient la plaine d'Aubervilliers et de Drancy à un coin de la Sibérie, et les plus poltrons auraient mieux aimé subir douze heures de bataille que de repasser par ces trois jours de bise intense et cruelle.

Le lendemain commençait le bombardement. Les Allemands pensaient que le moment psychologique était venu, et ils avaient reçu leur parc de siège. Le 27 et le 28 décembre, soixante-seize pièces de gros calibre cou-

vraient le mont Avron d'une grêle épouvantable de projectiles. Trochu abandonna la position qui n'était plus
utile et que l'ennemi ne tenta pas d'occuper parce qu'elle
se trouvait sous le feu croisé des forts. Mais bientôt, du
5 janvier jusqu'au 26, à minuit, l'artillerie allemande
tonnait contre le front sud, contre Issy, Vanves, Montrouge. De leurs forts, des batteries intermédiaires, des
canonnières de la Seine, de l'enceinte principale, les
assiégés ripostèrent avec vigueur. Ils possédaient plus
de bouches à feu que l'adversaire, et c'était sur le front
sud qu'ils déployaient leurs plus grands moyens de
résistance; les Allemands jugeaient même que la défense
des autres fronts était moins puissante et moins opiniâtre. Mais, si les assiégeants ne mettaient en ligne que
cent dix pièces, ils avaient l'avantage de la position et
d'un matériel bien supérieur à celui de la place par la
portée et la précision du tir. Dans la nuit du 9, ils s'avançaient à sept cent cinquante mètres d'Issy et à quatre
cent cinquante de Vanves. Ils cherchaient moins à faire
une brèche qu'à ruiner les casemates et le blindage intérieur que formaient les sacs à terre. En quelques jours,
les marins d'Issy et de Vanves virent leurs remparts
bouleversés, leurs casernes brûlées, et lorsque Paris capitula, les deux forts n'auraient pu s'opposer que faiblement à l'attaque régulière. Montrouge tenait mieux ; mais
peu à peu sa situation empirait : il n'y avait plus un
seul emplacement qui fût à l'abri des bombes ; les voûtes
des magasins fléchissaient ; les parapets chaque nuit
réparés étaient chaque jour détruits.

Cent trente pièces s'établissaient dans le même temps
sur le front est. Elles accablèrent les forts de l'Est, de la

Double Couronne et de la Briche. Le 26 janvier, la Briche n'avait plus que dix bouches à feu en état de combattre; les poudrières de la Double Couronne étaient menacées, et le commandant assurait qu'il ne pourrait, en cas d'attaque, entraîner à la défense ses hommes affolés; déjà quatre-vingts canons étaient mis en batterie contre Saint-Denis.

Paris ne fut pas épargné. Quotidiennement trois cents à quatre cents obus tombaient sur la rive droite, à Auteuil et à Passy, sur la rive gauche dans tous les quartiers. La population civile eut 97 morts et 278 blessés.

La ville était plus émue, plus agitée que jamais. La bataille manquée du Bourget, l'évacuation du plateau d'Avron, le froid intolérable, les privations, le bombardement, tout surexcitait le peuple. Les projectiles allemands ne l'intimidaient pas, mais le rendaient plus nerveux, plus impatient. Il exigeait une sortie torrentielle et voulait que la garde nationale se battît coûte que coûte. Trochu, accusé de faillir à son mandat, avait perdu toute confiance, et il avait beau déclarer que le gouverneur de Paris ne capitulerait pas. Ses collègues lui faisaient grise mine. Dès les premiers jours, Picard disait qu'il avait l'air de mener le deuil du siège. Favre méditait de le remplacer par Ducrot, Vinoy ou Bellemare. Enfin, une grande sortie de l'armée et de la garde nationale fut décidée. Elle était depuis longtemps discutée dans les conseils de la défense : Trochu la nommait l'acte du désespoir, la suprême entreprise qui couronnerait le blocus de Paris, et le 31 décembre, Clément Thomas avait demandé que la garde nationale fît son devoir et subît à son tour l'épreuve du feu. Le 7 janvier, Trochu proposa d'emporter le plateau de Châtillon : on éloignerait ainsi le bombardement, on tournerait les lignes allemandes, on aborderait Versailles par le sud. Vingt-sept généraux, sur vingt-huit, rejetèrent ce plan qui leur parut inexécutable : pouvait-on franchir l'espace entre Paris et Châtillon sans être foudroyé? Mais ils adoptèrent unanimement le projet de Berthaut et de Schmitz : tenter la même opération en attaquant le plateau de Garches, sous la protection du Mont-Valérien. 90 000 hommes devaient donner; 42 000 gardes nationaux seraient embrigadés avec l'infanterie régulière; chaque brigade contiendrait un régiment de la garde nationale. « Quand il y aura par terre 10000 gardes nationaux, disait un membre du gouvernement, l'opinion s'apaisera. »

La bataille que les Allemands nomment la bataille du Mont-Valérien et que les Français ont appelée la bataille de Montretout ou de Buzenval, fut définitivement résolue dans une réunion du 16 janvier et livrée le 19. Elle était perdue d'avance. On avait chance d'enlever Montretout, Garches, Buzenval; mais pourrait-on s'emparer au-dessus de Garches, du plateau de la Bergerie, et, après ce plateau, du haras Lupin? N'arriverait-on pas toujours, comme disait Ducrot, à un goulot de bouteille, à un défilé qui ne serait franchissable que pour de vieilles bandes solides et aguerries? La concentration de l'armée fut d'ailleurs très difficile et laborieuse. Trochu, pressé par Jules Favre, n'eut pas le temps de préparer l'opération; il laissa l'initiative des mouvements à ses généraux et fit, pour contenter l'opinion, transporter une partie de ses bataillons par le chemin de fer. Lenteurs, retards, complications s'accumulèrent. Les troupes s'enchevêtrèrent affreusement au pont d'Asnières, au pont de Neuilly, à Courbevoie. On put prévoir, dès leur départ, que l'ordre et l'ensemble manqueraient à leur attaque. L'armée formait trois colonnes : à gauche, Vinoy ; au centre, Bellemare ; à droite, Ducrot, qui tous trois devaient atteindre leur position à six heures du matin. Vinoy arriva sur le terrain à sept heures et demie et son artillerie entre dix et onze heures ; Bellemare, entre sept heures et demie et neuf heures ; Ducrot, entre neuf et onze heures !

Vinoy s'engagea d'abord. Il s'empara des maisons Béarn et Armengaud, de la redoute de Montretout, des villas Pozzo di Borgo et Zimmermann.

Bellemare débuta de même. La brigade Fournès, composée du 4e zouaves et du 11e régiment de garde nationale, enleva les premières maisons de Garches et la maison du Curé. La brigade Colonieu, formée du 136e de ligne et du 9e régiment de garde nationale, envahit le parc de Buzenval par des brèches que le génie pratiqua dans la muraille, et déboucha sur le plateau de la Bergerie. La brigade Valentin occupa le château de Buzenval.

Mais les Français n'avaient encore devant eux que des grand'gardes et des avant-postes. Les choses tournèrent lorsqu'ils arrivèrent en face de la ferme de la Bergerie et de la maison Craon. S'ils étaient 20 000 contre 6 000, et si le général Bothmer ne leur opposait que les deux régiments de sa brigade et un bataillon de chasseurs de Silésie, les 6 000 Prussiens s'abritaient derrière des abatis, des tranchées, de longs murs crénelés, et ils tiraient, invisibles, sur un assaillant qui s'avançait à découvert. On voulut faire sauter les murs de la Bergerie au moyen de la dynamite : elle était gelée. On voulut renverser par

le canon le mur de la ferme Craon ; l'artillerie, d'ailleurs
partie trop tard et arrêtée dans sa marche, s'embourba
dans le sol détrempé, ne put gravir la côte.

Ducrot qui paraissait enfin, essayait cependant, à force
de diligence et de bravoure, de réparer le temps perdu.
Bien que battues de plein fouet par les batteries de
Saint-Michel et prises à revers par l'artillerie de la
presqu'île d'Argenteuil, ses troupes assaillirent vigoureusement les positions prussiennes et surmontèrent les
premiers obstacles. Mais bientôt elles aussi rencon-
trèrent une résistance aussi vive qu'imprévue. La brigade
Bocher, tournant le parc de Buzenval et s'unissant à la
brigade Valentin, ne put s'emparer du mur de Longboyau, malgré des tentatives répétées, sous les feux
croisés que les Prussiens dirigeaient sur elle, et les dix
sapeurs, le sergent et le lieutenant, chargés par le général Tripier de faire sauter le mur à l'aide de la dynamite, furent frappés à mort au moment où ils allaient
placer leurs pétards. La brigade Miribel, qu'appuyaient
plusieurs pièces de 12, s'élança deux fois contre le pavillon de chasse et la porte de Longboyau ; mais à l'abri
de leurs travaux de fortification, les Prussiens rejetèrent
toutes ses attaques par une mousqueterie régulière et
terrible. Montbrison, commandant du Loiret, Rochebrune, l'ancien chef des insurgés polonais, le peintre
Henri Regnault, l'explorateur Gustave Lambert périrent
dans ces funestes assauts.

Les Français se brisaient donc contre une muraille
inexpugnable. Ils s'arrêtaient, demeuraient immobiles.
Vinoy gardait Montretout, Bellemare restait sur le plateau de la Bergerie, et Ducrot devant Longboyau, sans

gagner un pouce de terrain. Un instant, sur toute la ligne qui semblait comme paralysée et figée, personne ne tirait plus.

Aussi, à trois heures et demie, les Allemands prenaient l'offensive à leur tour. A leur tour, ils échouèrent. A Garches, à Buzenval, à la redoute de Montretout, à Saint-Cloud, partout ils furent repoussés. Mais la nuit tombait. Les Français, fatigués et émus de cette longue lutte qu'ils sentaient inutile, mécontents, attristés, découragés, commençaient à branler et à fléchir. Déjà, dans le parc de Buzenval, il fallait relever plusieurs bataillons et les remplacer par d'autres. Déjà, devant Longboyau, le 17ᵉ régiment de garde nationale avait été saisi de panique à divers intervalles. Déjà, au Boispréau, le 90ᵉ bataillon, soudainement accablé par la fusillade prussienne, fuyait en criant à la trahison et entraînait avec lui le 160ᵉ. Déjà, devant la maison du Curé, le 11ᵉ régiment de garde nationale qui venait soutenir la brigade Fournès, tirait, dans un accès de folle terreur, sur les zouaves et les mobiles qu'il avait devant lui, et, lorsque Trochu accourait avec son état-major pour mettre fin au désordre, un homme effaré perçait d'outre en outre, presque à bout portant, le lieutenant de Langle. Trochu comprit la situation. Il savait par le général Noël que Montretout n'était plus tenable. Il voyait les troupes harassées, confondues dans un indicible pêle-mêle, entassées sur un petit espace, séparées des Prussiens par une distance de quelques pas, craignant de combattre au milieu des ténèbres, et ne croyant plus au succès. Il commanda la retraite, et à peine le mot était-il lâché que commençait sur les derrières de la gauche et d'une partie du centre une déroute complète, heureusement voilée aux regards de l'adversaire par l'obscurité. Seules, les troupes de Ducrot s'écoulèrent silencieusement et sans confusion. Mais Lareinty et ses mobiles de la Loire-Inférieure furent oubliés dans la maison Zimmermann, cernés, et malgré leur belle résistance, obligés de se rendre le lendemain.

Ainsi se terminait cette bataille où la garde nationale n'avait été, comme disait Trochu, qu'un danger. Sans doute, elle avait mieux combattu qu'on ne le pensait. Mais, si quelques régiments, le 9e de Crisenoy, le 19e de Rochebrune, le 25e, s'étaient bien comportés, d'autres avaient faibli; si les plus calmes et les plus modérés avaient tenu solidement, les plus bruyants et les plus tapageurs avaient été les premiers à déguerpir. Pleins d'audace et d'impatience au début de l'action, ils avaient fini par trouver que l'affaire s'éternisait, et la ligne, la mobile dont ils se moquaient d'abord, les voyant se sauver à toutes jambes, leur décochaient des quolibets : « En avant la trouée! En avant, messieurs de la guerre à outrance! » Beaucoup étaient venus, surchargés de vivres et d'attirails de campement; beaucoup avaient opéré pour leur compte, sans appui, sans direction, et dans l'étourdissement et l'énervement de leur première rencontre, ils avaient tiré si maladroitement que le huitième des Français atteints par le feu tombait sous les balles de la garde nationale ; beaucoup s'étaient esquivés en se disant blessés ou en accompagnant de véritables blessés; quelques-uns avaient même regagné Paris dans les voitures d'ambulance, bien qu'ils n'eussent pas la moindre égratignure. Enfin, lorsqu'avait sonné la retraite, c'étaient les gardes nationaux qui avaient augmenté le désordre en cherchant à s'éloigner au plus vite et en coupant de tous côtés à travers champs.

La dépêche de Trochu, annonçant à Paris la défaite et parlant de l'enlèvement des blessés, de l'enterrement des morts et du grand nombre des brancardiers, avait répandu la colère et l'exaspération dans la ville. Mais à quoi servait-il de proposer une nouvelle sortie de la garde nationale, de crier revanche ou de dire, comme les maires, qu'il fallait s'ensevelir sous les ruines de la cité? « C'est fini », avouaient les officiers. Les vivres s'épuisaient. Depuis le 22 novembre le parc de bestiaux n'existait plus. On n'avait d'autre viande que de la viande de cheval et d'autre pain que du pain de blé non bluté et mêlé à du seigle, à de l'orge ou à du riz. Encore ce pain était-il rationné à 300 grammes, et la viande de cheval à 30 grammes. Une dinde se vendait 120 francs; une livre de beurre, 50 francs; un boisseau de pommes de terre, 32 francs. Tout crédit supprimé. Plus d'autre salaire que la paye de trente sous allouée aux gardes nationaux et une indemnité de quinze sous accordée à leur femme. Et ceux-là, ouvriers et artisans, n'étaient guère à plaindre, non plus que les pauvres et les indigents inscrits à l'assistance publique et nourris gratuitement ou à très bas prix par les cantines et les fourneaux économiques. Mais dans la classe moyenne, parmi les employés, les boutiquiers, les petits commerçants régnait une effroyable misère. De longues files de femmes et d'enfants s'alignaient avant l'aube, par la bise, la pluie ou la neige, à la porte des boulangers et des bouchers.

Plus de bois; plus de charbon et de houille; plus de gaz. Dans les soirées et les nuits de janvier, Paris, tout noir et silencieux, paraissait mort.

Trochu, sommé par les maires de céder le commandement, refusa de donner sa démission et se laissa destituer, tout en restant président du gouvernement. Vinoy, nommé d'urgence et sans avoir été consulté, général en chef de l'armée de Paris, accepta cette lourde charge dans le moment le plus critique, tandis qu'au dehors grondait le canon allemand et qu'au dedans remuait de nouveau le parti du désordre. Mais de vigoureuses mesures eurent raison de l'émeute. Les Bellevillois avaient tiré de Mazas : Flourens, Millière, Leo Meillet et autres meneurs; une compagnie de douaniers vint déloger Flourens de la mairie de Belleville où il s'était installé. Des gardes nationaux du 101ᵉ menaçaient le 22 janvier l'hôtel de ville et faisaient feu sur les officiers de service; les mobiles du Finistère les dispersèrent à coups de fusil. Le gouvernement ferma les clubs, supprima deux journaux, le *Réveil* et le *Combat*, ordonna l'arrestation de leurs rédacteurs Delescluze et Pyat, puis capitula. Le 23 janvier, Jules Favre, consentant à remplir le rôle d'Eustache de Saint Pierre, se rendait à Versailles. Le 28, il signait un armistice de vingt et un jours pour la province comme pour Paris : une assemblée où siègeraient les députés de l'Alsace et de la Lorraine, serait élue le 8 février et réunie le 12; les Allemands prenaient possession des forts de la capitale et du matériel de guerre; la garnison demeurait prisonnière dans Paris à l'exception d'une division de douze mille soldats chargée d'assurer le service intérieur; les officiers gardaient leur épée ; la garde nationale conservait ses armes — « j'en demande pardon à Dieu et aux hommes », disait Jules Favre plus tard.

Les Allemands ne devaient pas pénétrer dans Paris durant l'armistice. Mais ils désiraient couronner leurs victoires par cette entrée triomphale ; ce serait, déclarait Bismarck, la récompense de leur armée, et il était impossible d'empêcher leurs soldats de contempler de près le dôme des Invalides. On leur remontra que Paris ne pouvait leur ouvrir des portes qu'ils n'avaient pas forcées, qu'un conflit éclaterait sûrement entre eux et la population. Ils insistèrent, promirent de renoncer à Belfort s'ils entraient à Paris. On convint donc que 30 000 d'entre eux occuperaient, du 1er mars jusqu'à l'échange des ratifications, l'enceinte comprise entre la Seine, la rue du Faubourg Saint-Honoré et l'avenue des Ternes. Le 1er mars, ils s'avançaient vers la place de la Concorde et s'installaient soit dans les édifices publics soit chez les habitants du quartier des Champs-Élysées. Le lendemain, par petites escouades, ils visitaient les galeries du Louvre. La foule qui, de la rue de Rivoli, les voyait traverser le jardin des Tuileries et la cour du Carrousel, les accueillit par des injures et des huées ; ils lui répondirent par des regards arrogants et une attitude provocante. Heureusement, dès le soir du 2 mars, l'acte authentique de la ratification des préliminaires de paix était transmis à Versailles, et le jour suivant, selon la convention, les Allemands évacuaient Paris, après une inutile et inglorieuse parade.

L'armistice du 28 janvier entraînait nécessairement la paix. Mais Jules Favre, troublé, pressé de terminer la négociation, tourmenté par l'idée que Paris n'avait plus de vivres que pour cinq jours, et comme hanté par le fantôme de la famine, préoccupé aussi de sauver pour l'instant la capitale du contact des envahisseurs, avait signé la convention hâtivement et sans le concours d'un général instruit de la situation militaire de la province ; il avait, en délimitant la zone neutre, assuré de meilleures positions aux Allemands ; il avait excepté de la trêve Belfort et l'armée de l'Est, et lorsqu'il mandait la nouvelle à Gambetta, il oubliait de dire que la suspension des hostilités, exécutoire pour Paris le 28 janvier, ne commençait que le 31 du mois pour le reste du pays, et il négligeait de mentionner la clause relative aux malheureuses troupes de Bourbaki et de Clinchant.

Qu'allait faire la délégation? Bordeaux accepterait-il la décision de Paris ? Plus que jamais Gambetta prêchait la guerre et la République à outrance. Il venait de dissoudre les conseils généraux et de les remplacer par des commissions de son choix. Il décidait que les magistrats, membres des commissions mixtes de 1852, seraient déchus de leurs sièges. Il projetait d'épurer l'administration des Finances et celle de l'Instruction publique. Le parti violent et révolutionnaire le débordait. Duportal révoqué refusait d'abandonner la préfecture de Toulouse, et son journal, l'*Emancipation*, demandait la nomination d'un véritable Marat chargé de démasquer les traîtres, et la réunion d'un congrès qui formulerait un programme politique et l'imposerait à la délégation. Le club qui tenait ses tumultueuses séances au Grand-

Théâtre de Bordeaux, réclamait la révocation de l'amiral
Fourichon, la suppression de tous les journaux qui
combattaient la République, le rappel de tous les ambas-
sadeurs et envoyés, l'institution d'un Comité de
salut public : « Vous devriez, disait le général Haca à
Gambetta, jeter à l'eau ces braillards. » — « Ils sont mon
lest, répondait-il, et si je les jette à l'eau, je serai
submergé. »

Il fit exécuter l'armistice que Favre lui annonçait en
quelques mots. Mais, lorsqu'il connut, après une
fiévreuse attente de quarante-huit heures, le texte
exact et complet de la convention, lorsqu'il sut que
les Allemands avaient obtenu sur toute la ligne de
leurs avant-postes une délimitation avantageuse et que
la trêve leur livrait Abbeville et la Somme, deux
arrondissements du Calvados, la moitié de l'Yonne et
d'Indre-et-Loire, et une partie du Morvan, lorsqu'il
apprit enfin que l'armée de l'Est était exceptée de la
suspension d'armes, il s'irrita, s'emporta. Il résolut de
continuer la guerre. Depuis plusieurs semaines il
s'indignait de l'inaction de Paris, gourmandait Trochu,
le sommait impétueusement de faire une sortie. Il
prévoyait la reddition de la ville; mais, disait-il, la
chute d'une capitale n'entraîne pas la chute d'une
patrie, et il saurait empêcher le pays d'accepter le
triomphe de la force ; non, même après la capitulation
de Paris, il ne céderait pas, et la nation, aussi ferme,
aussi déterminée que lui, ne se résignerait pas à une
paix dégradante, ne déposerait pas les armes « tant
qu'un Prussien souillerait le sol! » Il déclara donc que
les *gens de Paris* n'avaient pas le droit de traiter

pour la France et de signer un armistice avec une « coupable légèreté », à l'insu de la délégation et sans la consulter, qu'il fallait à la France, non pas une Chambre réactionnaire et lâche, mais une Assemblée républicaine et courageuse qui voterait la guerre et proclamerait la résistance jusqu'à complet épuisement, jusqu'à l'extermination, jusqu'à la victoire, et à l'avance, par décret, il exclut de cette Assemblée les hauts fonctionnaires de l'Empire, ministres, sénateurs, conseillers d'État, préfets et tous ceux qui avaient été candidats officiels. Les complices et complaisants de la dynastie n'étaient-ils pas, comme elle, frappés de déchéance, et, s'ils entraient à l'Assemblée, ne travailleraient-ils pas à la ruine de la République? Des protestations s'élevèrent contre ce décret électoral de Bordeaux. Bismarck télégraphia sur-le-champ à Gambetta que l'Assemblée devait être élue librement et non pas sous un régime de pression. Fort de cette ingérence de l'ennemi dans les affaires intérieures, Gambetta s'opiniâtra et, comme il disait, appela, invoqua le souffle de la Révolution française. Son collègue Glais-Bizoin lui représentait qu'on allait « recevoir une leçon. » Mais Gambetta avait pour lui presque tout le Midi. De Toulouse, de Marseille, de Saint-Étienne, de Lyon, on l'encourageait à ne pas remettre l'épée dans le fourreau. Les rues et les places de Bordeaux retentissaient des cris : « Vive la guerre », « A bas la paix », « Pas d'armistice », « Pas d'élections ! » La foule se portait chaque soir à l'hôtel de la préfecture, et Gambetta, paraissant au balcon, la haranguait, jurait qu'il tiendrait jusqu'au bout.

Le gouvernement, devinant que Gambetta s'insurgerait,

avait fait partir un des siens. Le 1ᵉʳ février, Jules Simon, celui que Gambetta nommait le « personnage annoncé de Paris », arrivait à Bordeaux pour se joindre à la délégation qui se composerait désormais de cinq membres et prendrait ses délibérations à la majorité des votes sans que Gambetta eût voix prépondérante. Il était muni de deux décrets : l'un annonçait les élections sans exclusion de certaines catégories de citoyens ; l'autre lui donnait les pouvoirs les plus absolus dans le cas où la délégation résisterait aux décisions du gouvernement de Paris. Simon fut malmené, couvert d'invectives : « Vous deviez, s'écriait Gambetta avec fureur, vous concerter avec nous. Retournez à Paris. Laissez-nous à Bordeaux. C'est à vous de baisser la tête et à nous de la lever. Nous n'avons pas capitulé, nous ! », et il qualifia Simon de factieux. Le maire et les adjoints de Bordeaux appuyèrent la délégation en assurant qu'ils ne répondaient pas du maintien de l'ordre. Simon temporisa. Au lieu d'user aussitôt de ses pouvoirs, il demanda que le décret d'incompatibilité fût rapporté. Gambetta refusa nettement d'obéir. Simon voulut télégraphier au gouvernement de Paris pour lui exposer le conflit ; la direction des télégraphes n'envoya pas le télégramme, et il dut dépêcher à ses collègues son compagnon Liouville. Il voulut expédier par la poste le décret électoral de Paris ; aucun de ses paquets n'arriva, et pour correspondre avec les principaux hommes politiques des départements, il dut adresser ses lettres à des négociants, à des professeurs, et faire écrire les suscriptions par des mains tierces. Il voulut afficher sur les murs de Bordeaux le décret électoral de Paris et celui qui lui conférait des pouvoirs illimités ; la délégation menaça d'incarcérer les afficheurs. Il publia les deux décrets dans les journaux ; Gambetta fit saisir les journaux, sous prétexte qu'ils contenaient un « prétendu » décret relatif aux élections. On disait déjà que Simon, Thiers et les membres modérés de la délégation allaient être arrêtés et emprisonnés à Blaye. Prudemment, Simon changea de domicile.

Mais les clubistes du Grand Théâtre organisèrent une manifestation déplorable. Le 4 février, au soir, ils nommaient un Comité de salut public, et ils appelaient Gambetta pour lui mettre sur la tête une couronne civique et lui décerner la présidence de ce Comité. Gambetta eut le bon sens de ne pas se rendre à cette sommation. Toutefois Simon gagnait des partisans. Il voyait se rallier autour de lui la plupart des fonctionnaires de la délégation. Les rédacteurs des journaux saisis le priaient de faire respecter, en vertu de ses pleins pouvoirs, la liberté de la presse. Des bataillons de la garde nationale bordelaise l'assuraient de leur concours. Le général Foltz, commandant de la division militaire, lui promettait son assistance, et ce brave homme, grand géographe et médiocre soldat, désigné secrètement pour exercer les fonctions de ministre de la guerre, se moquait de la délégation, surnommait Thoumas le «Sully de la bande» et ordonnait à deux batteries d'artillerie qui se rendaient de Toulouse à Bourges de passer par Bordeaux. En vain Gambetta répétait que le gouvernement de Bordeaux persisterait dans le décret d'incompatibilité, puisque le gouvernement de Paris se trouvait coupé de toute communication avec l'esprit public et prisonnier de guerre. Simon lui répondait dans la *Gironde*, taxait d'illégale la saisie des journaux, déclarait que tous les citoyens étaient éligibles, que le suffrage universel ne devait être entravé par aucune exception, que lui, Simon, avait notifié ses pouvoirs à la délégation, qu'il maintenait de la façon la plus formelle le texte du décret électoral de Paris, qu'il agissait au nom du peuple souverain et venait fournir les urnes, garantir le bon ordre pendant que la France choisirait ses représentants. Enfin, le 6 février, arrivèrent au secours de Simon trois membres du gouvernement : Pelletan, Emmanuel Arago, Garnier-Pagès ; ils apportaient l'annulation du décret de Bordeaux. Aussitôt les délégués : Crémieux, Glais-Bizoin, Fourichon abandonnèrent leur jeune collègue. Le même jour, Gambetta se soumit et se démit. La veille, dans la soirée, au milieu des hurlements de la foule qui s'amassait devant la préfecture, il avait tenu conseil avec Freycinet et les généraux Haca, Véronique et Thoumas. Devait-il repousser l'armistice, supprimer les élections, s'attribuer la dictature, lutter encore dans le massif du plateau central, dans la Bretagne et le Cotentin ? La conférence fut constamment interrompue par des amis de Gambetta qui le priaient de parler au peuple. Il leur ferma plusieurs fois la porte ; « croyez-vous, s'écriait-il, que c'est une vie ? » Au bout de deux heures, lorsque les généraux lui eurent démontré que la résistance n'était plus possible, il se leva, remercia ses coopérateurs avec effusion et leur serra la main. Son visage était calme ; mais les sanglots qu'il s'efforçait de comprimer, altéraient sa voix. « Mon rôle, dit-il, est terminé, et je n'ai plus qu'à me retirer. »

L'assemblée, élue le 8 février au scrutin de liste, se

réunit le 12 à Bordeaux. Thiers, nommé par vingt-six départements, et proclamé chef du pouvoir exécutif, renouvela l'armistice pour laisser à l'Assemblée le temps de signer la paix. Quelques députés proposaient de reprendre les hostilités et Chanzy assurait que la revanche était certaine. Mais la France pouvait-elle tenter désormais la fortune ? Son armée n'était qu'un immense et confus ramassis d'hommes. Il ne lui restait des quatre cents bataillons d'infanterie de l'Empire qu'*un seul* bataillon, le troisième bataillon du 56e. Que faire avec des troupes novices qui n'auraient d'abord, selon le plan de Chanzy, que reculé de position en position, jusqu'en Auvergne ? On rappelait l'exemple de l'Espagne, on prônait Châteaudun, on demandait que tous les gens de cœur, le fusil en main, fissent le vide devant l'étranger et défendissent le sol pied à pied. Mais à peine Chanzy arrivait-il à Laval que les notables le conjuraient de quitter leur ville. Faidherbe affirmait que, si les Allemands envahissaient la Flandre et l'Artois, tout gouverneur de forteresse qui voudrait résister jusqu'à la dernière extrémité, aurait contre lui la bourgeoisie, la garde nationale et les mobilisés. Le pays était atterré par tant de catastrophes ; un tiers appartenait aux Allemands ; les deux autres tiers ne pensaient qu'à se soustraire aux malheurs de la guerre par une paix quelle qu'elle fût. Gambetta avait cru qu'après la reddition de Paris, un cri de vengeance sortirait de toutes les poitrines ; il n'entendait qu'un cri de lassitude.

Les préliminaires de paix, arrêtés le 26 février entre Thiers et Bismarck, furent adoptés le 1er mars dans cette séance dramatique où l'assemblée confirma la déchéance de Napoléon III et le rendit responsable de l'invasion et du démembrement de la France. Le 10 mai, la paix était définitivement conclue à Francfort. L'Allemagne obtenait, outre une indemnité de cinq milliards, l'Alsace, à l'exception de Belfort, le cinquième de la Lorraine, Thionville et Metz.

L'Alsace était ainsi la victime expiatoire de la guerre. Ses députés protestèrent solennellement à Bordeaux contre le pacte qui disposait d'elle sans son consentement et l'arrachait violemment à la patrie française. Dans les premières années de l'annexion, les Allemands se plaignirent que leur frère d'au delà du Rhin fût devenu welche et ne voulût porter que le pantalon rouge. Mais les vainqueurs comptaient sur le temps qui guérit les blessures et endort les souvenirs ; ils espéraient, suivant le mot de Ranke, regermaniser leurs anciennes provinces, et pour les préserver d'un retour offensif de la France, ils avaient résolu de faire les plus grands sacrifices ; ce qu'ils avaient conquis en six mois, comme disait Moltke, ils étaient décidés à le garder l'arme au bras pendant un demi-siècle. Aussi l'Alsace n'appartenait-elle ni à la Prusse, ni à Bade, ni à la Bavière, ni au Wurtemberg ; elle était placée sous le commandement de l'empereur, et l'Allemagne entière s'associait pour la conservation et la défense de ce *Reichsland*, ou pays d'empire.

La guerre, en effet, — et c'était son principal et essentiel résultat — avait fondé l'unité germanique : le sang, écrivait Auerbach, est un fort ciment, *ein gewaltiges Kitt*. Le 18 janvier 1871, en face de Paris assiégé, dans la galerie des glaces du palais de

Versailles, le vieux Guillaume avait accepté, pour lui et ses successeurs, les rois de Prusse, le titre impérial, « symbole de l'antique splendeur de la patrie ». Barbe-rousse pouvait reposer enfin sa tête fatiguée. L'Empire allemand n'était plus une légende ni un rêve.

La grande lutte de 1870-1871 se divise en deux périodes : la période impériale et la période républicaine. Dans la première période, les Allemands l'emportent par l'artillerie, et leur canon finit le plus souvent par écraser et éteindre le canon français. Ils l'emportent aussi parce qu'ils ont le nombre et parce qu'ils attaquent résolument l'adversaire. Les Français ne savent jamais se déterminer à l'offensive ; braves, ardents, pleins de fougue et d'élan, armés d'un fusil qui fait presque autant de ravages que les pièces allemandes, ils arracheraient peut-être la victoire en dépit des défauts de leur organisation et de leur discipline un peu lâche, si leurs généraux, plus audacieux, saisissaient l'occasion et tombaient sur l'ennemi lorsqu'il leur est égal ou inférieur en forces. Les Allemands, au contraire, jouent toujours le rôle d'assaillants. Ils livrent même la plupart de leurs batailles au hasard, témérairement, grossièrement, et il advient que leur armée ne s'engage que pour soutenir son avant-garde. Mais leur succès est infaillible : leurs généraux sont hardis, prompts, unis par un noble sentiment de solidarité, et tous les corps arrivent successivement sur le lieu de l'action.

Dans la seconde période, ce qui manque surtout aux Français, c'est la concentration. Le gouvernement de la Défense nationale reste dans Paris. Il n'y a pas à Tours et à Bordeaux un homme du métier, un Ducrot, un officier-général actif, instruit, unanimement obéi et respecté, qui prenne d'une main ferme le ministère de la guerre. Gambetta et Freycinet conduisent donc les opérations. Mais tous deux sont inexpérimentés, incapables d'imposer un plan d'ensemble et de mettre l'unité dans la direction des choses militaires. Ils recommandent à Bourbaki d'avoir de la suite, de coordonner ses mouvements, de ne pas marcher à l'aventure. Ont-ils eux-mêmes donné l'exemple ? Surent-ils établir entre les généraux qui combattaient dans l'Est l'entente et le concert ? Les forces de la province furent donc éparpillées et ne concoururent jamais à un seul but. Les armées manœuvrèrent isolément et ne s'entr'aidèrent pas. Les efforts étaient immenses, et la France en fit peut-être plus qu'il ne fallait pour vaincre ; mais ils étaient décousus et désunis, nullement simultanés, nullement liés et rassemblés en un effort décisif. La défense, belle et admirable, rehaussa le nom français qu'avaient diminué nos premiers désastres ; mais elle fut menée sans méthode.

A vrai dire, la défaite était inévitable. Les soldats ne s'improvisent pas, et des foules inexercées ne pouvaient battre des troupes fortement instruites, éprouvées en mainte rencontre et fières de leurs triomphes. « S'il suffisait, disait Bismarck à Favre, d'armer un citoyen pour le transformer en soldat, ce serait une duperie que de consacrer le plus clair de la richesse publique à l'entretien des armées permanentes; là est la véritable supériorité; et vous êtes vaincus parce que vous l'avez méconnue.» Vainement l'avantage du nombre passait du côté des Français. S'ils l'emportaient par la quantité, ils restaient inférieurs par la qualité. Jetés sans préparation au milieu des fatigues de la guerre, lancés à corps perdu dans les labeurs et les périls d'un métier dont ils n'avaient pas fait l'apprentissage, ils n'eurent jamais cette endurance et cette trempe que le temps seul peut donner; ils n'eurent pas la constance et la persistance; ils n'eurent pas l'esprit militaire, c'est-à-dire l'esprit d'obéissance et de discipline. Que de fois on les entendit dénigrer le gouvernement! Que de fois ils traitèrent impunément leurs chefs de capitulards! Que de fois leurs chefs les découragèrent en prédisant un échec! Sans doute, les officiers furent souvent braves, héroïques. Mais Gambetta se plaignait de leur insuffisance, de leur médiocrité, de leur mollesse; ils ne vivaient pas de la vie du soldat; ils ne partageaient pas ses souffrances; ils le laissaient pâtir et coucher sous la tente, tandis qu'eux-mêmes prenaient leurs aises et logeaient en ville ; ils n'avaient donc pas leurs hommes sous la main, ne leur inspiraient que méfiance, et au jour du danger, ne savaient les entraîner. Un décret du 26 janvier reprochait à l'officier de n'être pas l'ami et le tuteur de ses soldats et de n'avoir avec eux que peu de contact. Le décret venait trop tard. Mais, quand il serait venu plus tôt, les officiers, improvisés, démoralisés par les revers, dégoûtés de leur tâche, auraient toujours manqué d'ascendant sur les troupes. Presque tous les cadres étaient prisonniers. Il n'y avait donc pas de cohésion: on ne se sentait pas les coudes, on ne s'appuyait pas les uns sur les autres, on ne s'excitait pas mutuellement à la résistance, on ne luttait qu'avec résignation, avec doléances, en maudissant la fatalité et en criant à la trahison. Si les armées de la Défense nationale avaient eu un corps d'officiers et de sous-officiers qui les eût soutenues et réconfortées par la parole et l'exemple, elles auraient eu cette confiance sans laquelle il n'est pas de victoire. Aussi, dans toutes les batailles, elles faiblissent brusquement; un mouvement s'interrompt soudain; une position est tout à coup lâchée; la gauche qui plie, arrête les progrès de la droite, et réciproquement; la débandade des uns compromet le succès des autres; jamais la ligne française n'est solide sur tous les points; chaque fois les ennemis y trouvent un endroit vulnérable sur lequel ils appuient, et la ligne entière fléchit et recule.

Dans la première période de la guerre, la France n'avait ni le nombre ni l'organisation, et l'Empire aurait dû, aurait pu lui donner l'un et l'autre, dans la seconde période, elle eut le nombre, mais n'eut pas et ne pouvait avoir l'organisation.

TABLE DES MATIÈRES

CHAPITRE PREMIER

Wissembourg.

CHAPITRE II

Frœschwiller et Forbach.

CHAPITRE III

Gravelotte.

CHAPITRE IV

Sedan.

CHAPITRE V

Metz et Strasbourg.

CHAPITRE VI

Le Mans.

CHAPITRE VII

Belfort.

8661-94. — Corbeil. Imprimerie Crété.

La Vie Nationale

BIBLIOTHÈQUE
DES
Sciences Sociales et Politiques
DIRIGÉE PAR
MM. Charles BENOIST & André LIESSE

Les questions d'ordre politique, social et administratif ont pris, dans ces dernières années, un développement et une importance si considérables, qu'à moins d'être un spécialiste en telle ou telle de ces matières, il est impossible de porter un jugement éclairé sur des problèmes nombreux et d'une complexité toujours croissante. Ce n'est pas que les travaux sérieux fassent défaut. Au contraire, depuis 1870, il a paru une quantité d'ouvrages touchant soit à la politique générale, soit à l'économie politique. Mais ce sont surtout des études analytiques qui, le plus souvent, se restreignent à des points particuliers.

L'inconvénient de ces études de détail est de ne pas présenter en faisceau un ensemble d'idées saisissable. A cet égard, il y avait peut-être, en France, une lacune à combler. C'est ce que nous essayons de faire en publiant une collection qui nous semble répondre à un besoin urgent.

Cette collection, nous l'avons appelée *la Vie Nationale*, parce que nous avons voulu montrer l'unité de la vie publique, dans notre pays, à travers ses multiples manifestations (*Commerce, Finances, Colonies, Travaux Publics, etc...*), et parce que, pour nous, « la politique n'est, comme science, que la science de la vie des sociétés, et, comme art, que l'art de conduire le vie sociale pour le plus grand bien des individus et de l'Etat ».

Aussi chaque volume comprend-il deux parties : l'une — la plus courte — théorique et historique ; l'autre, d'application et pratique. La première partie sert d'abord à établir une solidarité entre tous les volumes, en les reliant à cette même conception : l'unité de la « Vie Nationale » ; elle est, en outre, une introduction nécessaire aux faits exposés dans la seconde, dont elle fournit l'explication.

Notre collection s'adresse donc, sous un de ses aspects, à tous ceux qui, citoyens conscients de leur devoir, veulent participer, de façon raisonnée, aux affaires du pays, et, plus directement encore, à ceux qui, par leur situation ou leurs fonctions, sont obligés de connaître, du moins dans leurs parties essentielles, les organes compliqués du gouvernement et de l'administration.

Ceux qui veulent apprendre y trouveront tout ce qu'il est indispensable de savoir ; à ceux qui savent déjà, *la Vie Nationale* épargnera la peine de longues et difficiles recherches.

Pour réaliser cet objet, nous avons fait appel au concours d'écrivains qui se recommandent suffisamment ou par leur valeur scientifique ou par leur compétence technique.

La Vie Nationale se composera d'environ quinze volumes.

Volumes parus :

La Politique, par Charles Benoist (paru en avril 1894).

Le Commerce, par G. François (paru en juin 1894).

La Question sociale, par André Liesse (paru en novembre 1894).

Pour paraître successivement :

L'Éducation, par F. Picavet (paraîtra en février 1895).

Les Travaux publics, par Yves Guyot.

La Banque, par Édouard Aynard.

Les Colonies, par J. Chailley-Bert.

Les Finances, par Léon Say.

L'Agriculture, par Louis Grandeau.

L'Hygiène publique, par Émile Trélat.

Les Institutions locales, par E. de Marcère.

Le Droit et la Législation. **La Défense du pays.**
L'État et les Églises. **Les Affaires extérieures.**

Contrairement à ce qui a lieu lorsqu'il s'agit d'une *Encyclopédie* ou d'un *Dictionnaire*, qui forment un tout compact et sont, en général, d'un prix fort élevé,

La Vie Nationale

offre cet avantage que chaque sujet est traité complètement dans un seul volume, qui peut être acheté séparément.

PRIX DE CHAQUE VOLUME

petit in-8° cartonné à l'anglaise, **4 francs.**